COMO COLOCAR LIMITES

MELISSA URBAN

COMO COLOCAR LIMITES

MELHORE SEUS RELACIONAMENTOS E CONQUISTE SUA LIBERDADE

SEXTANTE

Título original: *The Book of Boundaries*

tradução: Ivanir Calado
preparo de originais: Priscila Cerqueira
revisão: Ana Grillo e Tereza da Rocha
projeto gráfico e diagramação: Valéria Teixeira
capa: Faceout Studio | Amanda Hudson
adaptação de capa: Angelo Bottino
imagem de capa: Shutterstock
impressão e acabamento: Cromosete Gráfica e Editora Ltda.

CIP-BRASIL. CATALOGAÇÃO NA PUBLICAÇÃO
SINDICATO NACIONAL DOS EDITORES DE LIVROS, RJ

U64c
Urban, Melissa, 1974-
Como colocar limites / Melissa Urban ; tradução Alves Calado. - 1. ed. - Rio de Janeiro : Sextante, 2023.
336 p. ; 23 cm.

Tradução de: The book of boundaries
Inclui bibliografia
ISBN 978-65-5564-627-6

1. Limites (Psicologia). 2. Comunicação interpessoal. 3. Comportamento autoprotetor. 4. Assertividade (Psicologia). I. Calado, Alves. II. Título.

23-82951 CDD: 158.2
CDU: 17.021.1

Gabriela Faray Ferreira Lopes - Bibliotecária - CRB-7/6643

GMT Editores Ltda.
Rua Voluntários da Pátria, 45 – Gr. 1.404 – Botafogo
22270-000 – Rio de Janeiro – RJ
Tel.: (21) 2538-4100 – Fax: (21) 2286-9244
E-mail: atendimento@sextante.com.br
www.sextante.com.br

PARA MEU MARIDO E MINHA IRMÃ,
QUE ESTÃO SEMPRE NO MEU TIME

Sumário

Nota da autora

Na última década conversei com milhares de pessoas sobre seus limites. As histórias que você lerá neste livro surgiram dessas conversas. Algumas foram contadas sem alteração nenhuma, e mantive os nomes reais sempre que permitido. Na maioria dos casos, mudei nomes e outros detalhes para proteger a privacidade das pessoas. Houve ainda situações em que mesclei várias conversas em uma única história coesa. Em todos os casos, meu objetivo foi capturar a profundidade e a amplitude dos muitos problemas – e oportunidades – que surgem quando estabelecemos limites.

Quanto aos termos que indicam gênero, preservei seu uso original. Sempre que vir palavras como "esposa" ou "dela", saiba que a história me foi contada desse jeito, com esses termos ou pronomes. Nos casos em que fundi várias narrativas, optei por palavras neutras, como "o cônjuge" ou "a pessoa".

Por fim, devo reconhecer e declarar de antemão: estabelecer limites é uma expressão de poder e privilégio. (E se você nunca pensou desse modo, provavelmente é porque tem, assim como eu, um monte de privilégios adquiridos sem merecimento.) Branca, heterossexual, saudável, financeiramente segura e magra, desfruto de certo grau de poder na nossa sociedade. Esses privilégios e esse poder significam que posso estabelecer limites com relativa confiança e geralmente esperar que os outros respeitem meus desejos. Quem pertence a grupos historicamente marginalizados – pessoas não brancas, com deficiência, acima do peso ou LGBTQIA+, por exemplo – não tem o mesmo privilégio, o mesmo poder ou a mesma relação com limites. Sem esse privilégio, é provável que você sinta mais medo de ditar as próprias regras, e a verdade é que os outros estarão menos inclinados a respeitá-las. (É assim que funcionam os sistemas de opressão.)

Preciso ficar atenta a essa disparidade de poder no meu trabalho, mas isso só terá valor se me levar à ação e suscitar mudanças de comportamento. É apenas um pequeno passo, o reconhecimento de que sou incapaz de capturar de modo exato as experiências vividas por todo mundo.

Agradeço a cada pessoa que compartilhou comigo, com tanta generosidade, detalhes íntimos de sua vida. E, mesmo que jamais nos encontremos, espero que você veja suas histórias refletidas nas que eu conto aqui, e que elas lhe deem confiança para estabelecer os limites necessários para assegurar a sua liberdade.

INTRODUÇÃO

Como me tornei a "Moça dos Limites"

Em determinados círculos sou conhecida como a "Moça dos Limites". Para ser justa, sou conhecida por muitas coisas. Sou CEO, esposa e mãe. Autora de livros que entraram para as listas de mais vendidos, fanática por caminhadas e leitora voraz. Mas quando se trata de limites, especificamente, muitos me conhecem apenas como "aquela moça dos limites no Instagram".

Se você me conhecesse hoje, esse rótulo faria todo o sentido. Em termos de personalidade, não faço o tipo boazinha, por assim dizer. Aos olhos de qualquer pessoa, pareço assertiva, independente e confiante; lido bem com conflitos e expresso minhas necessidades sem rodeios. Essa atitude, em especial vinda de uma mulher, às vezes provoca acusações de egoísmo e outras que não vou mencionar, mas que você provavelmente imagina.

Mas não sou egoísta nem nada disso que você pensou. Apenas levo a sério minha saúde mental, minha capacidade emocional e meus valores, e faço o necessário para proteger tudo isso. Por exemplo:

- **NOS NEGÓCIOS:** "Obrigada por ter pensado em mim, mas esse projeto não combina muito comigo, então acho melhor recusar a proposta."
- **COM MEUS PAIS:** "Sei que vocês só querem ajudar, mas quem deve estabelecer regras na criação do meu filho sou eu. Aviso quando quiser algum conselho."

- **NAS AMIZADES:** "Pode parar, por favor. Prefiro não saber o que o meu ex anda aprontando. Não quero ficar ouvindo essas histórias."
- **COM MEU MARIDO:** "Quero ficar um pouco sozinha. Vou ler no outro cômodo."

Pode ser que essas declarações deixem você desconfortável, mas todas estão firmemente enraizadas no meu modo de ser. E eu as uso com frequência para fortalecer meus relacionamentos, aumentar minha energia e preservar minha saúde mental. E não peço desculpas por estabelecer esses limites, porque, quando expresso minhas necessidades de modo direto e educado, não há razão para sentir culpa.

Além disso, sou cofundadora do programa alimentar Whole30, o que significa que ajudei milhões de pessoas a mudar hábitos e realizar grandes transformações na própria vida. No Whole30 dizemos "não" um monte de vezes, e muita gente acha essa ideia desafiadora, para dizer o mínimo. Nos últimos 13 anos ensinei minha comunidade a estabelecer limites relacionados a saúde e a hábitos em geral, e a lidar com reações contrárias e com a pressão dos colegas. (Você consegue responder a alguém com um simples "Agradeço, mas melhor não"? Chegaremos lá.)

Quando perceberam que eu era boa em ajudar a dizer "não" à pizza e ao vinho, as pessoas começaram a me perguntar como dizer "não" ao colega de trabalho intrometido, à sogra tóxica e à vizinha enxerida. Ouvi tantas perguntas sobre como impor limites que mergulhei profundamente em todos os trabalhos que encontrei sobre esse tema. Li inúmeros livros e artigos de terapeutas, psiquiatras, sociólogos, especialistas em compulsão, médicos e líderes empresariais, a fim de descobrir o que determina os bons limites e como eles são estabelecidos.

A partir dessa pesquisa e do meu trabalho comigo mesma, e do relato das necessidades de várias pessoas, desenvolvi uma metodologia e uma linguagem próprias. Há quatro anos comecei a publicar perguntas e respostas na internet sob o título "Me ajude a estabelecer limites". Foi assim que ouvi milhares de histórias e pude afinar minha abordagem e meus conselhos.

Tudo isso para dizer que eu uso meu crachá de "Moça dos Limites" com orgulho, especialmente porque sei quanto me esforcei para merecê-lo.

Só que nem sempre foi assim.

Minha jornada com os limites começou há 22 anos, quando eu estava no fundo do poço e era basicamente um desastre nesse quesito. Sou uma dependente química em recuperação, e foram necessários muitos anos de luta para eu perceber que os limites literalmente salvariam minha vida.

Sei que parece dramático. Esta é *outra* característica minha: uso a palavra "literalmente" em contextos nada literais, mas neste caso é verdade. Cresci numa família que incentivava a saída pela tangente em vez do conflito saudável. Não me ensinaram a me defender, e o confronto me causava uma ansiedade imensa. Eu precisava desesperadamente estabelecer limites, mas não me sentia capaz disso.

Até que uma noite, sentada perto de um barril de chope, num ato desesperado de autopreservação, dei um basta... e isso mudou toda a minha trajetória. Essa experiência me encorajou a impor mais limites – com amigos, familiares, colegas de trabalho e até comigo mesma. Quanto mais limites eu colocava, mais plena minha vida se tornava, culminando no Whole30, na minha empresa e neste livro.

O ponto é que eu *aprendi* a estabelecer limites. Do modo mais difícil, concordo, mas aprendi. E se eu aprendi, você também pode aprender.

O QUE SÃO OS LIMITES E POR QUE PRECISAMOS DELES?

Antes de mergulharmos nessa história, vamos definir claramente o que quero dizer com "limites". Você com certeza conhece a palavra, mas é provável que só tenha uma ideia aproximada do que realmente significa. Suspeito que a palavra em si deixe você um pouco desconfortável, ou até provoque sentimentos de culpa. Talvez você ache que limites são ruins. Talvez ache que representam egoísmo ou indiferença, ou que tenham a ver com controlar os outros.

Talvez tenha ouvido tudo isso daqueles que mais se beneficiam do fato de você não impor limite algum.

Defino "limites" como fronteiras claras que indicam como as pessoas podem se relacionar com você de um modo seguro e saudável para todos.

O dicionário diz que limite é "uma linha que delimita e separa um território de outro", e esse é um bom modo de pensar no assunto. Visualize-se no meio de um campo. Agora desenhe um círculo imaginário ao seu redor: isso é um limite. Tudo o que entrar no círculo deve ser aceitável para você e parecer seguro, saudável e bom. O que for inaceitável você deixa do lado de fora, porque, em termos gerais, lhe parece inseguro, insalubre ou ruim. Você pode estabelecer limites quanto a outras pessoas, quanto a determinados temas ou comportamentos, ou quanto às suas próprias ações – e é sempre você quem decide onde ficam esses limites e faz com que eles sejam cumpridos.

Os limites marcam a fronteira dos comportamentos aceitáveis para você. Fora dessa fronteira ficam palavras ou atos que lhe fazem mal ou ameaçam sua segurança.

Não usamos os limites para dizer aos outros o que eles podem fazer ou não. Isso, sim, seria controle. Eles são estabelecidos para ajudar você a planejar e comunicar sua *reação* ao que os outros dizem ou fazem. Numa prática de limites saudável, você perceberá o impacto do comportamento das pessoas sobre você, comunicará seu limite em relação a esse comportamento e em seguida avaliará o que se dispõe a fazer para impor esse limite. Você não pode mandar o tio Joe parar de fumar – isso seria controle. Mas pode dizer que a fumaça do cigarro, além de cheirar mal, leva você a tossir. Pode comunicar a ele: "Não permitimos que fumem dentro da nossa casa", e pode deixar de convidá-lo se ele não respeitar esse limite. Não se trata de envergonhar o tio Joe, mudar o estilo de vida ou a saúde dele, mas de proteger a sua.

Está vendo a diferença?

Existem muitos motivos para você querer impor limites, o que significa que o processo parecerá diferente em cada situação. Às vezes você consegue se impor com gentileza em relação a situações frustrantes, mas pouco significativas, como uma vizinha que vive se convidando para caminhar com você de manhã. Em outras ocasiões você estabelece limites mais firmes quanto a comportamentos que provocam dano real, como quando sua mãe critica seu peso durante o almoço, ou seus pais dizem que já compraram a passagem de avião para visitar seu bebê recém-nascido sem perguntar antes se você deseja companhia nessa fase. Os limites podem ser do tipo “Posso caminhar com você no sábado, mas durante a semana preciso desse tempo só para mim”, ou “Ainda não estamos prontos para receber visitas, mas vamos avisar assim que vocês puderem vir”.

Existem muitas ideias equivocadas em relação a limites, mas ninguém nos ensina sobre isso. Esse tema raramente é enfatizado em casa, não se aprende na escola e provavelmente não faz parte do seu desenvolvimento profissional no trabalho. A maior parte do que você sabe sobre limites provavelmente veio de um terapeuta ou das redes sociais, se por acaso você curte o TikTok. A verdade é que estabelecer limites é uma habilidade essencial, da mesma forma que administrar o tempo e controlar os gastos. Infelizmente, em geral só descobrimos que não temos essa habilidade em tempos de crise, quando precisamos dela e somos obrigados a adquiri-la em circunstâncias nada ideais.

Essas notícias são terríveis e excelentes ao mesmo tempo.

Terríveis porque essa ferramenta realmente mágica, capaz de transformar cada área da sua vida, esteve à sua disposição por todo esse tempo e *você nem sabia*. Excelentes porque você está prestes a começar um curso intensivo sobre limites que vai mudar tudo.

O LIMITE QUE SALVOU MINHA VIDA

Estabeleci meu primeiro limite assim: “Se você me oferecer drogas de novo, não poderemos mais ser amigos. Não faça mais isso nem se eu disser que estou melhor, nem se eu implorar, nem mesmo se eu ficar furiosa porque você recusou.” (Falei que tinha sido dramático.)

Gostaria de dizer que esse limite foi planejado detalhadamente e comunicado com eloquência, mas na verdade saiu sem querer. Vomitei um monte de palavras em cima do meu melhor amigo num momento de medo intenso. Mas foi um acidente feliz, porque aquele ultimato hostil me levou a descobrir que os *limites* eram a chave para expandir minha vida e afastar a ansiedade, a dúvida e o ressentimento. E me ajudaram também a estabelecer com firmeza o tipo de segurança física e emocional, a autoconfiança à prova de bombas e os relacionamentos profundamente satisfatórios que eu vinha desejando por toda a vida.

Minha história é esta:

Oi, meu nome é Melissa e sou dependente química. Estou em recuperação há 22 anos, mas a condição de dependente ainda me cabe, porque me lembra do esforço que fiz para construir a vida que tenho agora e do que sou capaz de fazer (e dos limites que estabeleceria) para jamais cair de novo naquela escuridão.

Tive uma infância bastante idílica. Cresci com pai e mãe que permaneceram juntos até eu entrar na faculdade e ninguém na minha família bebia ou usava drogas. Sempre fui descrita como uma "criança boazinha", que tirava notas máximas na escola, raramente se metia em encrencas, estudava muito e preferia os livros às reuniões sociais.

Aos 16 anos sofri abuso sexual por parte de um parente e tudo mudou. Meu humor, minhas notas e meu comportamento se transformaram enquanto eu escondia dos meus pais o abuso e fingia que aquilo jamais havia acontecido. Quando finalmente contei, eles não souberam lidar com o fato. Decidiram não revelar a ninguém por medo de isso arruinar a paz da família, então seguimos em frente como se nada tivesse ocorrido. Passei os seis anos seguintes vendo meu abusador nas reuniões de família, fingindo que tudo ia bem. Isso deu um nó no meu cérebro adolescente.

Procurei maneiras de me entorpecer e escapar da dinâmica familiar e do trauma que todos nos recusávamos a enfrentar. Consumir bebida alcoólica não funcionou, fazer dieta restritiva não funcionou, praticar pequenos furtos em lojas não funcionou, namorar um cara abusivo não funcionou. Nada parecia me consumir o suficiente. Então descobri as drogas.

Comecei com maconha no último ano do ensino médio e passei para drogas muito mais pesadas na faculdade. (Só consigo pensar na expressão "Isso escalou rapidamente".) Eu estava usando cocaína, heroína, metanfetamina e qualquer narcótico vendido com receita em que pudesse pôr as mãos. Era conhecida por jamais recusar. Misturava drogas que nunca deveria ter misturado e tive pelo menos uma overdose. Minha vida foi se desfazendo lentamente e todo mundo começou a notar, menos eu.

No terceiro ano da faculdade comecei a roubar das minhas colegas de quarto e traficar maconha para sustentar o vício. Matava quase todas as aulas. Minhas colegas descobriram que eu estava vendendo drogas no nosso apartamento e disseram que se eu não me mudasse, elas contariam aos seus pais.

Pensando bem, esse provavelmente foi o primeiro limite que alguém estabeleceu quanto ao meu uso de drogas. Dar um basta é um processo difícil e desconfortável, e para as pessoas era mais fácil ignorar meu comportamento ou me abandonar silenciosamente do que impor os limites necessários para preservar nossa relação. Minha colega de quarto do primeiro ano não disse "Só continuo morando com você se parar de se comportar assim", apenas encontrou novas colegas de quarto. Meus amigos antigos não disseram "Vamos parar de sair com você se continuar ficando doidona", apenas pararam de telefonar. Minha irmã não disse "Seu vício está me enlouquecendo, precisamos conversar", apenas me evitava. Não culpo nenhum deles. Eu não lhes dava nenhuma abertura para conversar sobre como meu comportamento os afetava.

Depois do ultimato das colegas do terceiro ano, abandonei a faculdade e fui morar com meu pai e sua nova esposa. Jurei que tudo seria diferente e permaneci relativamente funcional durante algum tempo, até não ser mais. Arrumei um namorado que alimentava meu vício e comecei a faltar ao trabalho dizendo que estava doente. Quando esse namorado foi preso, me mudei para a casa da minha mãe e seu novo marido. Jurei que tudo seria diferente, mas não tinha emprego nem plano. Estava roubando dos meus pais e traficando no apartamento deles. Meus convidados eram, numa palavra, suspeitos. Um dia meu padrasto disse à minha mãe: "Acho que sua filha está usando drogas."

Meu vício em drogas começava a parecer fora de controle. Usei mais drogas ainda para abafar esse sentimento. Quando analiso aquela época pela lente dos limites, é óbvio que meu desejo de ficar entorpecida e fugir, somado à falta de qualquer limite saudável para proteger minha saúde física e mental, resultou num vício totalmente descontrolado.

Quatro anos depois de ter me viciado, conheci um homem chamado Nate. Ele bebia, mas apenas socialmente. Fumava maconha, mas de modo recreativo. Tinha um bom emprego e era ambicioso. Fomos morar juntos. Jurei que tudo seria diferente... e durante algum tempo foi. Parei de traficar e de ir a festas. Usava menos drogas, embora não pudesse passar sem elas.

Nate havia me conhecido daquele jeito, por isso ainda não suspeitava que eu tivesse um problema. Eu trabalhava, nós saíamos com amigos e ele conheceu minha família. Que gostou dele.

Com o tempo, Nate percebeu que não havia nada de casual no modo como eu me drogava. Ele e eu brigávamos constantemente. Eu me odiava por usar drogas e pelo que estava fazendo com nossa relação, mas a vergonha e o ódio de mim mesma me levavam a usar mais drogas ainda. Eu não enxergava uma saída.

Um dia, Nate me entregou uma longa carta, escrita à mão, contando que estava no limite de sua capacidade emocional, que me amava e que era difícil ficar comigo daquele jeito. Deixou claro que iria embora se eu não procurasse ajuda. Chorei, marquei uma consulta com um terapeuta e jurei que tudo seria diferente. De novo.

Nada mudou.

Nate se esforçou ao máximo para continuar estabelecendo limites comigo. Naquele momento eu o odiei por causa disso, mas hoje vejo que seus limites salvaram a nós dois. Ele começou protegendo seu espaço e preservando sua saúde mental. "Se você não consegue conversar civilizadamente agora, vou sair e só volto quando você estiver mais calma." "Por favor, mande mensagem avisando que vai chegar mais tarde." "Vou continuar apoiando você, mas, por favor, não pare a terapia." Hoje reconheço que ele estava fazendo o máximo para manter nosso relacionamento vivo, mas na época eu me ressentia da pressão. Agora vejo que ele estava usando esses limites para se proteger – de mim. Seus limites e, por fim, dizer que iria embora se eu não conseguisse respeitá-los foram um ponto de inflexão que, em última instância, me levou à recuperação e a uma vida mais plena.

Diante daquele ultimato, procurei uma clínica de reabilitação e passei várias semanas internada, depois muitas outras em tratamento ambulatorial, sessões de grupo e reuniões. Tomei antidepressivos, passei a me consultar com um novo terapeuta, reassumi o emprego e comecei a reconstruir meus relacionamentos. Nate e eu rompemos pouco depois de eu voltar para casa. Moramos juntos, como amigos, por mais alguns meses. Costumo dizer que ele é meu ex-namorado predileto.

Naquele ano, depois de voltar da reabilitação para casa, retomei a vida exatamente como sempre havia sido, só que sem as drogas. Durante um ano me mantive limpa. Meus amigos eram os mesmos, as músicas que eu ouvia eram as mesmas, minhas roupas, minha rotina e meus hábitos alimentares eram os mesmos. Eu ia aos mesmos lugares com as mesmas pessoas que faziam as mesmas coisas que sempre tinham feito, e todo mundo (inclusive eu) esperava que eu também me mostrasse exatamente do mesmo jeito. E eu correspondia.

Quando olho para aquela época, fica claro o motivo da recaída. Eu havia estabelecido um limite frágil comigo mesma quanto ao vício, aos relacionamentos e à saúde mental: dizia que não iria me drogar. Mas não fazia *nada* para sustentar isso. Passei um ano construindo o castelo de cartas da recuperação, mas, em vez de reforçar minha estrutura com vergalhão e concreto, cruzei os dedos e rezei para os ventos permanecerem calmos. O problema é que ventava todo dia.

Eu tinha amigos que ainda usavam e me ofereciam drogas, achando que eu estava melhor, como se a recuperação do vício em heroína fosse igual à recuperação de um resfriado. Quando mostravam um baseado, como se perguntassem "Você se incomoda?", eu dizia que não. Na verdade, aquilo me incomodava muito, mas eu me obrigava a fingir o contrário. Aceitava caronas para festas sem perguntar: "Quem vai estar lá? Qual é a vibe? Talvez eu devesse ir no meu carro, não é?" Ia a happy hours do escritório e bebia água discretamente, rezando para ninguém me pressionar a tomar "só umazinha". Tinha pouco apoio emocional e minha família não queria falar sobre *nenhuma* dessas coisas – nem sobre meu vício, nem sobre minha recuperação e certamente nem sobre o trauma que havia provocado tudo aquilo. De modo geral, minha narrativa era: "Tive um problema, agora estou legal."

A verdade é que eu me sentia apavorada absolutamente todos os dias, contando apenas com a força de vontade, o acaso, a sorte e uma reunião esporádica dos Narcóticos Anônimos para manter a sobriedade. Não sabia como impor limites para me manter segura e, mesmo quando poderia ter feito isso ("Na verdade me importo, sim. Vão lá para fora, por favor."), permanecia quieta.

Tinha medo de que impor limites afastasse meus amigos e prejudicasse a confiança frágil da minha família, minha autoimagem e minha vida social.

Agora vejo que era a *falta* de limites que me tornava solitária, insegura e ansiosa, e em última instância foi o que me levou à recaída. Eu estava tão concentrada em garantir que todas as outras pessoas se sentissem confortáveis que parei de me perguntar: "De que *eu* preciso neste momento?" O resultado foi que eu estava livre das drogas, mas minha vida tinha ficado mais restrita do que nunca.

De algum modo consegui chegar à marca de um ano e ganhei uma ficha na reunião do AA. Algumas semanas depois me vi no banheiro de uma festa, debruçada sobre a pia, cheirando uma carreira de pó branco. Eu me lembro de olhar no espelho, com um gosto amargo no fundo da garganta, e me perguntar: "Que diabos aconteceu?" Até hoje não sei.

Eu não tinha limites. Foi uma recaída violenta.

Nas recaídas, tudo é muito mais rápido. A boa notícia é que depois de algumas semanas eu *consegui* procurar ajuda sozinha, por causa do terror de que dessa vez fosse realmente morrer. Liguei para a clínica de reabilitação e me inscrevi de novo no tratamento ambulatorial. No entanto, ainda sem ter a palavra "limite" no meu vocabulário, não demorou para eu acabar em outra situação precária. Só que dessa vez, por puro desespero, um limite de verdade *transbordou* para fora de mim.

Meu amigo James e eu tínhamos sido convidados para uma festa e, hesitante, aceitei o convite. (É nessa parte do filme de terror que você grita: "O que você está fazendo?! Não entre aí!") James estava com uma garrafa de cerveja e eu bebia água num copo de plástico vermelho. Fazia anos que James era meu amigo íntimo e apoiava minha recuperação, ainda que ele não entendesse o processo muito bem. Ele perguntou se eu queria uma cerveja. Eu disse que não, que estava legal.

"Legal" é uma palavra maldita. Quantas vezes eu tinha dito isso roboticamente quando não me sentia nem um pouco legal? É o que a gente diz quando tenta não perturbar a paz, não deixar ninguém desconfortável nem chamar atenção para uma ofensa. É o que costumamos dizer quando alguém ultrapassa um limite que estabelecemos, ou que sabemos que precisamos estabelecer.

Na verdade, eu não estava legal. Não tinha absolutamente nenhuma confiança na minha força de vontade ou na minha sorte. Podia ser igual àquela vez da droga no banheiro: eu só precisaria de uma oferta inesperada, uma fração de segundo de hesitação, e tudo o que eu havia trabalhado tanto para conquistar estaria perdido de novo.

Fui tomada por um sentimento de urgência: precisava fazer alguma coisa NAQUELE MOMENTO. Se quisesse permanecer segura, se não quisesse beber nem usar drogas, precisava dizer a James o que estava acontecendo no meu cérebro. Sem preâmbulo, comecei a falar, depressa e alto demais:

– Preciso que você saiba que eu não estou legal. Estou aqui, mas não me sinto bem. Para mim, neste momento, não é legal ficar perto de álcool ou drogas. Estou nesta festa, mas não deveria estar. Preciso ir para casa.

Ele me encarou por um segundo, piscou uma vez e assentiu:

– Ah, uau, certo. É... desculpe. Eu não sabia.

Eu não tinha terminado. Precisava continuar se quisesse que tudo fosse diferente.

– Além disso, tenho que dizer umas coisas se eu quiser continuar limpa. Não me importa o que você faz da sua vida, mas não posso ver você usando drogas, nem mesmo maconha. Você não pode mais fumar na minha frente, ninguém pode. Se isso estiver nos planos, não precisa me convidar. Se você me oferecer drogas de novo, não poderemos mais ser amigos. Não faça mais isso nem se eu disser que estou melhor, nem se eu implorar, nem mesmo se eu ficar furiosa porque você recusou.

Falei tudo isso de um só fôlego. Sentada ali, segurando o copo d'água, soube que precisava me posicionar. Precisava fazer mais do que apenas tentar não usar drogas. Precisava me preparar para o sucesso, criar barreiras entre mim e as drogas, recrutar amigos para atuar como guarda-costas e garantir que nunca mais me colocaria naquele tipo de situação. Se eu não estabelecesse limites naquele momento, poderia perder a coragem e fracassar de novo na minha recuperação. Eu não podia me permitir isso. Não achava que conseguiria voltar outra vez.

James pareceu assustado. Assentiu e disse baixinho:

– Ah. Certo. – Em seguida fez algumas perguntas: – Eu posso beber na sua frente? Você acha que algum dia vai beber de novo? Você está careta agora?

Eu fui respondendo ("Pode. Não por um bom tempo. Estou.").

Nós nos despedimos dos amigos e fomos para casa.

De certa forma, esse foi o fim. Eu me lembro de ter sentido um alívio imediato e alguma felicidade. James era uma das pessoas mais importantes na minha vida e tínhamos nos afastado porque eu não conseguia comunicar minhas necessidades. Não queria perder sua amizade, mas, agora que eu tinha estabelecido esses limites, acreditava que ele cumpriria com a palavra. E também confiava em mim mesma quando estava perto dele. Sabia que ele faria o possível para proteger minha recuperação e isso parecia ter aberto um mundo de possibilidades para a nossa amizade.

Foi o começo de toda uma vida nova. A conversa com James me deu coragem para abordar o assunto com outros amigos próximos. A maioria concordou em manter esses mesmos limites comigo. Comecei a demarcar as fronteiras de uma área para minha proteção – a própria definição de limite.

Esclarecer o que era necessário à minha saúde e à minha segurança só reforçou o compromisso de cuidar de mim e da minha recuperação – e se as pessoas não pudessem respeitar esses limites (por não estarem dispostas ou por terem seus próprios problemas), meu comprometimento me dava a lucidez necessária para abrir mão daquelas amizades.

Eu me empolguei com esses limites, me comprometi a ir a sessões de terapia regulares e sinceras e comecei a conversar com uma amiga querida sobre o meu trauma. Mas não parou aí: mudei o modo como me vestia, deixei de ouvir músicas que me lembravam das festas e arranjei um novo emprego. Aluguei um novo apartamento, comecei a malhar todo dia de manhã e fiz novos amigos interessados em saúde. Passei a dormir cedo e aprendi a cozinhar.

Comecei a estabelecer limites *para mim*, determinando que iria me comportar como uma pessoa saudável com hábitos saudáveis em qualquer situação. Esse mantra guiaria minha vida nos anos seguintes. "Uma pessoa saudável com hábitos saudáveis sairia para jantar com o novo grupo de corrida e pediria uma água com gás e limão? Sim, sairia; então vamos nos divertir."

Comecei a ver que, na verdade, os limites *expandiam* minha vida em vez de encolhê-la. Eu saía mais com meus amigos porque sabia que eles respeitariam meus limites e me apoiariam se acontecesse algum imprevisto. Adorava meu trabalho novo, porque ali também estabeleci limites. ("Eu não bebo, mas claro que topo assistir ao jogo dos Red Sox com vocês.")

Minha casa parecia uma página em branco depois de tirar o lixo que me lembrava os dias de drogas. Quanto mais eu falava sobre minha recuperação e sobre como estava me sentindo, mais fácil era fazer progressos verdadeiros na terapia.

O mais importante: graças aos limites que estabeleci, minha recuperação não era mais um castelo de cartas. Agora eu tinha um alicerce sólido, com camadas de isolamento entre mim e meu vício, de modo que se uma dessas cartas fosse soprada para longe, eu ainda teria muitas outras me mantendo em segurança. Graças aos anteparos que coloquei ao redor da minha recuperação, da minha saúde e da minha segurança, eu me sentia mais livre do que nunca. Meus relacionamentos estavam mais fortes, minha saúde mental estava melhor, minha carreira prosperava e minha autoconfiança estava no auge *porque* eu tinha comunicado com clareza os limites do comportamento aceitável em cada área da minha vida, até a mim mesma. Eu sabia quais eram eles. As pessoas ligadas a mim sabiam. As expectativas eram claras, os acordos estavam selados, a confiança e o respeito eram reais.

O PODER TRANSFORMADOR DOS LIMITES

Assim que vi o poder transformador dos limites na minha vida, comecei a notar como outras pessoas poderiam se beneficiar deles, e por meio do meu trabalho comecei a ajudá-las a encontrar as palavras para expressar suas necessidades. Ao longo dos anos ajudei funcionários a estabelecer limites para chefes que mandam e-mails tarde da noite, ajudei mães de primeira viagem a estabelecer limites com relação a conselhos não solicitados, e ajudei milhares de pessoas a gentilmente recusar bebida em ambientes sociais. Todas essas pessoas dizem que a saúde mental, a autoconfiança e os relacionamentos melhoraram depois que adquiriram o hábito de estabelecer limites, de comunicá-los com clareza e de colocá-los em prática.

Você não precisa se sentir ameaçado para se beneficiar de um limite. Na verdade, dizer chega às pequenas coisas que você tolera de má vontade pode causar um impacto gigante na sua vida. Pense em quantas vezes você simplesmente "deixou pra lá" alguma coisa no trabalho, em casa ou com familiares e amigos. Cada uma dessas situações aumenta o ressentimento, a raiva, a frustração e o cansaço. Como eu, antes de encontrar os limites, você provavelmente se acostumou tanto a ficar em silêncio que ninguém se sente incomodado ou desconfortável, afinal você nem percebe que se deixa atropelar o tempo todo pelos outros.

Imagine como você se sentiria se *não* precisasse se estressar com sua mãe pegando no seu pé por causa do seu peso, com seus sogros fazendo uma visita surpresa ou com seu chefe mandando mensagens de texto durante suas férias. Pense bem. Até que ponto sua vida seria mais agradável, confortável e livre se você soubesse que suas necessidades seriam respeitadas? Agora imagine que a única coisa entre você e essa versão sua são uma ou duas frases ditas com clareza e gentileza.

Vou ajudar você a estabelecer esses limites.

Sei que dá medo. Sei que é desconfortável. Sei que é difícil. *Mas o que você está fazendo agora também é.* Evitando determinadas pessoas, morrendo de medo de certas conversas, sofrendo de ansiedade antes de eventos sociais (melhor ficar em casa), sentindo raiva diante de interações hipotéticas, comprometendo exageradamente seu tempo e sua energia, priorizando os sentimentos dos outros e deixando todo mundo se aproveitar de você – isso é *difícil.*

Estabeleci meu primeiro limite por necessidade, como uma questão de vida ou morte. Os seus podem não parecer tão cruciais, mas aposto que você consegue se identificar com a ideia de que, sem eles, sua vida está encolhendo. Você pode continuar deixando que todo mundo estabeleça limites para você, pouco a pouco ocupando tanto espaço que sua vida se torna pequena e rasa. Ou pode ter uma vida plena, rica, profunda e feliz, com menos atritos, uma vida que você constrói nos seus próprios termos. A diferença entre as duas situações está nos... *limites.*

Este livro ajudará a engrandecer ao máximo sua vida com a magia dos limites. Você aprenderá a identificar os sinais de que é chegada a hora de dar um basta. Aprenderá meu método de "dose mínima, efeito máximo" para estabelecer limites numa linguagem natural e adequada a cada situação. Aprenderá a manter um limite, o que fazer se as pessoas responderem mal e como explicar as consequências se suas necessidades não forem atendidas.

Mais do que isso, passará a acreditar que merece criar esse espaço seguro e reivindicar seu poder de direito – poder que você vem entregando aos outros há muito tempo. Tudo o que existe entre você e os sentimentos de tranquilidade, confiança, capacidade e *liberdade* são algumas palavras cuidadosamente escolhidas, ditas num contexto de autocuidado. Vou lhe mostrar como fazer isso.

PRIMEIRA PARTE

Iniciação aos limites

CAPÍTULO 1

Um curso intensivo sobre limites

Não faz muito tempo, recebi uma mensagem de Charley, que me segue no Instagram. Ela estava morrendo de medo de uma visita que faria à mãe e me mandou um pedido de socorro na véspera da viagem. "Amanhã vou encontrar minha mãe pela primeira vez desde que ganhei 10 quilos", escreveu. "Meu peso (e o dela) sempre foi um dos seus assuntos prediletos, mas odeio falar sobre isso. Embora ache que a intenção é boa, os comentários que ela faz ferem muito minha autoestima e não ajudam em nada. Por causa disso nosso relacionamento ficou estremecido, mas senti falta dela no último ano. Eu adoraria que essa visita fosse agradável, divertida, em vez de intimidadora."

Esse tipo de receio deveria disparar um alerta no seu cérebro: *Plim, plim, plim – limite necessário!* Se um limite é uma linha que demarca uma área – neste caso, a sua área de conforto, segurança e saúde mental –, sentir ansiedade, nervosismo ou vontade de evitar determinada pessoa ou assunto é um sinal claro de que seus limites estão sendo ultrapassados e de que é preciso estabelecê-los com firmeza.

Infelizmente, a maioria de nós ignora esses alertas e parte para reações menos saudáveis. Você faz a visita como se estivesse indo para a batalha e explode de raiva ao primeiro comentário casual. Cancela no último minuto sem dar explicação, deixando o ente querido confuso e magoado. Ou se sacrifica, tomando a iniciativa de fazer piada com o próprio peso antes que a outra pessoa possa lhe causar sofrimento.

Você deixou que a ansiedade, os sentimentos negativos e o ressentimento invadissem suas relações porque não soube fazer com que funcionassem melhor. Mas agora você sabe que a solução é colocar limites – e o primeiro passo é *saber quando precisa de um.*

As três etapas dos limites:
1. Identifique a necessidade de estabelecer um limite.
2. Estabeleça o limite usando uma linguagem clara e gentil.
3. Mantenha o limite impondo consequências, se necessário.

PRIMEIRA ETAPA: IDENTIFIQUE A NECESSIDADE DE ESTABELECER UM LIMITE

No ano passado, ao visitar meus pais, eles me surpreenderam com uma conversa sobre como eu estava administrando a guarda compartilhada do meu filho com o pai dele. Apesar da boa intenção, eles passaram totalmente do ponto, dando opiniões mordazes sobre o modo como eu criava meu filho. O restante da visita foi incômodo e desconfortável. Nos meses seguintes meus pais nos convidaram para visitá-los várias vezes, mas eu sempre encontrava motivos para dizer que não podíamos ir: estava ocupada no trabalho, meu filho tinha um jogo, o tempo não estava bom. Claro, o verdadeiro motivo para evitá-los era que eu não queria que tocassem novamente naquele assunto. A certa altura meu novo marido perguntou com gentileza: "Então você nunca mais vai visitá-los ou...?"

Achei o comentário irritante, mas lúcido. É claro que eu queria ver meus pais, mas também queria que eles respeitassem meu direito de tomar decisões sobre meu filho. Precisava estabelecer um limite.

Na visita seguinte, assim que chegamos, eu disse: "Olha, não vou falar mais com vocês sobre o pai do meu filho. Eu sou a mãe da criança e não estou pedindo a opinião de vocês sobre a guarda compartilhada." Para ser sincera, parecia que meus pais sabiam que isso iria acontecer. Eles disseram que entendiam e respeitariam meu pedido. Então eu relaxei e desfrutei o tempo que passamos juntos compartilhando histórias de família sem o medo de eles fazerem as mesmas "sugestões" de novo.

Esse é um exemplo perfeito de como os limites podem melhorar um relacionamento. Eu morria de medo de encontrar meus pais por causa da ansiedade provocada por esse assunto específico – então percebi que podia simplesmente dizer que não queria mais ter aquela conversa. Na mesma hora me senti mais leve. Eu me tornei capaz de curtir cada segundo com eles, e meus pais sabiam exatamente onde estavam os meus limites.

O LIMITE TEM A VER COM O SEU COMPORTAMENTO, NÃO COM O DOS OUTROS

Posso não gostar de saber que meus pais questionam minhas decisões, mas não posso proibi-los de ter opinião própria, ou de conversar entre si sobre como eu crio meu filho. O que posso fazer é estabelecer um limite com relação ao modo como recebo essas opiniões. O limite não é "Não discordem de mim", porque isso não está sob o meu controle. Em vez disso, digo "Não vou aceitar opiniões contrárias a respeito disso", porque isso se refere ao meu comportamento, não ao deles. Vamos aprofundar o assunto na página 38.

Aposto que você consegue pensar em pelo menos uma dúzia de situações como essa em sua vida. Sentir medo ou ansiedade antes de se encontrar com alguém é o sinal mais eloquente da necessidade de limite. Talvez você queira evitar alguém porque essa pessoa oferece conselhos não solicitados sobre seu peso, sobre seu relacionamento amoroso (ou sua solteirice), ou sobre sua decisão de ter filhos ou não. Talvez essa pessoa provoque conflito e drama aonde quer que vá, sempre fazendo fofocas, reclamando ou enfatizando notícias negativas. Talvez ela faça com que você sinta culpa sempre que nega um pedido. Talvez você sempre termine com a sensação de que essa pessoa se aproveitou de você.

Pense nos relacionamentos da sua vida – familiares, profissionais e de amizade. Você se sente em conflito em algum deles neste momento? Às vezes são pessoas de quem você realmente gosta, que admira e deseja manter por perto – mas a ideia de interagir com elas lhe provoca ansiedade ou medo. Esse frio na barriga é um indicador fundamental de que existe no relacionamento algum aspecto que seria melhorado ou corrigido com a imposição de limite.

Mas às vezes esses sinais podem ser sutis. Vamos falar sobre o vazamento de energia.

ALGUÉM VIU MINHA ENERGIA POR AÍ?

Vazamento de energia: aposto que você conhece a sensação. Cada interação que você tem, seja almoçar com sua mãe, responder a um comentário numa rede social ou simplesmente pensar no seu último namoro, é uma troca de energia. Às vezes essas trocas deixam uma sensação de vigor, positividade e conforto. Mas todos nós sabemos como é sair do restaurante, fechar o Instagram ou parar de olhar aquelas fotos antigas e sentir... um vazio. Um peso. Frustração. Isso é vazamento de energia: quando suas interações consomem mais energia do que repõem.

Talvez você nem perceba o que está acontecendo, mas sinta tristeza depois de conversar com aquele colega de trabalho que está sempre infeliz, metido em confusão ou fazendo fofoca. Sinta exaustão após uma simples e breve visita aos seus sogros críticos. Recuse a ligação sempre que vê o nome daquela amiga na tela do celular. Nessas interações sua energia está sendo sugada: isso é um sinal irrefutável de que seu relacionamento precisa de limite.

SINAIS DE QUE VOCÊ PRECISA ESTABELECER UM LIMITE

- Você sente medo ou ansiedade ao tocar em determinado assunto.
- Você está sempre evitando certas pessoas.
- Você ouve opiniões ou comentários não solicitados com muita frequência.
- Você sente que determinado relacionamento é unilateral.
- Você concorda com tudo só para evitar confrontos.
- Você ouve dizer, direta ou indiretamente, que os sentimentos dos outros são mais importantes do que os seus.
- Você sente sua energia ser drenada na presença de certa pessoa ou logo que ela vai embora.
- Você sempre acaba participando involuntariamente dos conflitos ou dos dramas de outra pessoa.

- Você sente negatividade ou ansiedade depois de passar algum tempo com certa pessoa.
- Você já pensou em "dar um tempo" em alguma relação.

O vazamento de energia também acontece fora dos relacionamentos – às vezes é autoinfligido. Você pode perceber que sua energia se esvai rapidamente quando ingere bebida alcoólica, faz compras pela internet por puro tédio ou por ansiedade, imagina brigas ou situações estressantes que só existem na sua cabeça, compara-se implacavelmente com outras pessoas nas redes sociais, assiste aos noticiários ou fica até tarde vendo qualquer coisa na Netflix. Se você acha que suas atividades solitárias deixam um sentimento de raiva, esvaziamento ou depressão, esse é o momento perfeito para estabelecer um limite – um limite amoroso *de* você *para* você, destinado a manter sua segurança e sua saúde. (Falaremos mais sobre limites pessoais no Capítulo 10.)

LIMITES NÃO SÃO MAUS

Há pouco tempo uma mulher chamada Nancy me mandou uma mensagem por uma rede social: "Eu caminho sozinha todas as manhãs, para minha própria saúde mental. Ultimamente uma vizinha idosa tem se convidado para ir junto. Ela me espera sair e então me acompanha. É uma pessoa muito boa, e está claro que gosta da minha companhia, mas esse é o único momento que eu tenho só para mim. Como posso dispensá-la sem me sentir cruel?"

Entendo Nancy perfeitamente. Nós (em especial mulheres) costumamos ouvir que é egoísmo colocar nossos próprios sentimentos e nossas necessidades em primeiro lugar. Esta é uma objeção comum a estabelecer limites: parece uma coisa fria ou punitiva, como se estivesse erguendo um muro entre você e as outras pessoas. Mas lembre-se: os limites não são paredes, são *cercas*. E boas cercas geram bons vizinhos.

Os limites permitem que as pessoas que gostam de nós nos apoiem da maneira que preferirmos. Eles separam claramente o que é útil do que é prejudicial, e assim ninguém precisa ler nossa mente. Eles nos permitem ter relacionamentos plenos e sinceros quando expressamos com clareza nossas necessidades, pois assim fica mais fácil para os outros as respeitarem. De fato, o melhor modo de preservar um relacionamento costuma incluir a imposição de algum limite.

Nancy gostava da vizinha e queria ter um bom convívio com ela. Se essa vizinha continuasse atrapalhando suas caminhadas matinais, Nancy ficaria ressentida, depois com raiva, e talvez um dia até reagisse com grosseria, por pura frustração. Estabelecer um limite seria um ato de *gentileza*, que permitiria a Nancy dar atenção à vizinha sem colocar suas próprias necessidades na fila de espera.

Perguntei a Nancy quantas manhãs ela estaria disposta a passar em companhia da vizinha – de zero a todas. Ela respondeu que gostaria de caminhar com ela uma vez por semana, aos sábados ou domingos. Assim, mandei a Nancy um roteiro para ela usar no dia seguinte: "Bom dia! Olha, vou começar a caminhar sozinha nos dias de semana. Esse é o único tempo que eu tenho para mim mesma, e preciso disso para a minha saúde mental. Você gostaria de caminhar comigo nas manhãs de sábado, quando as coisas ficam menos agitadas?" Nancy adorou a sugestão. Isso permitiu que as duas tivessem o que queriam: um tempo agradável juntas, quando ambas estivessem relaxadas, e o tempo a sós de que Nancy tanto precisava para recarregar as baterias durante a movimentada semana de trabalho.

Você não está sendo cruel quando estabelece limites, está sendo *gentil* – com você e com seus relacionamentos. Mas isso não significa que o processo seja confortável. Qualquer conflito pode ser incômodo – se a pessoa pediu hambúrguer ao ponto e ele veio malpassado, aposto que muita gente comeria mesmo assim em vez de reclamar. Estabelecer limites pode ser desconfortável porque estamos mostrando uma barreira até então desconhecida (talvez até apontando algum comportamento irrefletido) e pedindo que a outra pessoa se adapte pelo bem da relação.

Se isso embrulhou um pouquinho seu estômago, você não está só. Minha pesquisa mostra que o principal motivo para uma pessoa não impor limites quando precisa deles é que isso é tremendamente *desconfortável*. Não vou fingir que não é – eu também sinto isso. Para mim, nem sempre é fácil dizer "não" a um colega de trabalho de quem eu gosto, pedir ao meu marido um tempo para ficar sozinha ou dizer aos meus pais que não quero mais discutir algum assunto. No entanto, há algo que é ao mesmo tempo desconfortável *e prejudicial*: reafirmar a narrativa de que os sentimentos de outra pessoa são mais importantes ou valiosos do que os nossos – algo que fazemos sempre que engolimos nosso limite saudável num esforço para manter a paz.

A verdade é que, quando alguém passa por cima do nosso limite, *não existe solução confortável*. Mas um dos caminhos é pavimentado com breves desconfortos que levam a grandes melhorias a longo prazo na sua saúde e na sua felicidade. E o outro caminho é apenas um círculo interminável que traz ansiedade, raiva e ressentimento, minando sua autoestima.

Um desses dois caminhos é muito pior do que o outro. E preciso perguntar a quem está no caminho ruim: como tem sido isso para você, de verdade? Qual é a sensação de satisfazer as necessidades de todo mundo, menos as suas? De se prejudicar para manter os outros felizes? De aceitar muitas coisas sempre que os outros exigem? De gastar toda essa energia com pessoas, conversas ou comportamentos que jamais lhe dão qualquer retribuição? Digo com muito amor: aposto que você está lendo este livro porque as coisas não vão muito bem. O que apresento aqui é uma estratégia melhor – uma estratégia que leva a relacionamentos mais satisfatórios, aumenta a autoconfiança, melhora a saúde e economiza tempo e energia para as coisas que são mais importantes para você. Pode ser desconfortável, mas garanto que valerá a pena. É a partir dos *limites* que cuidamos das pessoas amadas, que as apoiamos e nos dedicamos a elas sem sacrificar nossa saúde e nossa felicidade nesse processo.

SEGUNDA ETAPA: ESTABELEÇA O LIMITE USANDO UMA LINGUAGEM CLARA E GENTIL

Você se lembra de Charley, que morria de medo de se encontrar com a mãe porque sabia que ela iria comentar sobre seu peso? Charley reconhecia a necessidade de estabelecer um limite, mas não sabia exatamente o que dizer. Por isso me perguntou: "Qual a melhor maneira de dizer que não quero conversar sobre o meu peso nem sobre o dela? Minha mãe vai considerar um ataque pessoal qualquer limite que eu estabeleça, por isso quero transmitir meus sentimentos sem parecer grosseira."

Aqui vai uma informação que pode parecer óbvia, mas não é: você precisa *realmente estabelecer o limite*. Não vale dar uma dica, fazer uma sugestão ou esperar que os outros adivinhem suas necessidades. As pessoas não leem mentes. Se você precisa estabelecer um limite quanto ao seu conforto, à sua segurança ou à sua saúde mental, fale com clareza.

Sei que essa é a parte que dá medo. Mas também é a parte *gentil*.

Se você fosse tatuar uma frase relacionada a limites em alguma parte do seu corpo, deveria ser "Clareza é gentileza". (Se fizer isso em qualquer lugar que não seja uma parte íntima, por favor me mande uma foto.) Você verá essa frase diversas vezes nas próximas páginas. Ela é do livro de Brené Brown *A coragem para liderar: trabalho duro, conversas difíceis, corações plenos*. "Clareza é gentileza. Falta de clareza é indelicadeza."[1]

Brené diz que ouviu esse ditado numa reunião de 12 passos – outra coisa que temos em comum –, mas no seu livro ela o aplica a um ambiente profissional. Ela escreve: "Dizer meias verdades ou bobagens às pessoas para fazer com que elas se sintam melhor (o que quase sempre se destina a fazer com que nós mesmos nos sintamos mais confortáveis) é indelicadeza. Não ser claro com um colega sobre suas expectativas porque parece uma coisa dura demais, e ao mesmo tempo responsabilizá-lo ou culpá-lo por não entregar o que foi pedido, é indelicado. Ser claro é ser gentil."

Adoro o trabalho de Brené, e essa ideia compõe um dos princípios centrais da minha prática e dos meus ensinamentos sobre limites. Quando se trata de limites, clareza *é* gentileza! Mostrar às pessoas exatamente onde fica o seu limite e como elas podem ajudar a preservá-lo é gentileza. Por outro lado, esperar que elas adivinhem o que você quer ou lidem com o seu desapontamento se entenderem errado é de uma indelicadeza tremenda.

Assim, se clareza é gentileza, o limite ideal é *direto*. Não é obscuro nem passivo-agressivo. Tampouco é aberto a interpretações. Você encontrará centenas de exemplos neste livro, mas quero que responda a uma pergunta ao avaliar as palavras que usará para estabelecer seu próximo limite: "Quando eu terminar de falar, as pessoas saberão exatamente onde fica o meu limite e como evitar ultrapassá-lo?" Se a resposta for "Sim", parabéns, você definiu um limite claro e gentil! Se a resposta for "Espero que sim, tipo... isso deveria ser óbvio, não é?", ainda não chegamos lá.

Exemplos de limite obscuro: revirar os olhos, suspirar profundamente, ignorar uma pergunta ou fazer piada sobre ela.

Exemplo de limite claro: "Prefiro não falar sobre meu corpo ou meu peso hoje, obrigada."

ALERTA – LIMITE À VISTA!

Uma das coisas mais desafiadoras ao estabelecer um limite é deixar de pensar "Opa, isso não foi legal..." e começar a expressar seu incômodo de maneira clara e gentil. É aí que entra o alerta de limite: uma interjeição, um som ou um gesto entre a transgressão do limite e sua reação. Os alertas de limite permitem sinalizar rapidamente ao seu interlocutor que ele foi longe demais e que a conversa vai ficar mais séria. É seu momento de se recompor antes de dar um basta. Adiante você encontrará roteiros que incluem muitos alertas como estes:

- "Nossa!"
- "Hein?"
- "Uau."
- "É, bem..."
- Levantar as mãos.
- Fazer cara de desagrado.
- Levantar uma sobrancelha.
- "Ah, não."
- "Puxa..."
- "É sério isso?"

Na prática, por exemplo, você poderia dizer "Nossa, não vou nem responder" depois de uma pergunta especialmente insensível. Ou "É, bem... na verdade, não planejo olhar meus e-mails durante as férias" após o pedido de um colega de trabalho. Ou sinalizar com as mãos e dizer "Agradeço, mas fico aflita quando tocam meu bebê" para interromper o carinho inesperado de um estranho na sua barriga de grávida. É importante notar que um alerta de limite não substitui sua verbalização clara – apenas preenche o espaço entre a violação desse limite e a sua reação.

NÃO É TARDE DEMAIS

Outro desafio comum ao estabelecer limites é não conseguir captar imediatamente toda a gravidade da situação, ou entrar em choque diante de uma fala ou de um comportamento a ponto de não saber como reagir. Esse é o segundo motivo mais citado para não estabelecer limites, e já aconteceu comigo também. Consigo me lembrar de várias ocasiões no meu antigo emprego em que um colega fez uma piada absurdamente inadequada e machista na minha frente e eu apenas congelei. Por dentro estava pensando: "O que acabou de acontecer? Esse sujeito é vice-presidente. Como eu devo reagir a isso?" Nesse meio-tempo a conversa prosseguiu. E, quando dei por mim, o momento havia passado e seria esquisito voltar ao assunto àquela altura.

Se eu tivesse soltado um "Nossa!" naquele momento, talvez pudesse interromper a conversa e dizer: "John, isso não é aceitável." (Não é o limite mais eloquente, mas é melhor do que nada.) Mesmo que você congele na hora e não diga nada, nunca é tarde demais para estabelecer e comunicar um limite para as interações futuras. Aqui vão algumas estratégias para isso, mesmo se o momento tiver passado:

VOLTE AO ASSUNTO. Peça que a pessoa retorne àquela parte da conversa assim que você se sentir à vontade para declarar seu limite dali em diante. Isso pode acontecer depois de cinco minutos, uma hora ou no dia seguinte. (Mas não deixe passar muito tempo, senão a pessoa provavelmente terá esquecido os detalhes do que, para ela, pareceu uma "conversa normal".)

EXPLIQUE O QUE ACONTECEU A PARTIR DA SUA PERSPECTIVA. "Ontem você fez uma piada sobre mulheres que sobem na carreira. Para mim foi bem desagradável, e saiba que não achei engraçado nem adequado."

CONCENTRE-SE NO QUE ESTÁ ACONTECENDO AGORA. Se a pessoa falar algo do tipo "Bom, você deveria ter dito alguma coisa", conte a verdade. "Sinceramente, na hora fiquei em choque e não soube direito como responder. Mas já tive tempo para pensar e acho importante dar minha opinião."

COMUNIQUE SEU NOVO LIMITE DE MODO PROATIVO. "De agora em diante vou começar a apontar os comportamentos inadequados na mesma hora, não importa quem esteja na sala. Há um monte de mulheres que prestam contas a você. Por favor, melhore sua atitude."

Com o treino, você poderá perceber mais rapidamente quando um limite for ultrapassado. Também criará um repertório de frases úteis para apontar o problema ou ganhar tempo para avaliar a situação enquanto ela acontece. Mesmo que sua reação inicial seja pouco clara, tipo "Espera aí, isso não é legal", ou "Calma aí, preciso digerir o que aconteceu", ainda é um passo na direção certa para você encontrar sua voz e estabelecer os limites necessários quando se sentir à vontade.

A LINGUAGEM CLARA E GENTIL COMEÇA (E TERMINA) COM VOCÊ

Algo importante que você deve ter em mente para adequar sua linguagem é que um limite saudável sempre vem do *eu*. Lembre-se: você não vai dizer ao tio Joe que ele não pode fumar; vai dizer que *você* não permite que fumem na sua casa. Os limites não têm a ver com controlar a outra pessoa, mas com as linhas que você traça à *sua* volta para permanecer saudável e em segurança. No caso dos meus pais, eles podem conversar entre si sobre o meu ex-marido quanto quiserem, mas agora sabem que não devem puxar esse assunto comigo. A vizinha de Nancy pode continuar a fazer sua caminhada de sempre, mas sabe que Nancy prefere caminhar sozinha, a não ser aos sábados. Você não está tentando controlar o que *os outros* fazem; está expressando quais são os *seus* limites.

Um limite não diz a outra pessoa o que fazer.
Diz o que você fará.

Pode parecer confuso, porque neste livro você vai encontrar roteiros com um bocado de pedidos: "Por favor, você poderia fumar lá fora?", "Confirme se estará mesmo livre neste fim de semana, por favor, antes que eu compre os ingressos", "Podemos adiar aquela conversa? Preciso de tempo para pensar". Mas lembre-se: cada um desses pedidos estará centrado no *seu* limite saudável. Tenha em mente o seguinte:

- Os limites resultam de um desejo de estabelecer e preservar o *seu* espaço.
- As pessoas não leem mentes, por isso você precisa saber comunicar suas necessidades.
- Se alguém continuar ultrapassando seus limites, é *você* quem deve agir para mantê-los.

Quando o tio Joe acende um cigarro na sua casa, o seu limite é: "Não permito que fumem dentro da minha casa porque quero proteger minha saúde e não gosto do cheiro." Mas o tio Joe pode não saber disso, portanto você precisa deixar isso claro. Você pode dizer: "Ah, por favor, acenda esse cigarro lá na varanda. Nós não fumamos dentro de casa." Você não está tentando convencer o tio Joe a parar de fumar – isso seria controle, não limite. Você não está dizendo para ele não fumar na casa dele, ou na de qualquer outra pessoa – não é você quem deve estabelecer esse limite. Você só está usando seu pedido para traçar uma linha em volta da *sua* casa e da *sua* saúde.

Se o tio Joe se recusar a sair, você pode reforçar o limite dizendo: "Então, por favor, apague o cigarro. Eu disse que não permito que fumem dentro de casa." Sim, isso exige a cooperação do tio Joe, mas o foco ainda está em reforçar o *seu* limite. Se o tio Joe se recusar a fazer as duas coisas (o que é uma grosseria), você pode decidir que não o convidará novamente: uma ação *sua* para fazer valer as consequências do *seu* limite.

PODERIA EXPLICAR MELHOR? (E POR QUE TALVEZ VOCÊ NÃO QUEIRA EXPLICAR MELHOR)

Um limite claro e gentil não exige que você fique se explicando ou peça desculpas por suas necessidades. Para suavizar o golpe, talvez Nancy tenha pensado em dizer: "O único tempo que tenho sozinha de manhã é durante a caminhada, e minha vida está caótica, ando ocupada demais, o trabalho está uma confusão só e meus filhos estão numa idade difícil. Eu me sinto mal em pedir, mas..." No entanto, essa abordagem pode ser problemática. Em primeiro lugar, e o mais importante, não é necessário compartilhar todo o contexto – o seu limite é o seu limite. Repita comigo:

As pessoas não precisam entender meu limite nem concordar com ele para respeitá-lo.

Vou enfatizar isso porque nós, mulheres, em especial, fomos condicionadas a enxergar o altruísmo como virtude e a procurar um ótimo motivo (e muitas vezes buscar aprovação) antes de pedir algo em nosso benefício. Pode ser profundamente desconfortável declarar nosso limite e pronto, sem dar maiores explicações, sem pedir desculpas ou justificar nossos desejos – portanto, é exatamente isso que eu quero que você treine, para lembrar a si mesma que você é digna de ter e atender suas próprias necessidades. Sempre que reconheço e respeito minhas vontades sem pedir "permissão" primeiro, imagino que estou silenciosamente desafiando o patriarcado.

Além disso, contextualizar demais o seu pedido pode ser um tiro no pé. Ao explicá-lo, você permite que a outra pessoa discorde do seu raciocínio e chegue à conclusão de que esse limite não é necessário. Imagine Nancy se explicando demais e a vizinha dizendo: "Não é possível que a sua vida seja *tão* difícil assim... É só uma caminhada, e a gente nem precisa conversar." Explicar demais pode direcionar o foco para a sua argumentação, não para o limite propriamente dito, exigindo que você se justifique mais ainda (quando você só precisaria dizer: "Ah, não posso caminhar com você hoje. Tenha um ótimo dia.").

Detalhar (ou até mesmo exagerar) o motivo por trás do seu pedido pode ser contraproducente de outras maneiras também. Digamos que duas semanas mais tarde sua vizinha encontre sua família na porta de casa e pergunte se o seu trabalho está menos corrido. Seu marido, solícito, responde: "Sim, as coisas estão indo muitíssimo bem! Ela finalmente conseguiu uma secretária e o trabalho está bem mais administrável. É bom vê-la mais tranquila." Essa é a deixa para sua vizinha aparecer no dia seguinte para uma caminhada matinal, afinal você não *precisa* mais daquele tempo sozinha, já que agora as coisas se ajeitaram.

Explicar demais é uma reação natural caso você se sinta desconfortável ou tenha aprendido a buscar a aprovação dos outros antes de reivindicar qualquer coisa. O problema é que fornecer informação desnecessária, ou tentar justificar suas necessidades, dá a impressão de que seu limite não é tão forte assim, o que significa que as pessoas provavelmente tentarão fazer com que você mude de ideia, seja pedindo, argumentando, pressionando ou levando você a sentir culpa. Estabelecer um limite *sem* explicar, justificar ou pedir desculpas é um gesto de quem sabe o que quer, de quem já pensou o suficiente no assunto e se sente confortável em defender suas vontades. Além disso, se você realmente acredita que estabelecer limites saudáveis é um ato de gentileza, não há "golpe" a ser suavizado.

LIDANDO COM OS PORQUÊS

Assim como você não precisa contar quais são os seus motivos para estabelecer um limite, também não precisa responder quando as pessoas perguntarem "Por quê?". Estabelecemos limites por uma série de motivos, alguns profundamente pessoais. Se você não quer explicar a razão, pode simplesmente dizer "É só disso que eu preciso agora", "Prefiro não falar mais sobre isso" ou "Esse é um tema sensível para mim". (Você encontrará adiante mais exemplos como esses, em particular nos roteiros do Capítulo 9.)

Voltando a Charley e sua mãe: elas eram próximas e, afora o problema do peso, tinham um relacionamento ótimo, e Charley queria dizer, de coração, como esse limite melhoraria o convívio entre elas e sua saúde mental. Eu a aconselhei a usar o seguinte roteiro para uma mensagem de texto, como um ponto de partida: "Oi, mãe, mal posso esperar para vê-la amanhã! Uma coisa que eu queria dizer antes da visita é que a pandemia me deixou muito insegura com relação ao meu corpo. Sei que você vai perceber que estou um pouco diferente quando me vir, mas qualquer conversa sobre isso, por mais bem-intencionada que seja, iria me deixar para baixo o dia inteiro. Quero aproveitar ao máximo o nosso tempo juntas, por isso estou pedindo que a gente não fale sobre nosso peso nem sobre nossa aparência."

Charley adorou essa linguagem, e me disse: "Isso resume com perfeição meus sentimentos sem usar um tom duro ou acusatório." Está vendo? Clareza *é* gentileza.

TERCEIRA ETAPA: MANTENHA O LIMITE IMPONDO CONSEQUÊNCIAS, SE NECESSÁRIO

A primeira regra que aprendi como mãe foi jamais determinar uma consequência que eu não esteja disposta a impor. (Dizer "Nada de tablet durante uma semana" dói tanto em mim quanto no meu filho de 9 anos, e ele sabe disso.) O mesmo acontece com um limite; para que seja eficaz, ele precisa ser imposto, e você precisa ter a *disposição* de impô-lo. Isso significa que, mesmo depois de ter passado pela experiência assustadora e desconfortável de estabelecer um limite, você ainda não chegou lá. Agora precisa *manter* esse limite.

Geralmente o limite ideal inclui um componente que nós apenas mencionamos de leve: a consequência. Seu objetivo é manter o limite, caso a outra pessoa não possa ou não queira respeitá-lo. Em geral, na primeira vez que estabeleço um limite, não menciono a consequência logo de cara. Isso evita que eu pareça rígida demais. (Não seria nada gentil, por exemplo, se Nancy dissesse à vizinha idosa: "Agora vou caminhar sozinha no meio da semana. E se você tentar me acompanhar, eu vou CORRER na direção contrária até você me perder de vista.") Talvez eu não mencione a consequência nem mesmo na segunda vez, presumindo de boa-fé que a pessoa simplesmente se esqueceu do que havíamos combinado.

Se, no entanto, o meu limite continuar sendo desconsiderado ou desrespeitado, aí será a hora de reafirmá-lo e *acrescentar* uma consequência clara. No caso da vizinha, Nancy poderia reafirmar o limite dizendo "Eu avisei que não caminharia com você nos dias de semana", e em seguida determinar uma consequência se a vizinha continuasse se convidando para ir junto. Ela poderia dizer: "Se não chegarmos a um acordo sobre isso, vou começar a fazer minhas caminhadas em outro lugar", ou "Vou parar de cumprimentá-la quando sair de manhã cedo. Por favor, não leve isso para o lado pessoal".

Na verdade, tecnicamente a consequência *é* o limite: a atitude que você toma para se manter em segurança e saudável. No caso de Nancy, ela poderia ir de carro até o parque, poderia sair de casa todo dia num horário diferente ou correr até o fim do quarteirão antes de começar a caminhada. Mas pular direto para a consequência não deixa muito espaço para a conexão, o que não é bom para o relacionamento, e não dá à outra pessoa a oportunidade de ajudar você a satisfazer suas necessidades. É por isso que, em geral, é melhor começar expondo seu limite na forma de um pedido. É como se estivesse dizendo: "Aqui está meu limite. Adoraria que você me ajudasse a respeitá-lo. Você aceita?" Essa é uma abordagem muito mais gentil do que não dizer nada e depois se esgueirar pela porta dos fundos para não ser vista pela vizinha.

Quando alguém se recusa várias vezes a respeitar seu limite, a situação se torna bem complicada. Você fica diante de uma escolha difícil: voltar atrás no combinado (o que vai lhe fazer mal, prejudicar o relacionamento e abrir um precedente ruim) ou aplicar a consequência, que provavelmente será dolorosa para ambas as partes e pode mudar para sempre a relação. Depois de ouvir vários comentários inadequados da mãe, Charley poderia dizer a ela: "Eu já pedi diversas vezes que você parasse de comentar sobre o meu peso. Se você não consegue respeitar isso, vou precisar dar um tempo nas visitas. Falar sobre o meu corpo prejudica a minha saúde mental. Não vou continuar me sujeitando a isso." Mas, antes de chegar a esse ponto, ela precisa se perguntar: "Vou realmente parar de visitar minha mãe? Estou disposta a me distanciar por algum tempo? Posso ir mesmo até as últimas consequências?"

Não existem respostas fáceis, em especial quando os que vivem ultrapassando nossos limites são membros da família. Preciso perguntar, no entanto: será que um relacionamento é realmente bom se a outra pessoa não faz o mínimo para manter você em segurança e saudável? Vale a pena se sacrificar o tempo todo quando a outra pessoa não está disposta a tomar uma atitude relativamente simples para demonstrar respeito e consideração? Até que ponto você se dispõe a abrir mão do que é importante para você?

TÁTICAS PARA MANTER SEUS LIMITES

Aqui vão algumas estratégias que você pode usar para manter um limite que estabeleceu com outra pessoa:

REAFIRME O LIMITE. Parece redundante, mas tente usar a mesma linguagem sempre que falar sobre o que foi combinado, seja pessoalmente, por escrito (numa mensagem de texto ou e-mail, por exemplo) ou ao telefone. Se a mãe de Charley comentar casualmente sobre o peso da filha durante o almoço, Charley pode dizer: "Para minha saúde mental neste momento, é importante não falarmos do nosso corpo nem do nosso peso, lembra?" Isso reforça que o respeito a esse limite é bom para Charley e para o relacionamento das duas.

ACRESCENTE INFORMAÇÕES, SE NECESSÁRIO. Se for o caso, especifique ainda mais o que está e o que não está dentro dos seus limites. E dê exemplos. Charley poderia acrescentar: "Quando peço que não falemos sobre nosso corpo, isso também inclui o corpo das outras pessoas, até o da Kim Kardashian. Não vamos falar sobre o corpo de *ninguém*, combinado?"

EXPLIQUE AS CONSEQUÊNCIAS. Se os seus limites continuam a ser desrespeitados, é hora de revelar o que você se dispõe a fazer para manter sua segurança e sua saúde. Charley diria: "Mãe, você continua falando do meu peso, mesmo eu tendo pedido que não faça isso. Se não consegue respeitar esse pedido simples, vou embora."

IMPONHA-SE QUANDO FOR PRECISO. Se os seus limites ainda não estão sendo respeitados o suficiente, é hora de impô-los por meio da ação. Charley poderia estabelecer mais restrições ainda (como se comunicar apenas por e-mail ou mensagens de texto e não visitar a mãe pessoalmente), ou poderia tomar a difícil decisão de aplicar a consequência definitiva: cortar qualquer contato (pelo menos por algum tempo) num último esforço de autopreservação.

No Capítulo 11 falaremos mais sobre como agir diante desses desafios. No caso de Charley, o roteiro foi ensaiado e executado, e (como acontece com frequência) tudo correu *lindamente*. Alguns dias depois Charley me mandou notícias: "Ontem vi minha mãe e foi uma das melhores visitas que já fiz a ela. Ela respeitou meu pedido 100% e eu me senti muito apoiada e compreendida. OBRIGADA."

FLEXIBILIDADE, NÃO RIGIDEZ

Os relacionamentos não são estáticos, e o mesmo acontece com os limites saudáveis. Se o seu contexto mudar e antigos comportamentos deixarem de lhe fazer mal, você pode e deve comunicar isso às outras pessoas. De fato, *qualquer* contexto pode mudar suas preferências, por isso é tão importante continuar verificando se ainda é preciso haver *aquele* limite em específico. Também é importante não encarar seus limites com muita rigidez. Você pode dizer ao pessoal do escritório: "Não vou responder a mensagens de texto fora do expediente", mas se sua chefe mandar uma mensagem dizendo que o prédio está pegando fogo, talvez você deva responder. Os limites saudáveis precisam servir ao seu eu mais elevado (ao que há de melhor em você). Assim, se por algum motivo você perceber que o limite estabelecido não é mais do seu interesse, ainda que momentaneamente, por favor, faça os ajustes necessários.

APOSENTE A CARA DE CULPA

Já falamos bastante sobre por que os limites são tão fundamentais para sua saúde mental, sua felicidade e seus relacionamentos. Mas se neste momento eu pedisse aos leitores que associassem qualquer palavra a "limite", aposto que muitos ainda responderiam: "Eca!" Os limites simplesmente fazem com que a gente se sinta... mal. Com medo, ansiedade, *culpa.* É quase certo que esses sentimentos surgirão (em você ou nos outros) quando você começar a pôr seus limites em prática, portanto vamos analisá-los.

Em primeiro lugar, pode ser que esses sentimentos desagradáveis já sejam... *de casa.* É comum sentirmos ansiedade ou culpa ao estabelecer um limite, às vezes antes mesmo que as palavras sejam ditas. Podemos não nos sentir confortáveis defendendo nossos interesses, ou ter uma crença arraigada em que não somos dignos de escolher como queremos ser tratados. Se nunca tivemos exemplos de limites, provavelmente crescemos passivos e agradando aos outros a todo custo. Nós, mulheres, fomos especialmente condicionadas a colocar nosso bem-estar em último plano e a nos apequenar para não incomodar os outros. (É só lembrar minha relação com a palavra "legal", quando eu deveria dizer: "Na verdade, eu me incomodo, sim.")

QUANDO A CULPA VEM COM FORÇA TOTAL

Na psicologia, esses "sentimentos ruins relativos a limites" são chamados de "culpa imerecida". Não é uma culpa produtiva, esta, sim, um importante regulador social que nos ajuda a corrigir um erro quando realmente somos responsáveis por ele. A culpa imerecida é um tipo de autopunição que leva você a se sentir mal por ter se colocado à frente dos sentimentos dos outros, por ter se defendido ou por "ter deixado" os outros desconfortáveis. Aprendemos isso em uma dezena de fontes diferentes: os agrados que fizemos aos nossos pais, professores e outras figuras de autoridade; a responsabilidade que sentimos pelos sentimentos de amigos ou familiares; as pressões sociais vindas do patriarcado, do machismo e da publicidade de massa; ou os abusos, os traumas e a negligência que sofremos. A boa notícia é que se esse é um comportamento aprendido, ele pode ser *des*aprendido, e estamos aqui para fazer exatamente isso.

A culpa imerecida às vezes surge quando você estabelece ou mantém um limite, mas é possível neutralizá-la à medida que percebemos sua aproximação. "Ei, culpa, você *pode* ser útil, mas não preciso de você agora." Em seguida relembre o que levou você a estabelecer esse limite. "Quero me manter em segurança e saudável. Mereço isso neste relacionamento, e qualquer outra pessoa na minha vida deveria desejar isso para mim também. Meu limite será claro e gentil. Não tenho do que sentir culpa: não estou fazendo nada de errado." Também pode ser útil imaginar que você está aconselhando outra pessoa que tem o mesmo problema. Se sua melhor amiga se sentisse mal quando as pessoas falassem sobre o peso dela, você ajudaria a impor algum limite? Imaginar que é sua melhor amiga quem está passando por isso é uma boa maneira de perceber que seu limite também é razoável e que você não precisa se sentir mal em colocá-lo.

Às vezes as pessoas também se sentem culpadas ou tensas ao impor limites porque preveem uma reação ruim – quer isso seja justificado ou não. Eu me lembro de quando quis ter uma conversa difícil com a minha mãe e comentei com minha irmã. Eu estava nervosa.

"Ela não vai gostar", falei, cheia de ansiedade. "Vai ficar quieta e fazer cara de quem chupou limão. Acho melhor eu me resignar."

Minha irmã me interrompeu: "Ei, isso não aconteceu ainda, e você nem sabe se vai acontecer. Dê a ela o benefício da dúvida e, se a coisa não correr bem, aí você toma uma atitude."

Avancemos alguns dias, quando declarei meu limite, toda angustiada, e minha mãe respondeu: "Ah, certo, tudo bem."

A reação da minha irmã foi: "Eu não disse?"

E jamais esqueci a lição.

Combata a culpa proativa lembrando-se do que você aprendeu sobre os limites claros e gentis: eles se destinam a melhorar o relacionamento e manter sua segurança e sua saúde. Suas necessidades são tão importantes quanto as de qualquer outra pessoa. Não ensaie o desastre: é mais provável que a pessoa fique satisfeita em respeitar suas vontades porque ela gosta de você. Repita quanto for preciso e lembre que a prática torna tudo mais fácil.

T MAIÚSCULO E T MINÚSCULO

O trauma pode influenciar bastante seus sentimentos ao estabelecer limites saudáveis. Quando alguém carrega um trauma do passado, pode levar essa experiência para uma conversa atual. Se a outra pessoa sentia que não tinha direito ou capacidade de defender os próprios interesses (ou achava muito perigoso fazer isso), ela pode ter dificuldade para aceitar que *você* esteja se defendendo. E se você tem uma história de trauma, estabelecer um limite pode parecer especialmente aterrorizante e desencadear culpa ou medo. Talvez você descubra, como eu, que falar com um terapeuta ou com outro profissional da área de saúde mental pode ajudar a processar esse trauma e reivindicar seu poder. Estabelecer limites também ajuda a reforçar seu amor-próprio e manter você em segurança enquanto realiza seu trabalho de cura.

A esta altura você já deve ter se animado para criar alguns limites saudáveis na sua vida (ou pelo menos não está sentindo um pavor enorme só de pensar nisso). Mas falta uma peça importante... O que, *especificamente*, você deve dizer? Como Charley, provavelmente você sabe aonde quer chegar, mas tem dificuldade para elaborar uma linguagem clara e gentil – que não seja curta e grossa, mas também não seja frágil a ponto de não se sustentar. No próximo capítulo você vai aprender mais sobre meu jeito particular de caracterizar os limites. Vai conhecer meu sistema "Verde, Amarelo e Vermelho" e vai aprender a conduzir suas conversas de um jeito natural e descontraído. Depois você passará à Segunda Parte, que fornece os roteiros necessários para impor quantos limites quiser em cada área da sua vida.

CAPÍTULO 2

Como usar este livro

Antes de mergulharmos na linguagem que você pode usar para dizer ao seu chefe que não vai responder a e-mails quando estiver de férias (coragem!), vamos falar sobre como estruturei este livro.

Muitos especialistas classificam os limites de acordo com a área da sua vida: físicos, emocionais, financeiros, etc. Para ser sincera, isso nunca funcionou muito bem para mim. Por exemplo, recentemente uma mulher chamada Paige me mandou uma mensagem perguntando como falar com o marido sobre a recente compra "surpresa" que ele fizera: diversos aparelhos de ginástica que ocupavam bastante espaço na casa pequena dos dois. A princípio pareceu que ela precisava de um limite físico (por favor, não monopolize esse espaço que também é meu), mas percebi que ela também estava falando sobre estabelecer um limite emocional (por favor, respeite minha importância nesta relação) e *também* financeiro (por favor, não gaste nosso dinheiro sem antes conversar comigo).

Na minha abordagem, prefiro separar os limites em categorias de *relacionamentos*. Nesse caso, Paige precisava estabelecer um limite com seu parceiro romântico. As decisões do marido não estavam afetando apenas as finanças do casal ou o espaço livre de um cômodo. Estavam tendo um impacto negativo no *relacionamento*. Ela precisava estabelecer um limite em relação a quando gostaria de ser consultada sobre decisões que tinham impacto sobre os dois. Comunicar esse limite (e vê-lo ser respeitado) fortaleceria o casamento, não somente a conta bancária ou o espaço de cada um na casa.

Neste livro identifiquei oito categorias específicas de relacionamento nas quais é mais provável que você precise impor limites. Elas abrangem todos os relacionamentos que você provavelmente terá em sua vida: pais e sogros, amigos e vizinhos, chefes e pares românticos. Mas não se restringem a relacionamentos com outras pessoas. Às vezes precisamos cultivar nossa relação com nós mesmos, garantindo que nosso bem-estar físico e nossa saúde mental estejam em segurança e protegidos. Estabelecer limites é um modo de *você* defender os *seus* interesses, de se cuidar e se proteger, quando se trata de temas como o que comemos e bebemos (ou não bebemos); o modo como falam de nosso corpo, nossa saúde ou nossa aparência; e como nos orientamos em questões profundamente pessoais, como ter um filho ou lamentar a morte de um ente querido.

Mesmo na minha estrutura baseada em relacionamentos, haverá casos que se misturam, como quando você precisa estabelecer um limite para sua mãe a respeito do tema "dieta" durante o jantar, ou para um colega de trabalho que fica o tempo todo lhe dando conselhos não solicitados sobre saúde. Em cada capítulo você encontrará uma linguagem que se aplica a uma infinidade de situações, e talvez descubra em alguma página inesperada as palavras necessárias para sua próxima conversa. À medida que você percorrer os capítulos, meu método ajudará a identificar rapidamente onde um limite é necessário, a comunicar seu limite com eficácia e a fortalecer *todos* os seus relacionamentos.

COMO DIZER ISSO?

No início da minha pesquisa, uma das coisas que me frustravam era que poucos especialistas falavam sobre *como*, exatamente, estabelecer limites. Eu lia páginas e mais páginas de informações valiosas, depois chegava ao final e me perguntava: "Mas como DIZER ISSO?" Quando minha comunidade do Whole30 começou a me perguntar qual seria a melhor maneira de dizer "não" ao álcool, à sogra insistente ou àquele projeto de trabalho extra, eu escrevia de volta: "Tente dizer 'Agradeço, mas no momento não estou bebendo'", ou "Adoramos receber sua visita, mas se não telefonar antes talvez não possamos recebê-la", ou "Se eu aceitar esse encargo, o Projeto A não será feito a tempo. Posso entregá-lo só na semana que vem então?". Muitas pessoas vieram me dizer que tinham usado meu roteiro com grande sucesso.

No decorrer dos anos também comecei a compartilhar mais os meus próprios limites, palavra por palavra. As pessoas adoravam ter exemplos de linguagem clara e gentil adequada a qualquer situação ou ambiente, e catalogavam uma lista cada vez maior de respostas. Esses roteiros simples se transformaram na estrutura para os capítulos deste livro. Você não somente lerá roteiros, estratégias e orientações para ter conversas bem-sucedidas: explicarei *exatamente o que dizer*. Os roteiros abordam situações propostas pela minha comunidade e reunidas a partir da minha experiência, com respostas que você pode simplesmente copiar e colar. Com o tempo, você vai desenvolver naturalmente sua própria linguagem e não precisará mais de roteiros específicos para a maioria das situações, mas até lá eu ajudo você.

AS ORIGENS DO "VERDE, AMARELO E VERMELHO"

Os roteiros dos próximos capítulos estão organizados em três categorias: Verde, Amarelo e Vermelho. Há décadas venho usando um código de cores para avaliar situações que podem exigir um limite, mas só fui explicar esse sistema pela primeira vez em 2011, quando escrevi um artigo sobre limites e álcool para o blog Whole30. Para ilustrar o conceito, contei minha experiência numa festa de casamento no início do meu período de recuperação. Nessa festa, outra convidada (que por acaso estava acompanhando meu ex-namorado) começou a me pressionar implacavelmente para beber, e precisei de muita força para permanecer sóbria e evitar um conflito.

Cheguei à festa sozinha e estava parada junto ao bar quando essa mulher, que eu tinha encontrado apenas uma vez na vida, se aproximou. Ela percebeu que eu estava tomando água e pareceu incomodada de verdade com isso. "Por que você não está bebendo hoje?", disse sem preâmbulos. Ela não sabia que eu estava em recuperação e que não me sentia confortável conversando sobre isso, então apenas falei que queria beber água e que tinha gostado do vestido dela, achando que o assunto morreria ali.

Não morreu.

Mais tarde, estávamos conversando com outras pessoas e ela, de "brincadeira", perguntou por que eu estava sendo tão careta. Nesse ponto percebi que ela já estava de pilequinho (como quase todo mundo) e que minha recuperação poderia estar em perigo. Eu não achava que cederia, mas não me sentia segura, e não me pareceu saudável continuar falando com ela. Por algum motivo, minha mente ativou uma espécie de "Departamento de Segurança Interna" e comecei a avaliar mentalmente em qual nível de risco estávamos: Verde, Amarelo ou Vermelho?

Nível de Ameaça Verde? Não, já passamos dessa fase. Tentei rir e mudar de assunto há uma hora, mas não deu certo. Estamos claramente no Amarelo: ela está bastante bêbada e se sente encorajada pela presença dos amigos.

Na hora falei alguma coisa superficial, como "Só não estou a fim de beber esta noite", e saí para conversar com outra pessoa. Mas previ que aquilo não pararia por aí e ativei meu alerta máximo.

Como esperado, alguns minutos depois a mulher se aproximou de novo – agora rebocando meu ex (que pelo menos teve a decência de parecer sem graça) e com dois copos na mão, insistindo em que eu brindasse com ela. Pensei: *Isso é Nível de Ameaça Vermelho, Melissa. Se ela não parar, terei que ir embora. Não quero me sentir pressionada a falar sobre minha reabilitação num lugar cheio de pessoas estranhas – ou, pior, tomar uma bebida que eu não quero.* Recusei de novo, olhei, séria, para o meu ex e me afastei.

Durante cerca de uma hora fiz o máximo para evitar aquela mulher. Contudo, quanto mais todo mundo bebia, mais ela parecia fixada em mim. Às dez da noite ela estava totalmente de porre e eu tinha chegado ao "Nível de Ameaça Roxo". Só havia uma coisa a fazer para me manter em segurança: peguei meu casaco e saí pela porta.

Essa experiência continua vívida na minha memória, não somente porque eu fui para casa e chorei, mas porque aquele sistema de "níveis de ameaça" passou a fazer parte de todas as minhas conversas sobre limites dali em diante. Com essa experiência reconheci que diferentes níveis de ameaça – ao seu relacionamento com a pessoa, à sua saúde mental ou à sua segurança – exigem diferentes níveis de reação. Assim como você não usa um lança-chamas para matar um mosquito, não precisei sair do casamento da minha amiga depois do primeiro inconveniente. Naquele ponto a ameaça não era severa, por isso pareceu adequado estabelecer um limite gentil e mudar de assunto. Porém, várias horas depois, a ameaça à minha saúde e à minha segurança (e ao meu relacionamento com os noivos) era *real.* Eu temia que se eu não estabelecesse o limite mais rigoroso possível, alguma coisa irreparável aconteceria – eu poderia explodir com aquela mulher e começar uma briga ou então ceder e aceitar a bebida.

O sistema de três cores que você encontrará em todo este livro – Verde, Amarelo e Vermelho – nasceu dessa experiência e representa o nível de *ameaça* quando um limite é ultrapassado bem na sua frente. A ameaça pode ser à sua saúde ou à sua segurança, como foi para mim naquele casamento. Se alguém continuar agindo de determinada maneira, sua saúde mental será prejudicada? Seus cuidados com a saúde correm risco? Isso pode implicar um dano físico ou emocional?

A ameaça também pode ser ao seu relacionamento. Se esse comportamento continuar, pode pôr em risco a boa relação que você tem com essa pessoa? Você já está sentindo ansiedade ou irritação, querendo evitá-la antes mesmo de interagirem? Você está a ponto de explodir com ressentimento, frustração ou raiva, prestes a dizer algo de que vai se arrepender, ou sente vontade de cortar relações com ela de uma vez por todas?

Se nesse ponto a ameaça for mínima (o comportamento da pessoa não é bom, mas é a primeira vez que isso acontece, ou não é tão grave assim), você ainda está no território Verde, e a linguagem usada para estabelecer ou reforçar o limite deve ser compatível. Mas se a ameaça ao relacionamento for iminente (por exemplo, "Se você falar do meu peso mais uma vez, vou sair por aquela porta"), então você está no Vermelho, e sua linguagem e as consequências expressas também devem refletir isso.

VERDE: Baixo risco e linguagem mais gentil. Presume-se que a outra pessoa não tem consciência de estar ultrapassando seus limites e que ela gostaria de respeitá-los. Nesse caso, sua linguagem deve ser clara, generosa e muito gentil. Aja de boa-fé e não verbalize nenhuma consequência possível.

AMARELO: Risco elevado e linguagem mais firme. É um segundo alerta quando seu limite Verde não foi respeitado ou quando o histórico da pessoa indica um potencial maior de ameaça. Sua linguagem deve ser igualmente clara, porém mais firme. Você pode verbalizar uma possível consequência, se for adequado.

VERMELHO: Risco severo e linguagem mais direta. A essa altura, sua saúde, sua segurança e/ou seu relacionamento estão correndo risco, e sua linguagem deve refletir a gravidade da situação. As palavras ainda devem ser gentis, mas é um ultimato que deixa claro que você *não permitirá* que as coisas avancem a partir dali. Declare a consequência com clareza e se disponha a implementá-la.

DOSE MÍNIMA, EFEITO MÁXIMO

O melhor limite usa a *dose mínima* para obter o *efeito máximo*. Esse é um princípio da física creditado ao cientista e matemático grego Arquimedes e popularizado hoje em dia no mundo fitness. Trata-se da seguinte questão:

Qual é a menor ação que você pode fazer para produzir o efeito desejado?

Esse princípio permite alavancar seus esforços para obter o melhor retorno – e protege você das consequências negativas de achar que mais é sempre melhor. Assim, se os seus nuggets de frango ficam quentes com um minuto no micro-ondas, não os cozinhe durante dois minutos. Se séries de cinco agachamentos deixam você mais forte, não é necessário fazer dez. E, quando se trata de limites, quão levemente você pode abordá-los e ainda assim impô-los com eficácia?

É aí que entra o meu sistema de cores. Se começar cada conversa com a linguagem mais firme e direta, com certeza os limites que estabelecer serão eficazes, mas você também criará mais conflito do que o necessário e provavelmente queimará algumas pontes no caminho. O ideal é iniciar essas conversas presumindo o melhor, começando com o Verde e só passando para o Amarelo ou Vermelho se for preciso. Se o seu limite Verde for bem-sucedido, parabéns! Você usou a linguagem mais gentil possível (algo que a outra pessoa certamente apreciará) *e* os seus limites foram reconhecidos e respeitados.

Mas leve a sério o conceito de ameaça. Se você perceber que seus limites Verdes não estão funcionando e que o comportamento ofensivo continua a crescer, avalie qual é a reação mais gentil: não dizer nada e ignorar a outra pessoa por um tempo ou afirmar com clareza um limite Amarelo ou Vermelho e estabelecer uma restrição séria, porém necessária, que poderá salvar o relacionamento.

Para cada situação neste livro você encontrará as três opções – Verde, Amarelo e Vermelho – com uma linguagem correspondente ao nível de ameaça. Esses roteiros só pretendem ajudar você a começar, mas diversas pessoas já os recitaram palavra por palavra e descobriram que eles são tremendamente eficazes. Se deseja um roteiro para abordar um assunto delicado, você o encontrará neste livro. Se só quer inspiração para estabelecer um limite Amarelo, use meus exemplos como ponto de partida para encontrar uma linguagem que funcione para você.

A PRÁTICA LEVA AO PROGRESSO

Um último conselho: a prática faz com que os limites pareçam e soem mais naturais, o que significa que você estará mais confiante e o limite terá mais chances de ser levado a sério. Eu li absolutamente todas as conversas adiante em voz alta, várias vezes, enquanto escrevia este livro. Se alguma fala parecesse hesitante, pouco natural ou roteirizada demais, eu a reescrevia até parecer adequada. Apesar de encorajar você a usar um discurso que lhe pareça mais natural, assim que descobrir o que quer dizer, *treine*. Diga na frente do espelho: "Eu agradeço, mas no momento não estou bebendo." Diga ao seu cachorro: "Nossa, essa é uma pergunta bastante pessoal. Vamos passar para a próxima." Diga embaixo do chuveiro: "Já saí do escritório. Mande uma mensagem amanhã, que eu ajudo."

Diga em voz alta até parecer fácil, até você soar confiante, de modo que seu cérebro e seu corpo se acostumem à ideia de que *esse* é o seu espaço e que você tem todo o direito de protegê-lo com limites claros e gentis.

E, com isso, acho que estamos prontos para construir algumas cercas.

SEGUNDA PARTE

Colocando os limites em prática

CAPÍTULO 3

O verdadeiro equilíbrio entre trabalho e vida pessoal

Como estabelecer limites no local de trabalho

Minha irmã, Kelly, estava aproveitando férias de verdade pela primeira vez em mais de um ano. Praticava stand-up paddle contemplando as pacíficas águas azul-turquesa no litoral de Barbados quando alguém gritou seu nome. Ela se virou e viu sua cunhada, Kara, correndo pela praia, balançando os braços e chamando-a. Kelly começou a remar de volta freneticamente – será que alguém havia se machucado? Notícias ruins de casa? Finalmente chegou à areia e disse, ofegante: "O QUE HOUVE?!" E Kara respondeu: "O Matthew está ao telefone e quer falar com você."

Matthew, o *chefe* de Kelly. Ele tinha conseguido o nome do hotel com uma relutante colega de trabalho. Então ligou para o quarto de Kelly e convenceu Kara a ir chamá-la. Durante as férias. No oceano. Para uma coisa que *não* era absolutamente nenhuma emergência.

Eu também ficaria boquiaberta, incrédula, se já não tivesse ouvido tantas histórias igualmente espantosas narradas por muitas pessoas que me pediram ajuda para estabelecer limites no trabalho. No fim das contas, gestores tenebrosos não são invenção do filme *Quero matar meu chefe*.

Os limites no trabalho têm sido um tema recorrente desde março de 2020, quando a covid-19 embaralhou o emprego, a casa, os filhos, a escola e o lazer. Faz doze anos que eu trabalho em casa, e aprendi há uma década que se não estabelecesse limites quanto ao "horário de trabalho" e ao "horário de descanso", literalmente jamais sairia do "escritório" (em 2010 eu respondia a e-mails na cama às onze da noite). Mesmo assim, durante a pandemia, quando eu fazia reuniões pelo Zoom no canto mais limpo do meu quarto ao mesmo tempo que supervisionava as aulas do meu filho também pelo Zoom na sala de jantar, *além de* cozinhar, fazer faxina, lavar roupa e entreter um entediado garoto de 7 anos, minhas habilidades de especialista em limites foram postas à prova.

AS PESSOAS PEGARÃO TUDO O QUE VOCÊ SE DISPUSER A DAR

Esteja você trabalhando em casa ou no escritório da empresa, atendendo a clientes ou administrando um site profissional, tendo ou sendo chefe, a maior lição que aprendi quando entrei no mercado de trabalho é que *as pessoas pegarão tudo o que você se dispuser a dar*. Não é um juízo de valor; é apenas a natureza humana. Descobri isso nos primeiros dias do Whole30, quando estávamos tentando impulsionar o programa e eu era a única pessoa cuidando dos e-mails e da nossa página no Facebook. Se uma pergunta chegasse às nove da noite, eu sentia que *precisava* responder. Se um pedido entrasse na manhã de sábado, eu interrompia a malhação, o café da manhã ou as compras para dar atenção àquilo. Se alguém mandasse uma pergunta ao blog, eu ficava acordada até a meia-noite escrevendo a resposta. Eu me esgarçava tentando estar em dez lugares ao mesmo tempo, me sentindo reativa, não proativa, e me aproximando rapidamente da exaustão completa... até que um amigo, também empreendedor, me disse: "Melissa, as pessoas pegarão tudo o que você se dispuser a dar. Você precisa estabelecer alguns limites." Isso nos leva a um dos meus princípios mais importantes:

> *Não é função de ninguém adivinhar quais são os meus limites; sou eu que preciso estabelecê-los e mantê-los.*

Isso se aplica a todas as categorias de relacionamentos, mas é muitas vezes desconsiderado no trabalho, especialmente se você trabalha em uma empresa. Costumamos presumir que as expectativas do nosso chefe, a cultura empresarial e as exigências do trabalho estão acima das nossas necessidades pessoais de limites saudáveis (e do nosso direito de tê-los). Mas essas suposições estão erradas. Sim, você aceitou o emprego. Sim, eles pagam para você trabalhar. No entanto, você tem todo o direito de exigir um ambiente de trabalho saudável, seguro e respeitoso, o que quase sempre implica estabelecer limites.

O negócio é que a empresa onde você trabalha provavelmente não estabelece limites saudáveis para você de maneira proativa. É raro um gestor dizer a um funcionário: "Faz um ano que você não tira férias. Trate de aproveitar seu merecido tempo livre e prometo que não vamos incomodar enquanto você estiver fora." A verdade é que, a menos que você impeça, a empresa, os gestores, os colegas e os clientes absorverão, famintos, *todo* o seu tempo, sua energia, seu espaço e sua atenção. Não é que eles sejam maus; é apenas como o mundo funciona. Todos sofrem pressão para fazer mais, produzir mais e ganhar mais dinheiro. (Isso se chama capitalismo, meu bem.) Motivo pelo qual *você* precisa criar limites fortes e saudáveis no local de trabalho.

O problema é que esses limites são extremamente difíceis por causa da dinâmica de poder, da cultura empresarial e da verdade fria e dura das consequências.

LUTE CONTRA O PODER

Sempre que existe uma dinâmica de poder, seja do tipo pai e filho, professor e aluno ou chefe e funcionário, fica cada vez mais difícil estabelecer e manter limites. Se você é filho ou filha, aluno ou aluna, funcionário ou funcionária, a hierarquia determina que você *deve* receber ordens. Se sua chefe pede que você trabalhe depois do horário ou no fim de semana, ou que a substitua enquanto ela sai para almoçar e só volta horas depois, ela pode considerar sua recusa um ato de insubordinação. Essas dinâmicas de poder transformam em campo minado perguntas como "Você poderia vir trabalhar no seu dia de folga?", "Sei que combinamos para a semana que vem, mas será que você consegue me entregar o projeto amanhã?" e "Topa sair comigo?". (Sim, chefes ainda chamam funcionárias para sair e, sim, isso é tão problemático e desagradável quanto parece.) Ainda que essas dinâmicas de poder não deem a ninguém a autoridade para se aproveitar de você, a fronteira fica turva quando a pessoa do outro lado ocupa um posto acima do seu e você realmente precisa do emprego.

Não é somente a estrutura hierárquica que atua na dinâmica de poder no trabalho. E se você precisasse estabelecer limites com o seu colega de trabalho que, por acaso, também é parceiro de golfe do seu chefe? Ou com a colega com quem seu chefe (não muito secretamente) está dormindo? Mesmo que você não preste contas diretamente a essas pessoas, mesmo que elas tenham menos experiência e menos tempo de serviço que você, se seu chefe simplesmente gosta mais delas, você precisa agir com cuidado. (Essa empresa está começando a parecer o *Big Brother*, não é mesmo?)

Além de toda essa dinâmica de poder, os sistemas de opressão disseminados na sociedade – machismo, racismo, homofobia e capacitismo, por exemplo – também estão presentes no ambiente de trabalho. Se você é mulher, pessoa não branca, LGBTQIA+ ou portador de deficiência, existe mais uma dinâmica de poder a ser rompida para além da estrutura básica da sua equipe. Por exemplo, recentemente tive contato com uma mulher negra chamada Victoria, que trabalhava numa empresa de tecnologia e precisou se integrar no que chamou de "cultura dos manos". Victoria começou no atendimento ao cliente e chegou a gerente de produto, sempre se esforçando para atender às expectativas de gênero. Sentia que *precisava* rir das piadas machistas, escrever sozinha as atas das reuniões e desconsiderar os próprios feitos, mesmo quando atingia uma meta importante. Quando tentava estabelecer limites saudáveis, costumava ser rotulada de "raivosa" ou "agressiva", estereótipos comuns para mulheres negras nos Estados Unidos.

Victoria me contou: "O pior foi que eu comecei a internalizar a misoginia e o racismo no ambiente de trabalho. Desencorajava minhas colegas de equipe a denunciar maus comportamentos, a ser incisivas demais ou a estabelecer limites saudáveis em relação ao tempo, enquanto os homens da empresa podiam ser ofensivos, petulantes ou exigentes à vontade, sem que ninguém achasse aquilo minimamente estranho." Depois de aprender mais sobre limites, usar alguns dos meus roteiros e dirigir aos colegas de trabalho perguntas difíceis, como "Mas é *mesmo* agressivo pedir que você não me interrompa nas reuniões?", Victoria disse que o clima melhorou. Os colegas começaram a respeitar suas opiniões e até mesmo a brincar com ela: "Vamos perguntar isso à Victoria, ela manda logo a real." Além disso, ela passou a encorajar seus subordinados diretos a discutir com ela os limites necessários; assim, ela poderia ajudá-los quando precisassem estabelecer limites para outras pessoas. "Nem sempre é fácil, e a mudança pode ser lenta", contou ela. "Mas minha relação com a equipe está muito melhor, e isso renovou minha confiança no trabalho."

Como alguém que tem praticamente o máximo de privilégio possível sem ser um homem hétero, cis e branco, ainda estou aprendendo a ser uma boa aliada para os outros, em especial no mundo corporativo. Posso fazer isso compartilhando minhas ferramentas para estabelecer limites, e ter consciência desses fatores que se interconectam é um primeiro passo necessário para *todos* aqueles que quiserem criar um ambiente de trabalho positivo e recompensador para todo mundo.

IDENTIFIQUE OS ALERTAS VERMELHOS

Talvez você precise nadar contra a corrente da cultura empresarial se não quiser receber ligações inúteis no meio do oceano durante as férias. Para entender onde você se meteu, veja como a gestão se comporta em relação a folgas, licenças médicas, e-mails fora de horário e questões éticas. Se os altos executivos continuam trabalhando e mandando e-mails quando estão em suas casas de veraneio ou afastados por causa de uma gripe, você terá muito mais dificuldade de estabelecer um limite com relação ao seu tempo de descanso. Esse tipo de cultura vem de cima para baixo, e, ainda que sua empresa possa *dizer* que valoriza o equilíbrio entre trabalho e vida pessoal, as ações da liderança falam mais alto que as palavras.

No caso de Kelly, o primeiro alerta vermelho aconteceu durante a entrevista de emprego, quando seu futuro chefe disse: "O trabalho começa às oito da manhã, mas a maioria das pessoas chega às sete ou sete e meia." Kelly tentou estabelecer seu primeiro limite antes mesmo de ser contratada, dizendo: "Eu frequento academia de manhã, então não vou chegar tão cedo assim, mas estarei sempre aqui às oito horas." Só que ela não identificou isso como um sinal de alerta. Apenas um ano mais tarde disse: "Eu deveria ter percebido que as exigências de horário naquele escritório seriam completamente insustentáveis. Eu costumava chegar cedo *e* ficar até mais tarde. Não cogitava sair antes da hora nem mesmo para uma consulta médica." O chefe de Kelly deixou clara a cultura da empresa desde o início, mas isso nem de longe revelou como ele era desrespeitoso quanto a limites razoáveis e saudáveis.

PROCURANDO EMPREGO?

Se Kelly soubesse naquela época o que sabe agora, teria pesquisado mais a fundo a cultura da empresa antes de aceitar o cargo. Quando estiver procurando emprego, uma pergunta que você pode fazer em relação à cultura (e que pode revelar como eles lidam com limites) é a seguinte: "A empresa considera seus funcionários uma 'família'? Por quê?" Ainda que possa parecer promissor ouvir "Sim", a *Harvard Business Review* considera isso um enorme alerta vermelho.[2] Quando uma empresa usa a metáfora da família, cria uma dinâmica de poder ainda mais desequilibrada, em que o seu chefe não é apenas seu chefe: também é seu pai, exigindo lealdade, respeito e obediência em vez de trabalho em equipe, confiança e permuta justa de valores. Frequentemente os empregados se sentem obrigados a proteger a "família" a qualquer custo – inclusive trabalhando em horários pouco razoáveis, comportando-se de modo pouco ético e não denunciando "irmãos e irmãs" por desvios de conduta. A narrativa da "família" enfraquece os empregados, que acabam se sentindo exaustos e incapazes de estabelecer limites saudáveis. Por outro lado, a resposta "Não, não nos vemos como uma família" não é garantia de uma cultura profissional saudável. O que o empregador precisa é ser capaz de demonstrar uma cultura de respeito, camaradagem e cooperação sem falar em "família".

Aposto que você já identificou alguns limites necessários no seu trabalho, mas é importante saber o que enfrentará em termos de cultura empresarial. Talvez o seu chefe venha pegando tudo o que você já se dispôs a dar, mas um ou dois limites simples seriam rapidamente bem recebidos e respeitados. Ou talvez sua organização seja "avessa a limites" e você acabe perdendo seu emprego se arriscar demais. De qualquer modo, é bom saber onde você está entrando. Eis alguns aspectos da cultura empresarial nos quais vale a pena prestar atenção:

- Espera-se que você, seus colegas ou seus gestores frequentemente façam hora extra, trabalhem à noite ou nos fins de semana (com ou sem pagamento)?
- Outras pessoas na empresa também mandam e-mails à noite, nos fins de semana, durante as férias ou enquanto estão de licença?
- As reuniões costumam se alongar ou atrasam enquanto todos esperam a chegada do CEO ou do gerente do departamento?
- Você e outros colegas estão *sempre* trabalhando na capacidade máxima ou acima dela para dar conta da carga de trabalho, das metas e dos prazos?
- Os colegas ou gestores compartilham detalhes muito pessoais, tocam nos outros sem consentimento, fazem perguntas inapropriadas ou ultrapassam de algum outro modo a fronteira do profissionalismo?
- A cultura da equipe ou da empresa deixa passar ou tolera assédio sexual, piadas sem graça, homofobia, racismo, machismo ou qualquer outro ismo que esteja acontecendo no local de trabalho?
- Você ou algum colega costuma ser hostilizado no trabalho por tentar estabelecer limites saudáveis (como sair na hora certa ou não beber nos almoços de negócio)?
- Você ou seu departamento costuma ser solicitado a contar mentiras inofensivas aos clientes ou consumidores, falsear ou manipular dados ou comprometer sua integridade de algum outro modo?
- Os clientes costumam cancelar compromissos no último minuto, mudar o escopo ou a programação de projetos ou esperar que você ou sua equipe faça horas extras não remuneradas?

Essas perguntas revelam as inúmeras violações de limites que observei no ambiente de trabalho após passar mais de uma década em empresas nos Estados Unidos – e outros doze anos administrando meu próprio negócio e ajudando milhares de pessoas a estabelecer seus próprios limites. No seu emprego atual é provável que você perceba pelo menos algumas áreas cujas dinâmicas de poder poderiam se beneficiar de um limite. Mas é improvável que consiga resolver todos os seus problemas no trabalho ao mesmo tempo, portanto aplique o princípio da triagem. Se pudesse resolver *um* problema impondo um limite saudável, qual teria mais peso e impacto na sua saúde e na sua felicidade na empresa? Comece por aí.

Estabelecer apenas um limite no trabalho será um grande passo para melhorar seu ambiente profissional e estabelecer outros limites no futuro, quando você estiver mais confiante. Além disso, você vai criar uma força propulsora dentro de si e em seus colegas. Assim que vir o impacto que um limite pode causar, terá motivação para impor outros – e, assim que seus colegas virem que você fez valer sua vontade em relação às férias, aos fins de semana ou à sua carga de trabalho, isso vai encorajá-los a fazer o mesmo, o que pode mudar a cultura de toda a organização.

Para ajudar nessa jornada, agrupei as necessidades mais comuns em quatro categorias: horário de trabalho, horário de descanso, dilemas éticos, e espaço e energia pessoais.

HORÁRIO DE TRABALHO: São questões relacionadas ao modo como você usa o seu tempo enquanto está no trabalho: o número de tarefas a realizar; o gerenciamento e os prazos de projetos; como seu tempo é respeitado durante o dia. Pense em reuniões pelo Zoom que sempre se alongam, no chefe que vive pedindo "só mais uma coisinha" e nos clientes que com frequência deixam de comparecer aos compromissos.

HORÁRIO DE DESCANSO: É aqui que o trabalho se infiltra na vida pessoal, como quando você está de férias, de licença ou relaxando em casa depois do expediente. Podem ser mensagens de texto de colegas no fim de semana, pressão para "vestir a camisa" e fazer hora extra ou telefonemas do chefe enquanto você faz stand-up paddle em Barbados.

DILEMAS ÉTICOS: São tarefas, pedidos ou pressões que fazem com que você se sinta mal e comprometem sua integridade: precisar contar "mentirinhas inofensivas" aos clientes; sentir que precisa rir quando seu chefe conta uma piada machista; ou ter que beber com clientes durante um almoço profissional.

ESPAÇO E ENERGIA PESSOAIS: São situações em que o seu tempo, seu espaço pessoal, sua saúde mental ou sua privacidade são violados no local de trabalho: colegas que não percebem que você está sem tempo para bater papo; chefes que fazem contato físico inadequado; e supervisores que controlam detalhadamente cada tarefa.

Antes de passarmos aos roteiros, vamos falar sobre o desafio muito real que é estabelecer limites no trabalho quando você precisa *mesmo* daquele emprego. Afinal, você tem que garantir seu sustento, e as prestações da casa, do carro ou do empréstimo estudantil não vão se quitar sozinhas.

LIMITES SÃO DIFÍCEIS (MAS AQUI VAI A BOA NOTÍCIA)

A primeira coisa para a qual você deve se preparar ao estabelecer limites no local de trabalho é a reação contrária. Eis algumas frases que vários chefes me disseram quando tentei estabelecer um limite saudável:

- "Tenha espírito de equipe."
- "Mas a Elaine tem filhos e você não, portanto..."
- "Você tinha dito que não tem compromisso no fim de semana."
- "Todo mundo tem suado a camisa ultimamente."
- "Você está se recusando a fazer o que pedi, é isso?"
- "Pensei que você fosse mais comprometida."
- "Até que ponto esse trabalho é importante para você?"
- "Você é sensível demais."
- "Não traga seus problemas pessoais para o trabalho."

Ouvi esta última frase depois de pedir mais quinze minutos no meu horário de almoço uma vez por semana para fazer terapia. Meu chefe na época era mesmo um doce.

Além de recorrerem à manipulação e a comentários passivo-agressivos, seu chefe, seus colegas ou seus clientes também podem partir para a hostilidade pura e simples. No caso de Kelly, mesmo depois de ela voltar de Barbados e ter uma conversa franca e profissional com o chefe sobre respeitar suas férias no futuro, ele continuou a mandar mensagens enquanto ela estava acampando, de licença médica e até em *lua de mel* (ALERTA VERMELHO). Além disso, sempre que ela tentava estabelecer *qualquer* tipo de limite razoável, era apresentada como mau exemplo para os colegas e rotulada como pouco profissional por não colocar a "empresa em primeiro lugar".

Felizmente, para a maioria de nós, o ambiente de trabalho não é tão tóxico assim. De todo modo, é comum os gestores acharem que você está sendo rebelde ao tentar estabelecer limites saudáveis, por isso acabam oferecendo um pouquinho de resistência para preservar o *status quo*. Lembre-se: *as pessoas pegarão tudo o que você se dispuser a dar*, e se você vem dando mais do que é devido, essas pessoas podem achar que você está tirando alguma coisa delas ao simplesmente defender um direito seu.

Não é necessário entrar nesse jogo. É sua responsabilidade garantir que sua relação com o emprego seja saudável e sustentável. Você quer trabalhar num "lugar" (remoto ou presencial) onde seu desempenho seja o melhor possível, onde você deseje buscar o sucesso, mantenha o moral elevado e sinta que lhe dão valor e respeito. E o melhor modo de providenciar isso é a partir dos *limites*.

Agora vem a parte mais difícil: mesmo que você estabeleça limites saudáveis no trabalho, como Kelly tentou fazer com afinco, *mantê-los* é um desafio ainda maior, e às vezes levanta a questão: você pode se dar ao luxo de perder esse emprego? Mesmo que você estabeleça limites claros e profissionais, se você e a gestão continuarem a discordar sobre o pagamento de horas extras, o horário de trabalho, o excesso de tarefas ou cuidados básicos de saúde física e mental, suas únicas opções podem ser apelar ao RH, mudar de departamento ou de filial, mobilizar-se com colegas de trabalho para pressionar a empresa ou começar discretamente a procurar um novo emprego.

Sim, eu poderia dizer que nenhum salário vale o sacrifício da sua saúde, mas isso remete a privilégio, e não vou fazer isso. Para muitas pessoas, largar o emprego não é uma opção, o que significa que talvez você precise se perguntar: "Até que ponto posso comprometer meus limites só para manter meu salário?" Nem sempre existem respostas fáceis a essa pergunta.

A boa notícia (finalmente, Melissa, *uma boa notícia*), na verdade, são duas. Primeira: quando você advoga a seu favor tentando estabelecer limites no trabalho, aprende um bocado sobre o que realmente importa para você e o que está procurando numa cultura corporativa. Depois de anos brigando contra a cultura da empresa e adoecendo de tanta tensão, Kelly decidiu que *finalmente* bastava – e se demitiu. (Espero que você esteja aplaudindo junto comigo!) Ela não demorou a encontrar um novo emprego, e o que convenceu o novo chefe a contratá-la na mesma hora foi que todos os limites que ela vinha defendendo na antiga empresa (equilíbrio entre trabalho e vida pessoal, linguagem respeitosa, conduta profissional e valorização da saúde) faziam parte da cultura daquela organização. Ela está trabalhando lá, feliz, há oito anos. Mas, por incrível que pareça, o antigo chefe continua a lhe pedir favores até hoje. Não tenho palavras para definir isso.

A segunda boa notícia é que eu tenho *muitas* dicas e roteiros para ajudar você a estabelecer agora mesmo limites claros, gentis e profissionais. E se precisar de uma dose extra de motivação e encorajamento, aqui vai seu novo mantra para o escritório:

Limites saudáveis favorecem o desempenho de toda a equipe.

Os limites ajudam você a render o máximo quando está trabalhando e a se recarregar totalmente quando não está. Melhoram sua saúde mental e física; criam uma cultura de respeito e confiança; elevam o moral, a motivação e a lealdade; e impedem que bons empregados (como você) se esgotem completamente – porque o burnout é uma coisa muito, muito real, mesmo que você esteja fazendo um trabalho que ama. Quando os funcionários se sentem energizados, respeitados e valorizados, isso tem um impacto positivo na produtividade, na criatividade e nos resultados que eles alcançam para a empresa.

Na próxima vez que você sentir o menor sinal de culpa por estabelecer um limite no trabalho, lembre-se: você tem espírito de equipe *justamente* porque está ajudando a criar uma cultura empresarial em que todo mundo prospera.

DICAS PARA COMEÇAR

Antes de abordarmos os roteiros para cada categoria de limites no ambiente de trabalho, deixe-me preparar você para alguns desafios que podem aparecer pelo caminho.

FAÇA ALGUMAS BREVES LEITURAS. O manual e as políticas oficiais de RH da sua empresa devem ser suas primeiras fontes. Saiba quais são as datas de pagamento; se existem regulamentos protegendo os horários de descanso e de almoço; quais são as regras relativas a horas extras e trabalho noturno ou nos fins de semana; quais são os códigos de conduta para os empregados e o processo para reportar problemas. Você pode usar essas políticas para embasar ao menos alguns dos seus limites. Isso lhe servirá de apoio quando, por exemplo, seu chefe pressionar você a trabalhar em casa durante uma licença médica ou quando alguém insistir em contar piadas preconceituosas no refeitório.

PROCURE O DIAMANTE BRUTO. Descubra se algum gerente, líder de turno, capitão, contramestre, diretor ou executivo tira folga *de verdade*. Quem não responde a e-mails ou telefonemas quando está de férias? Quem se recusa a manter contato fora do horário de trabalho? Quem fica mesmo em casa quando está doente? Se encontrar alguém na sua empresa que já tenha estabelecido o tipo de limite que você busca, vá até essa pessoa e peça que lhe ensine o que fazer. Ela pode oferecer dicas sobre a cultura da empresa e até interceder por você junto a seu chefe, sendo uma aliada poderosa se você decidir abordar o assunto com a administração.

PERGUNTE SOBRE AS EXPERIÊNCIAS DOS COLEGAS. Compartilhe suas dúvidas referentes a horário de trabalho, tempo de descanso, código de ética ou espaço pessoal. Se todos os seus colegas se sentem pressionados a trabalhar quando estão doentes, riem de piadas machistas ou respondem a e-mails enquanto estão de férias, fale sobre isso. A união faz a força, e se todos procurarem a administração com o mesmo limite claro e gentil (especialmente se esses limites forem baseados nas políticas declaradas da empresa), vocês terão uma voz muito mais poderosa.

ENVOLVA A CHEFIA NO PROCESSO. Explique seu limite saudável, depois convide seu chefe ou os colegas a encontrarem um modo de defender esse limite com você. Haverá mais concordância se todos participarem do processo, e eles podem encontrar uma solução na qual você ainda não tinha pensado. Ceda no que puder, mas não a ponto de anular suas reivindicações.

AUTOMATIZE O MÁXIMO POSSÍVEL. Se você trabalha num escritório, crie uma mensagem automática ou uma saudação de caixa postal informando que você está ausente (ver na página 79). Designe um colega a quem todos devem procurar enquanto você estiver fora. Separe uma hora na sua agenda para montar cronogramas, pagar faturas ou realizar tarefas criativas. Saia do escritório para almoçar. Tenha uma política de cancelamento clara no seu site de compras e mantenha os dados de pagamento arquivados para cobrar clientes relapsos. Desligue as notificações no chat da empresa depois das 18h e delete o aplicativo de e-mail do seu celular durante as férias. Ao fim do expediente, vá embora sem anunciar, evitando o drama do "Espere, antes de ir será que você poderia...?". Respostas automáticas, hábitos claros e uso inteligente da tecnologia podem ajudar você a estabelecer limites *e* garantir que sejam respeitados.

DOCUMENTE, DOCUMENTE, DOCUMENTE. Tenha tudo por escrito, de modo que suas objeções, seus pedidos e suas respostas possam ser examinados mais tarde. Tome nota de datas, horários, quem estava presente e o que foi dito ou feito quando colegas, gestores ou clientes desrespeitarem limites. Faça prints de mensagens ou e-mails mandados fora de hora; salve as mensagens automáticas para comprovar que você deixou instruções específicas em sua ausência; e relate ao seu chefe ou ao RH situações que violem a política da empresa. No mínimo, esse registro por escrito pode ajudar a enxergar com clareza os padrões e provar que você vem se defendendo de modo adequado e profissional. E se, com o tempo, seus limites ainda não estiverem sendo respeitados, essas informações lhe serão úteis caso precise pedir uma transferência ou explicar por que está se demitindo.

ROTEIROS PARA ESTABELECER LIMITES QUANTO AO HORÁRIO DE TRABALHO

Esses limites ajudarão você a ser eficiente quando estiver trabalhando. Administrar o tempo é especialmente desafiador quando você lida com vários projetos ou prioridades ao mesmo tempo enquanto faz malabarismo com reuniões, clientes, e-mails, estoques ou simplesmente um almoço num local que não seja sua mesa ou seu carro. Pressões adicionais do chefe, dos colegas ou de clientes dão a impressão de que você está correndo de um lado para o outro apagando incêndios o dia inteiro. Além disso, uma rotina muito acelerada ou uma carga de trabalho excessiva podem ter impacto no seu desempenho, no seu bônus ou nas suas chances de promoção.

Estabelecer limites quanto ao horário de trabalho ajudará você a administrar melhor suas prioridades, a cumprir prazos e expectativas, e a demonstrar que você respeita o tempo e a capacidade máxima de todo mundo na empresa – especialmente os seus.

▶ Como posso dizer "não" a um chefe que fica colocando coisas na minha mesa quando já estou com excesso de trabalho? Odeio negar serviço, mas se eu aceitar mais uma tarefa, nada será feito a tempo ou com a qualidade habitual, e já estou me aproximando do esgotamento.

VERDE: "Só posso assumir mais essa atribuição se você permitir que outras tarefas não sejam feitas ou sejam adiadas." Compartilhe uma lista de tarefas com informações sobre quem está supervisionando, qual o percentual realizado e quais são os prazos, se aplicável.
AMARELO: "Normalmente eu ajudaria, mas no momento não tenho nenhuma brecha. X, Y e Z ocupam toda a minha capacidade."
VERMELHO: (por escrito) "Estou praticamente no limite com minha carga de trabalho atual. Não posso pegar mais nada no momento sob pena de prejudicar meu desempenho e meus resultados, além da minha saúde mental. Vamos marcar uma hora para discutir soluções possíveis?"

Mantenha registros da sua carga de trabalho, das tarefas designadas pelos outros e de demandas das quais seu gestor pode não ter conhecimento.

Peça ao seu chefe que ajude você a priorizar seus projetos e sugira tarefas que possam ser delegadas ou reduzidas, ou processos que possam ser simplificados. Como já dito, documente todas as conversas relacionadas à sua carga de trabalho, só para garantir.

▶ Antigos clientes de consultoria ainda me pedem favores muito após o término do contrato. Às vezes são coisas rápidas, mas às vezes uma única pergunta leva a diversas outras. Como posso negar ajuda? Devo negar, afinal?

VERDE: "Posso enviar a você algumas ideias rápidas no fim de semana, mas isso é tudo o que tenho condições de fazer."
AMARELO: "Infelizmente, não posso ajudar, a não ser que você queira fazer um novo contrato."
VERMELHO: "Não posso. Nossa parceria foi encerrada e no momento tenho outros projetos."

Lembre-se: os limites devem ser flexíveis quando isso for bom para você. Se for importante manter esse relacionamento e se você tem condições de dedicar algum tempo a ele, determine até onde você pode ajudar. Se der uma dica grátis, preste atenção aos futuros pedidos desse cliente e saiba quando dar um basta.

▶ Minha chefe impõe prazos absurdos a toda a minha equipe. Quando dizemos a ela que precisamos de pelo menos uma semana para concluir o projeto, ela exige que terminemos em dois dias. Isso estressa meus funcionários, mas se eu tento defendê-los, minha chefe fica com raiva de mim. Pode me ajudar a encontrar uma saída?

VERDE: "Se você quer que esse trabalho seja feito em dois dias, minha equipe terá que se concentrar apenas nele e interromper todas as outras tarefas durante algum tempo. Temos sua autorização para isso e a garantia de que receberemos pelas horas extras?" Ou: "Podemos concluir em dois dias, se você reduzir o escopo pela metade. Faremos o que você achar melhor."

AMARELO: "Isso não pode ser feito em dois dias com o escopo que você definiu. Para garantir a qualidade do projeto, minha equipe precisa de uma semana inteira."

VERMELHO: "Não podemos concluir esse projeto em dois dias, e eu adoraria explicar o motivo à alta administração."

Há um antigo ditado sobre gestão de projetos: "Podemos fazer isso com rapidez, com baixo custo ou com qualidade... escolha duas opções." "Eu adoraria explicar o motivo" é um bom modo de dizer: "Se tudo der errado, não vou assumir a culpa em seu lugar."

▶ Trabalho num escritório com espaço aberto, e parece que as pessoas vivem parando para bater papo quando estou atolado até o pescoço numa planilha e realmente preciso me concentrar. Não quero ser grosseiro, mas como posso dizer com gentileza "Por favor, não me distraia agora"?

VERDE: "Ah, estou no meio de uma tarefa... Será que posso dar uma passada na sua mesa depois / encontrar você para um café às três da tarde / almoçar com você hoje?"

AMARELO: (tirando os fones de ouvido depois de alguns segundos) "Ah, eu coloco fones de ouvido quando preciso realmente me concentrar. Depois falo com você."

VERMELHO: Faça um cartaz de "Não Perturbe" e prenda no encosto da sua cadeira ou na divisória da sua mesa e diga à chefia e aos colegas que seu objetivo com isso é manter sua concentração durante os momentos mais atarefados do dia. (Só não deixe o cartaz preso o dia inteiro, pois não seria razoável.)

Também odeio ser interrompida quando estou ocupada, o que era problemático quando eu trabalhava num escritório grande e tinha muitos subalternos diretos. Por isso tentei uma estratégia nova e comecei a conversar proativamente com as pessoas na sala de descanso ou junto à impressora, quando tinha tempo livre. Ser sociável nos meus termos reduzia a probabilidade de meus colegas me rotularem de rude ou distante, e facilitava estabelecer limites em volta da minha mesa.

▶ Sou autônoma e meus rendimentos dependem de os clientes comparecerem aos compromissos marcados. Mas minha política de cancelamento com 24 horas de antecedência costuma ser ignorada, e descobri que é difícil fazer com que ela seja cumprida. Como reajo a alguém que cancela no último minuto e fica furioso quando tento cobrar?

VERDE: Mande a cada cliente novo ou já existente um contrato incluindo uma política de cancelamento detalhada, com previsão de multas. Exija que os clientes lhe deem um número de cartão de crédito ativo para manter arquivado, e avise que será feita uma cobrança de acordo com suas políticas. Se eles não concordarem com algum desses termos, recuse-os como clientes. (Você fará um favor a si mesmo.)
AMARELO: "Agradeço por ter avisado. Como você está cancelando em menos de 24 horas, vou cobrar 50%, conforme seu contrato."
VERMELHO: Faça a cobrança no cartão, de acordo com sua política, e notifique o cliente de que se ele faltar mais uma vez a um compromisso, você não aceitará novos agendamentos.

Como empreendedores, ficamos tentados a deixar os clientes pisarem na gente porque precisamos do trabalho. Nossa melhor aposta é ter limites nítidos desde o início e tratar qualquer flexibilidade de nossa parte como um "favor" que estamos fazendo a eles. Isso nos dá espaço para nos mantermos firmes se eles continuarem desrespeitando os limites ou se nossa empresa crescer a ponto de não precisarmos mais nos submeter a isso para garantir o dinheiro do aluguel.

▶ Estou constantemente no Zoom ou em reuniões que se alongam (em geral porque não começam na hora). Eu não comando essas reuniões, mas sinto que não dão valor ao meu tempo. Como posso me manifestar educadamente?

VERDE: (antes da reunião) "Só temos uma hora para a reunião de hoje, então seria útil se alguém pudesse compartilhar os tópicos de discussão com antecedência."
AMARELO: (cinco minutos antes do fim previsto da reunião) "Estou

vendo que só temos mais cinco minutos, Bill. Existe algum item final que a gente precise abordar?"

VERMELHO: "Preciso sair agora. Vou me informar sobre os próximos passos por e-mail." E saia da reunião.

Aqui o limite Vermelho é a consequência, e diz basicamente: "Estou assumindo o controle do meu tempo." Você pode ajudar nesse processo pedindo que alguém compartilhe um roteiro antes da reunião (ou criando um), não deixando a equipe fugir muito do assunto e lembrando a todos quando o tempo estiver quase terminando.

ROTEIROS PARA ESTABELECER LIMITES QUANTO AO TEMPO DE DESCANSO

Jamais menospreze seu tempo de descanso: para ter o melhor desempenho possível, você precisa relaxar, recarregar as energias e se recuperar do estresse do trabalho. Isso vale especialmente se você estiver de licença médica, de luto ou de férias – e se a remuneração da licença for limitada. Criar uma cultura de cuidado e respeito é imprescindível para a motivação, a saúde mental e o comprometimento dos funcionários. Se a empresa onde você trabalha não demonstra respeito às folgas, você precisará defender seus direitos e os de seus colegas estabelecendo limites.

Esses limites ajudarão você a relaxar de verdade quando estiver fora do trabalho, sabendo que você e sua equipe compartilham as mesmas expectativas e prioridades. Além disso, ajudarão você a voltar ao serviço com vigor renovado e em condições de apresentar um desempenho excelente – o que logo deve se refletir nas suas avaliações e nas suas atitudes.

▶ Meus colegas de trabalho vivem me empurrando tarefas quando estou saindo no fim do dia. Não tenho filhos (e a maioria dos meus colegas tem), de modo que é difícil dizer "não", mas nem por isso meu tempo de folga à noite é menos valioso. Socorro.

VERDE: "Não posso ficar esta noite, mas ajudo vocês amanhã de manhã."

AMARELO: "Não posso, estou de saída. O Brad vai ficar aqui até a hora do fechamento, por que não pede a ele?"
VERMELHO: "Esta noite não posso!", e saia pela porta.

Por favor, vamos normalizar a Netflix, a refeição no sofá de casa e o simples descanso como "planos para mais tarde". É ótimo ajudar quando você pode, mas se estão se aproveitando de você porque não tem filhos ou mora só, estabeleça alguns limites para a sua saúde mental.

▶ Hoje não fui trabalhar porque estou doente, mas as pessoas ficam telefonando e mandando mensagens de texto. Tecnicamente posso responder às mensagens, mas não fui trabalhar por um bom motivo, e eu me recuperaria muito melhor se pudesse apenas descansar. Como devo agir quando isso acontece?

VERDE: Prepare um e-mail avisando "Não estou no trabalho" e deixe o mesmo recado na caixa postal. Responda às mensagens de texto assim: "Hoje estou em casa, doente, e não posso ajudar. Tente ver isso com o Tom."
AMARELO: "Estou doente, em casa. Vou desligar meu telefone para poder descansar." (Ponha o telefone no modo silencioso ou simplesmente não atenda às ligações nem responda às mensagens.)
VERMELHO: (num e-mail para a chefia) "Hoje estou doente, em casa, mas continuo recebendo telefonemas e mensagens. Preciso priorizar minha saúde e não vou responder a contatos do trabalho. Gostaria de conversar sobre isso quando voltar, para evitar que outras pessoas passem por esse tipo de coisa no futuro. Sei que você concorda que os funcionários não deveriam sofrer ainda mais estresse quando já estão doentes."

Se você puder trazer a chefia ou o RH para o seu lado, será uma tremenda vitória para toda a equipe. Quando voltar ao trabalho, experimente algo do tipo: "Sei como vocês se importam com a saúde mental e física da nossa equipe. Será que podemos fazer uma campanha divulgando boas práticas para os dias de licença médica ou de férias?"

- A gerência vive nos pressionando a trabalhar nos dias de folga (já tão escassos), cobrir o horário de um colega doente, ajudar em outras tarefas durante uma promoção ou comparecer a uma reunião importante. Quando digo que preciso dos meus dias de descanso, ouço o seguinte: "Tenha espírito de equipe e venha de qualquer modo." Às vezes eu vou, mas não posso ficar cedendo assim! O que devo dizer?

VERDE: "Vou ajudar a equipe na sexta-feira, mas amanhã não poderei ir."
AMARELO: "Os dias de folga são necessários para minha saúde mental e minha vida familiar. Não gosto de sofrer esse tipo de pressão. Amanhã não poderei ajudar."
VERMELHO: "Não irei trabalhar amanhã."

Se isso acontece com frequência, reúna-se com seus colegas e sua chefia para discutir como vocês podem ajustar as necessidades de contingente e de horários de modo que todos tenham o descanso (ou o pagamento extra) de que precisam.

- Sempre esperam que eu responda a e-mails quando estou de férias – e ainda não tive nenhum período de descanso sem demandas do trabalho. Planejei minha próxima viagem, e desta vez precisa ser diferente. SOS!

VERDE: (para a chefia e a sua equipe, na semana anterior) "Estarei ausente na semana que vem e durante a viagem não vou responder a e-mails nem mensagens. A Ashley está cobrindo minhas aprovações de faturas, e vocês podem perguntar qualquer outra coisa à Lilian."
AMARELO: (para a chefia, sua equipe e seus principais clientes) "Lembrete: vou viajar na semana que vem e estou profundamente comprometida com essas férias. Não vou ler e-mails e estou desligando as notificações do Slack. Os projetos X, Y e Z estão encaminhados, e não prevejo nada de novo chegando."
VERMELHO: Mande uma mensagem de despedida: "Estarei de *folga* entre segunda-feira, dia 11, e sexta-feira, dia 15. Nesse período não vou checar e-mails nem mensagens da empresa. Volto na segunda, dia 18,

com um belo bronzeado e uma caixa postal transbordando, portanto agradeço antecipadamente por sua paciência. Se precisar de alguma coisa enquanto eu estiver fora, mande um e-mail para Lilian no endereço headquarters@whole30.com."

Essas são mensagens verdadeiras, minhas. Fique à vontade para copiar qualquer uma delas. O que é incomum nessa situação é que estou aconselhando você a empregar os três limites em sequência, à medida que a viagem se aproxima. O que você está fazendo é automatizar o limite de modo que ninguém espere que você fique checando as mensagens. Assim, você pode se sentir confiante para desligar as notificações e colocar seu telefone no modo silencioso pelo restante da viagem.

O QUE SE DEVE E NÃO SE DEVE FAZER AO COMUNICAR SUA AUSÊNCIA TEMPORÁRIA

Claro, você pode escrever simplesmente "Vou estar fora esta semana, com acesso limitado a e-mails", mas há um jeito melhor de fazer isso.

- **NÃO diga que você terá "acesso limitado a e-mails".** Em primeiro lugar, isso é mentira: provavelmente seu telefone estará a menos de dois metros de você o tempo todo. O mais importante: isso abre a porta para "Talvez eu possa verificar de vez em quando". Não olhe seus e-mails quando estiver de folga. Simplesmente não faça isso.
- **NÃO diga "Respondo quando voltar ao escritório na segunda-feira".** Sua caixa de entrada provavelmente estará transbordando, e se as pessoas esperarem uma resposta imediata, você vai receber mais uma tonelada de e-mails dizendo "Recebeu meu e-mail?", além de todas as outras mensagens não lidas.
- **Comunique-se com clareza.** "Estarei fora do escritório entre [tal data] e [tal data] e não vou checar e-mails ou mensagens de texto ou voz." Bum! Isso é que é dizer a verdade.
- **Use sua voz.** Se quiser injetar algum humor ou personalidade,

faça isso! Só cuide para que a mensagem "Não me procurem" ainda seja cristalina.

- **Mostre às pessoas como realizar as tarefas sem você.** Forneça uma lista de pessoas que elas podem contatar no seu lugar, disponibilize um formulário que os clientes em potencial possam preencher ou divulgue o canal de atendimento ao cliente.
- **Deixe claro que você responderá aos e-mails de acordo com sua possibilidade.** "Agradeço desde já por sua paciência" é um bom modo de regular essa expectativa.

▶ Meu chefe me manda mensagens à noite (para o meu telefone pessoal) falando sobre trabalho. Sei que ele poderia mandar e-mails tarde da noite em emergências, mas mensagens sobre assuntos normais de trabalho parecem invasivas. Como dizer isso a ele com gentileza?

VERDE: Presumindo que a situação não seja urgente, responda à mensagem, mas acrescente: "Só mais uma coisa: se for tarde da noite, será que você poderia não mandar mensagens de texto, a menos que seja uma emergência? Agradeço se, depois das 18h, você preferencialmente mandar e-mail. Assim posso olhar na manhã seguinte."
AMARELO: Não responda à mensagem. Na manhã seguinte diga pessoalmente: "Ei, recebi sua mensagem ontem à noite, enquanto estava com minha família. Da próxima vez, por favor, mande um e-mail para não interromper o meu tempo de descanso. Vamos conversar sobre aqueles pedidos de compras..."
VERMELHO: Não responda a nenhuma mensagem de texto que não seja emergencial. Responda por e-mail no próximo dia útil, repetindo o pedido para seu chefe não mandar mensagens sobre questões de trabalho tarde da noite. Encaminhe cópia para o RH se o seu tempo de folga não estiver sendo respeitado.

Se sua empresa valoriza a saúde mental e o equilíbrio entre trabalho e vida pessoal dos funcionários (ou se ela diz que faz isso), você deveria lembrar gentilmente ao seu chefe que mensagens de texto tarde da noite não combinam com o tipo de comportamento que ele deveria encorajar. Diga que toda a equipe gostaria que ele programasse os e-mails para o próximo dia útil; assim, ele poderia documentar as ideias que tem tarde da noite sem perturbar o tempo que os colegas dedicam à própria família.

ROTEIROS PARA ESTABELECER LIMITES QUANTO A DILEMAS ÉTICOS

No trabalho, todo mundo quer se sentir bem com a própria conduta, com a impressão que passa e as contribuições que faz. Mas sempre que você renuncia a um pouco da sua integridade, seja mentindo para um cliente, encobrindo o que o chefe faz ou tolerando comportamentos inadequados, isso faz com que você se sinta inferior e menos confiante, e até perca sua autenticidade. Para que o ambiente de trabalho seja saudável e sustentável, você precisa sentir que seus valores não são negociáveis – e que a empresa, a chefia ou seus clientes não pedirão que você escolha entre sua integridade e seu emprego.

Estabelecer limites quanto a seu código moral e seus valores demonstra sua lealdade e sua integridade em relação à empresa, além de ser um gesto de autocuidado. Ao estabelecer esse tipo de limite, você afirma que merece se proteger e que se orgulha de defender o que é certo.

▶ Trabalho com vendas e meu chefe diz que preciso beber quando saímos com clientes, porque isso os deixaria mais confortáveis. Às vezes eu não quero beber, mas não sei como reagir à pressão, por isso acabo cedendo. O que eu poderia dizer?

VERDE: (antes de vocês saírem) "Olha, esta noite não vou beber. Vou pedir um refrigerante discretamente e pronto – só para avisar."
AMARELO: "Não gosto de sentir que *preciso* beber com os clientes. Sou um ótimo vendedor, até mais convincente quando estou sóbrio. Esta noite não vou beber."
VERMELHO: "Acho que você está sugerindo que meu desempenho depende do consumo de bebida alcoólica, e isso viola pelo menos três políticas de RH. Espero que você nunca mais pressione ninguém da equipe a beber."

Torço muito para que a situação não chegue ao Vermelho, porque esse ambiente de trabalho é bastante problemático. A abstinência está em alta, e as pessoas estão expondo cada vez mais seus motivos para evitar o álcool. Talvez seu posicionamento ajude um cliente a se sentir mais confortável fazendo a mesma coisa – e isso acabe se convertendo numa venda bem-sucedida.

▶ Uma pessoa da minha equipe vive voltando tarde do almoço ou saindo ao meio-dia e pedindo que eu acoberte sua ausência. Isso me coloca numa situação incômoda e, francamente, sinto que ela está se aproveitando de mim. Como posso recusar com educação sem me meter em encrenca?

VERDE: "Se alguém perguntar, posso avisar que você vai se atrasar um pouco, mas isso é tudo o que me sinto confortável em dizer."
AMARELO: "Não vou continuar acobertando sua ausência, e é injusto que você continue me pedindo isso."
VERMELHO: "Não vou mais mentir para proteger você."

Prepare-se para uma forte reação, especialmente se essa pessoa for pega descumprindo horários – mas lembre-se: isso não é da sua conta nem é problema seu; estamos falando de uma pessoa adulta que deve saber administrar o próprio tempo. Você não pode impedir que alguém se demore durante o almoço – o que pode fazer é parar de acobertar essa pessoa ou de mentir quando alguém perguntar por ela.

▶ Às vezes minha chefe pede que eu faça coisas questionáveis (como mentir para os clientes). Isso parece muito errado e eu odeio que me coloquem nessa situação, mas também não sei como dizer "não" a ela.

VERDE: "Não me sinto confortável com isso. Meus clientes confiam em mim e merecem ouvir a verdade. Vou me concentrar nas soluções que estamos buscando para eles."
AMARELO: "Não sei se é uma boa ideia. Gostaria primeiro de conversar com a Louise e ver o que ela acha." (Cite um colega ou alguém do RH.)

VERMELHO: Compartilhe suas preocupações por escrito, criando evidências que possam ser rastreadas depois. "Hoje você me pediu que [preencha a lacuna]. Não me sinto confortável com isso e acho também que não é do interesse do cliente. Eu preferiria não me envolver a partir daqui. Agradeço desde já por respeitar isso."

Essa é uma situação complicada, especialmente se você tiver um relacionamento próximo com seus clientes. Peça um conselho a alguém de fora da sua organização, veja se outros colegas de trabalho sentem a mesma coisa em relação aos pedidos da chefia e documente absolutamente tudo, só para garantir.

▶ Como devo reagir a falas inadequadas no local de trabalho? Já ouvi comentários maldosos sobre mulheres "que dormem com alguém para subir na carreira", piadas descaradamente machistas, ofensas racistas direcionadas a outras pessoas... Quero me posicionar, mas acabo travando na hora. Como posso interromper essa dinâmica?

VERDE: "Nossa, Roger! Acho que você não percebeu como isso soou mal. Vou lhe dar mais uma chance."
AMARELO: "Não, não, o que você disse não é legal, e não posso deixar passar batido."
VERMELHO: "Poxa, Roger! Isso é totalmente inadequado/ofensivo/machista/racista, e viola umas doze políticas da empresa. Não posso ficar em silêncio enquanto escuto esse tipo de coisa."

Note o uso de alertas de limite, que lhe dão um tempinho para mudar de tom e reforçar sua autoconfiança. O Verde dá ao seu colega o benefício da dúvida, acreditando que ele quer melhorar. É possível que ele tenha iniciado a carreira numa época ou num local de trabalho que era mais tolerante a esse tipo de comportamento, e ele precise ser lembrado de vez em quando da necessidade de se ajustar ao aqui e agora. Mencionar a política da empresa no Vermelho mostra que seu próximo passo é dizer à chefia ou ao RH que Roger está ofendendo as pessoas de propósito e se recusa a se corrigir.

USE SEU PRIVILÉGIO

Pessoas historicamente marginalizadas no local de trabalho não deveriam ter que se defender sozinhas. Um bom aliado das pessoas não brancas, LGBTQIA+, portadoras de deficiência, etc. usará seus privilégios para denunciar maus comportamentos. Ficar em silêncio durante uma ofensa e depois se aproximar da única pessoa asiática da equipe e sussurrar "O que o Chuck acabou de dizer não foi legal" mais prejudica do que ajuda. Se não foi legal, denuncie na mesma hora. É assim que podemos nos aliar, e isso só implica 0,1% da dificuldade de *ser* a pessoa ofendida. Para saber mais sobre como emprestar sua voz em qualquer ambiente, consulte a página 266.

▶ Meu chefe vive assumindo o crédito pelas minhas ideias. *[Essa foi a mensagem mais curta que já recebi solicitando ajuda. Achei ótima.]*

VERDE: (em particular) "Que bom que você achou inteligente meu plano de tornar o evento virtual. Mas eu agradeceria se você tivesse me dado o crédito naquela reunião. Não me senti bem com isso."
AMARELO: Comece a documentar tudo por escrito. Se você compartilhar uma ideia com alguém, envie um e-mail depois: "Conforme nossa conversa mais cedo, eu lhe apresentei meu plano de tornar o evento virtual e... [liste todas as suas ideias em tópicos]. Avise se quiser que eu compartilhe este plano com mais alguém."
VERMELHO: (durante uma reunião com outras pessoas) "Fico feliz por ter tocado no assunto, Chuck. Como o conceito do plano é originalmente meu, será que posso falar do orçamento e dos prazos que já comecei a esboçar?"

O Vermelho é basicamente guerra – mas o seu chefe é um líder chinfrim se não consegue ver que quando você apresenta boas ideias, isso também é bom para a imagem dele. Documentar tudo por escrito é um bom passo intermediário, de modo que ele possa ver que você fala sério em relação a esse limite. Além disso, procure se informar por aí (discretamente), porque é possível que seus colegas também já tenham passado por isso. E lembre-se: a união faz a força.

ROTEIROS PARA ESTABELECER LIMITES QUANTO A PROXIMIDADE E SOCIALIZAÇÃO

Algumas tarefas são obrigatórias no trabalho, como entregar relatórios, completar projetos e comparecer a reuniões. Mas sempre haverá aspectos da cultura da empresa que pedem mais do que está na descrição do cargo. Todo ambiente de trabalho envolve socialização e atividades de desenvolvimento de equipe, mas até sobre esses aspectos você pode ter algum controle, e não existe uma regra geral quando se trata de se encaixar na cultura da empresa.

Estabelecer limites, por exemplo, quanto ao tipo de contato físico que você permite ou quanto à frequência com que pretende participar de brincadeiras no escritório, é importante para manter-se confortável no trabalho. Nem todo mundo quer abraçar os colegas, ser amigo no Facebook ou frequentar a aula de ioga da empresa – e estabelecer esses limites fará com que seu escritório (virtual ou presencial) pareça um espaço mais receptivo, cooperativo e respeitoso.

▶ Meu chefe microgerencia tudo o que eu faço. Isso é exaustivo e desnecessário, porque meu desempenho é ótimo. O problema é que nunca consigo provar isso de verdade, com toda essa "ajuda" e supervisão. Como posso conquistar mais autonomia?

VERDE: "Ei, chefe! Criei um documento de gerenciamento de projeto para ajudar você a ver em que pé estou com as tarefas e permanecer atualizado mais facilmente. Será que podemos manter um contato semanal para conversarmos sobre o meu progresso?"
AMARELO: "Eu sei como conduzir esse projeto e gostaria de trabalhar com independência para fazer um primeiro avanço. Será que posso marcar uma reunião com você na semana que vem para mostrar meu progresso?"
Se o chefe insistir em verificar o andamento do projeto antes da hora ou

fornecer orientação adicional, tente o seguinte: "Será que você poderia aguardar até a gente se reunir na semana que vem? Concordamos que eu poderia trabalhar de modo independente nesta semana, e quero usar a oportunidade para mostrar a você o *meu* produto."

VERMELHO: "Talvez não tenha notado, mas você anda me administrando em excesso nesse projeto. E, sinceramente, isso me frustra um pouco. Será que você poderia confiar em mim com essa tarefa? Foi por isso que me contratou, e eu mereço a chance de provar que estou à altura do cargo."

Este último limite pode parecer excessivo, mas o fato de seu chefe continuar a se intrometer no seu papel e nas suas tarefas não beneficia ninguém. Antes disso você poderia acrescentar um limite Laranja, do tipo: "Você está insatisfeito com o andamento do projeto? Você vem me dando opiniões em todos os estágios, apesar de eu não ter pedido ajuda, o que me leva a pensar que talvez você não tenha certeza se eu consigo realizá-lo sozinho."

▶ Meu gerente vive me tocando. Não é nada sexual – apenas a mão no ombro quando quer minha atenção ou um soquinho no braço depois de uma piada –, mas eu não gosto. Ele não faz por mal, por isso não sei como abordar o assunto.

VERDE: "Sei que você só está tentando ser amigável, mas gostaria que não me tocasse para chamar minha atenção ou indicar que estou fazendo um bom trabalho. Pode usar só palavras mesmo."

AMARELO: (levantando uma das mãos) "Ah, por favor, não faça isso. Não gosto de contato físico no trabalho."

VERMELHO: "Pare de me tocar desse jeito. É uma intimidade inadequada, e eu não gosto."

É provável que seu gerente fique desconfortável quando você puxar esse assunto. (QUE BOM. Ele deve ter consciência de que seus atos impactam outras pessoas.) Além disso, você pode se sentir culpada com a reação dele. Por favor, não deixe que a reação de alguém ao seu desconforto neutralize seu limite. Nós duas sabemos como isso é crucial para a sua segurança no trabalho. Se necessário, para se resguardar, fale com o chefe dele ou com o RH sobre essa conduta – que é inaceitável em qualquer situação profissional.

▶ As pessoas no meu trabalho são muito amistosas, mas eu prefiro não me abrir sobre minha vida particular. Como posso responder a perguntas do tipo "Você está namorando?"?

VERDE: "Você sabe: minha vida é um mistério." E mude de assunto.
AMARELO: "Hum, realmente não gosto de falar sobre minha vida afetiva no trabalho." E mude de assunto.
VERMELHO: "Ah, você sabe que não vou responder a isso!" E mude de assunto.

A resposta Verde é tecnicamente o que eu chamaria de limite "pré-Verde". Não é a declaração mais clara (como o alerta Amarelo), mas informa que esse não é um assunto com o qual você se sente confortável. Dizer uma coisa ligeiramente recatada como essa, quando adequado, pode ser uma "dose mínima" eficaz, e a mudança de assunto torna ainda mais claro que você prefere não conversar sobre isso.

CONVERSE NOS SEUS TERMOS

Como na estratégia "Não perturbe enquanto eu estiver trabalhando", na página 74, outro modo de manter um tom amistoso com os colegas é contar proativamente coisas que *não* ultrapassem seus limites. Fale sobre o que preparou para o jantar, o livro que acabou de ler, a caminhada que fez no fim de semana ou as últimas travessuras do seu cachorro. Bônus: pergunte às pessoas sobre a vida *delas* também! Elas verão você como uma pessoa simpática e ótima ouvinte, e você não precisará ter nenhuma conversa desconfortável.

▶ Meu chefe vive me chamando de "menina". Sim, sou uma das pessoas mais jovens do escritório, mas sou uma mulher adulta num ambiente profissional. Ele diz isso com carinho, mas fico preocupada, achando que pode impactar a maneira como os outros me enxergam, por isso quero encontrar um modo gentil de dizer "Por favor, pare".

VERDE: "Ei, eu posso ser nova, mas não sou uma menina. Por favor, me chame de Jane."
AMARELO: "Não é adequado me chamar de 'menina' no trabalho, ainda mais na frente dos outros. Peço que você tente parar com isso, por favor."
VERMELHO: (interrompendo) "Menina não. É Jane."

Se ele chama você assim há algum tempo e você deixou passar, nunca é tarde demais para falar com franqueza. Experimente: "Sei que faz tempo que você me chama de 'menina' e eu nunca disse nada. Mas, para ser franca, isso me incomoda. Será que você poderia parar, por favor?" Exponha o limite Amarelo num momento de calma, quando você tiver toda a atenção dele – e deixe registrado, só para garantir.

BÔNUS: LIMITES AUTOESTABELECIDOS NO TRABALHO

A maioria dessas conversas envolve colegas e gestores, mas esses não são os únicos relacionamentos que podem ser melhorados com alguns limites. Durante a pandemia descobrimos que trabalhar em casa é *difícil*. E, ainda que muitos tenham voltado ao escritório, o trabalho remoto veio para ficar, o que significa que todos nós precisamos descobrir como dosar a presença do laptop quando o "escritório" está acessível 24 horas por dia, sete dias por semana.

Estabelecer limites para *você*, em relação ao seu tempo de trabalho remoto, é fundamental para preservar um equilíbrio feliz e saudável e impedir o esgotamento. Aqui vão alguns limites que desenvolvi e aprimorei na última década. Muitos deles vieram em combo durante a pandemia, quando trabalho, escola e vida doméstica se fundiriam o tempo todo, se eu permitisse.

- **Trabalhe apenas num espaço dedicado a isso, como um pequeno escritório ou uma mesa específica.** Isso ajuda a separar o "espaço de trabalho" do "espaço de casa" melhor do que se você trabalhasse na mesa da cozinha (onde você também faz as refeições e joga jogos de tabuleiro). Além do mais, quando chega a hora de "ir embora" no fim do expediente, é mais fácil se os seus materiais não estiverem espalhados pela sala de estar ou pela cozinha.

- **Preserve o horário de descanso e de almoço, como aconteceria num escritório de verdade.** Marque um intervalo no meio do dia em sua agenda, se ajudar – e trate isso como uma reunião com você. Limite a no máximo cinquenta minutos as reuniões pelo Zoom que você programar, de modo a ter sempre uma curta pausa entre elas.
- **Obrigue-se a sair da mesa durante os intervalos.** Almoce na sala de jantar, sente-se na varanda por alguns minutos, brinque com o cachorro ou ligue do quintal para a sua mãe.
- **Quando tiver terminado o trabalho, feche o "escritório".** Desligue o laptop, desative as notificações de mensagens e feche a porta. Finja que está "saindo", como costumava fazer presencialmente.
- **Crie uma breve transição entre "trabalho" e "casa", mesmo que seja apenas de dez minutos.** Você não tem mais a viagem de ida e volta para demarcar o tempo de trabalho e de descanso, portanto encontre algo que sirva a esse propósito. Experimente uma caminhada curta, uma ida rápida ao supermercado, um exercício físico ou simplesmente vinte minutos para relaxar antes de se dedicar ao jantar ou ao dever de casa das crianças.
- **Comprometa-se a não verificar e-mails ou mensagens de trabalho antes da rotina matinal ou antes de ir para cama.** Você sabe por quê.

PARA AMAR OS LIMITES QUE LIBERTAM VOCÊ

No fim de 2010, depois de perceber que eu estava deixando minha empresa ocupar uma quantidade muito grande do meu tempo e da minha energia, estabeleci um limite que pegou todo mundo desprevenido. Praticamente em todos os fins de semana eu viajava para fazer oficinas do Whole30, o que significava que em geral não tinha folga nos sábados e domingos. Assim, toda a minha empresa (nós duas) começamos a fechar às terças-feiras. Toda terça era dia de descanso, não importava o que estivesse acontecendo. Eu não respondia a e-mails, a comentários no Facebook, nem marcava reuniões ou telefonemas. De fato, muitas vezes eu ficava totalmente fora da área de cobertura, caminhando nas montanhas.

Ninguém achou que isso daria certo. "Quero dizer, todo o resto do mundo trabalha às terças-feiras. Como você pode simplesmente dizer não às pessoas?", perguntou minha irmã. A resposta é que *eu simplesmente fiz* isso. E, mais cedo do que eu previa, todo mundo se acostumou. Minha editora, minha comunidade e meus parceiros de marca sabiam que eu não estava conectada às terças; minha mensagem padrão deixava claro que eu responderia no dia seguinte e todo mundo se adaptou a isso, simples assim. Mantive esse limite por dois ou três anos, até que paramos de fazer oficinas e eu recuperei meus fins de semana.

Certo, se você trabalha das 9h às 17h, provavelmente não pode começar a tirar folga em dias de semana aleatórios... mas não é esse o ponto. O ponto é que no início *todo limite* parece esquisito e desconfortável. Você precisará lembrar às pessoas que esse é o seu limite. Terá que se lembrar de que os limites saudáveis não são rudes, egoístas ou desleais. Terá que resistir ao sentimento de culpa por priorizar sua saúde e sua paz. Terá que resistir à ânsia de explicar muito, justificar ou ceder "só desta vez". Se os limites se destinam a melhorar os relacionamentos, seus limites saudáveis no trabalho existem para que seu desempenho seja o melhor possível, e para que você se sinta mais realizada e permaneça mental e fisicamente saudável – o que beneficia sua equipe, sua chefia e sua empresa. Seu ambiente de trabalho será mais calmo e mais feliz; seu tempo em casa, mais relaxado e revigorante; e o produto do seu trabalho mostrará todo o alcance da sua energia e dos seus talentos.

Os limites no trabalho são *mágicos*, e agora você tem condições plenas para começar a estabelecê-los. O que é bom, porque está na hora de falar da sua sogra.

CAPÍTULO 4

Quando o drama é a sua mãe

Como estabelecer limites para pais, sogros, avós e outros familiares

No outono passado recebi um e-mail de um homem chamado Caleb me pedindo ajuda para estabelecer limites nas festas de fim de ano. Fazia mais de oito anos que os pais de Caleb estavam divorciados, mas eles ainda brigavam sempre que interagiam. Telefonemas, comemorações e jantares eram consumidos por reclamações, e Caleb se via no meio do fogo cruzado. "Eles vivem fazendo fofoca e comentários sarcásticos um sobre o outro, tipo 'Dá para acreditar que sua mãe fez isso?' e 'Claro que o seu pai está ocupado demais para ajudar'. Minha esposa e eu aceitamos passar as datas festivas com cada um deles, separadamente, mas não queremos nos envolver em nenhuma briga nem ouvi-los falar mal um do outro. Eu os amo, mas já cansei disso tudo. Pode me ajudar a estabelecer um limite?"

Se eu ganhasse um dólar por cada mensagem do tipo "Me ajude com meus pais/sogros" que recebo dos meus leitores, estaria digitando isso do meu iate particular nas Bahamas. Estabelecer limites com pessoas da família é complicado por diversos fatores, inclusive por certas dinâmicas de poder discutidas no Capítulo 3. Você passa os primeiros anos de vida deixando seus pais dizerem o que você deve fazer – e há um bom motivo para isso. Quando era criança, você precisava de ajuda, e seus pais eram responsáveis (espero) pelo seu bem-estar, seu desenvolvimento e sua segurança. À medida que você foi crescendo, provavelmente seu desejo de independência foi aumentando e entrou em conflito com o fato de você ainda precisar do apoio e da contribuição dos seus pais para se manter seguro, bem alimentado e satisfeito em suas necessidades básicas. Agora que chegou à vida adulta, você percebe como é difícil romper esses padrões. Você não deseja nem precisa mais dos comentários ou da ajuda dos seus pais, mas eles continuarão agindo como responsáveis por você, e esse desejo geralmente bem-intencionado de "ajudar" pode parecer uma intromissão, como se eles estivessem passando do ponto.

Não há nada que me leve tão rapidamente de volta aos padrões negativos de comunicação, de autodefesa e de comportamento do que estar perto dos meus pais. (Bom, talvez meu ex-marido, mas falaremos disso no Capítulo 7.) Os padrões que você cria na infância ficam armazenados no corpo; portanto, ainda que racionalmente você saiba que eles eram disfuncionais ou pouco saudáveis, é quase automático voltar a eles quando a família está reunida. Para os pais também pode ser difícil enxergar os filhos como adultos totalmente funcionais, com as próprias opiniões, experiências e objetivos, capazes de tomar decisões e cuidar da própria vida. Meu pai ainda me aconselha sobre tudo, desde a criação de filhos até as obrigações com a casa e a manutenção do carro, e às vezes finge que está emburrado quando não aceito esses conselhos. Alguns de seus comentários são bem-vindos e saudáveis, mas outros (como os que atropelam meu papel de mãe) exigem um limite.

O mesmo pode se aplicar a irmãos e outros parentes. Se vocês conviveram durante a infância, os padrões estabelecidos naquela época podem continuar presentes na vida adulta – mesmo se todos estiverem fazendo terapia. Se os seus pais tinham "favoritos", se um de vocês sempre conseguia o que desejava, se você costumava ser quem pacificava, ou se sua família era tão grande que você se sentia invisível, essas dinâmicas da infância ainda podem encontrar um lugar à mesa num jantar em família, mesmo quando todos já são adultos.

BONS LIMITES CRIAM FAMÍLIAS MAIS FORTES

Estabelecer limites saudáveis na família não tem a ver apenas com melhorar seu relacionamento com os parentes próximos ou distantes. Pode ter um impacto positivo em *todos* os seus relacionamentos, porque as dinâmicas que você cria em família costumam ser levadas para os seus namoros, as suas amizades e as suas interações profissionais. Quando Caleb era mais novo e seus pais brigavam, ele e sua irmã costumavam ser puxados para o centro da discussão. Seus pais pediam, injustamente, que eles assumissem um lado, disputando a atenção dos filhos e os usando como para-raios emocionais. Caleb estava acostumado a bancar o conciliador e cresceu sentindo que era seu trabalho apaziguar os ânimos. Agora que é adulto e tem a própria família, ele vê como esse padrão se estende para suas discussões de trabalho, seus conflitos com a esposa e até suas interações com os filhos.

Se, como Caleb, era você quem buscava a conciliação na sua casa, pode ser que hoje tenha medo de conflitos e deixe amigos ou colegas de trabalho passarem por cima de você porque isso é mais fácil do que dizer "não". Se seus pais supercontroladores não respeitavam suas necessidades na infância, pode ser que você hoje não consiga estabelecer limites no seu relacionamento amoroso e acabe sentindo raiva e guardando rancor. Se sua infância foi marcada por pais que viviam brigando, você pode acabar cedendo a todas as exigências dos seus filhos de modo que eles não precisem passar pelo desconforto de uma briga.

Este é um capítulo substancial, porque as violações de limites com os familiares assumem muitas formas, resultantes das mais variadas dinâmicas, e são difíceis de abordar. Suspeito que, ao ler a lista a seguir, você talvez encontre alguns comportamentos que nem sabia que eram um problema na sua vida. Mas o "Opa, isso está indo longe demais" de uma pessoa é o "Por mim, tudo bem" de outra. Talvez você não ache maravilhoso quando seus sogros aparecem na sua casa sem avisar, mas outra pessoa pode gostar da surpresa porque sabe que eles vão ajudar com as crianças enquanto durar a visita. Sua esposa pode gostar das perguntas que seus pais fazem sobre a carreira dela, enquanto você preferiria que eles demonstrassem apoio sem tecer comentários.

Além disso, você pode descobrir que precisa estabelecer um limite para seus pais, não para seus sogros, e vice-versa. Se sua mãe e seu pai são hóspedes maravilhosos, que se viram sozinhos de manhã, levam as crianças para almoçar e ainda ajudam nas tarefas domésticas, você pode permitir que eles fiquem na sua casa por mais tempo do que os seus sogros, que esperam ser servidos o tempo todo durante a visita.

Nenhuma dessas conversas ou situações é padronizada – você não *precisa* estabelecer um limite em nenhuma área só porque outras pessoas decidiram fazer isso. Só você sabe quais limites funcionam melhor para você, e tudo bem (e é até mesmo saudável) se esses limites mudarem dependendo do contexto, das pessoas envolvidas ou da fase da vida em que você esteja.

Quando os familiares não respeitam os seus limites, eles podem:

- Fazer visitas de surpresa ou se hospedar na sua casa por muito tempo.
- Intrometer-se nos seus planos (férias, gestações, empregos).
- Fazer fofoca, falar mal ou contar intimidades de outros familiares.
- Recusar-se a respeitar nomes, pronomes ou identidades de gênero.
- Compartilhar informações ou fotos suas sem permissão.
- Dizer coisas que magoam porque eles "se importam" com você.
- Forçar abraços ou beijos com você ou com seus filhos.
- Ocupar o seu espaço físico (por exemplo, "reorganizando" seus armários ou presenteando você com objetos de decoração).
- Tentar ser pais dos seus filhos.
- Interferir no seu relacionamento amoroso ou na sua vida pessoal.
- Estabelecer expectativas pouco razoáveis em relação ao tempo que vocês passam juntos (por exemplo, marcando jantares ou comemorações muito frequentes).
- Violar suas regras sobre comida, tempo de TV ou videogames quando seus filhos os visitam.
- Pegar emprestados dinheiro, seu carro ou outros bens de modo pouco criterioso.
- Presumir que você servirá de cuidadora, passeará com o cachorro ou prestará outros serviços sempre que eles precisarem.
- Passar muito tempo na sua casa sem avisar e sem pedir permissão.
- Interromper o tempo que você dedica aos seus cuidados pessoais.
- Entrar na sua casa sem aviso ou permissão.
- Forçar discussões sobre relacionamentos, criação de filhos, carreira ou práticas religiosas.
- Pressionar você a ir a reuniões de família, festas e outros eventos.

Na minha experiência pessoal e no trabalho que tenho feito ajudando outras pessoas, vi que os problemas de limites na família costumam envolver três categorias: pais e sogros; avós; e outros parentes.

PAIS E SOGROS: A maioria dos limites que desejamos estabelecer para pais e sogros têm a ver com intromissões na sua vida, no seu espaço, no seu tempo e nos seus valores como pessoa adulta. Para os pais, pode ser difícil ver um filho ou uma filha transferir a atenção, a dedicação e as prioridades a um par romântico ou a um cônjuge, e isso pode provocar ciúmes, alimentar competições e levá-los a lamentar oportunidades perdidas. Ao mesmo tempo, como no caso de Caleb, os pais também ficam presos em padrões antigos sem perceber como isso é prejudicial aos filhos, agora crescidos. Estabelecer limites para esses comportamentos é o primeiro passo para construir um relacionamento saudável com pais e sogros na vida adulta.

AVÓS: Os limites para os avós dos seus filhos ajudam você a manter um senso de segurança, consistência e autonomia em relação à sua casa e à sua família. Avós podem querer opinar sobre a criação dos netos, e às vezes essas opiniões vão de encontro às suas regras, ao seu estilo de criação ou às suas instruções. Não importa se eles acham que você tem excesso de rigor ("Um pouquinho de sorvete não vai fazer mal") ou excesso de permissividade ("Tablet no carro, é isso mesmo que estou vendo?"), estabelecer limites saudáveis com seus pais e sogros em nome dos seus filhos fará com que as visitas sejam mais descontraídas e agradáveis.

OUTROS PARENTES: Esteja você pedindo à tia Mary que pare de falar de política durante o almoço ou dizendo ao seu irmão mais novo para tirar o pé do seu sofá, estabelecer limites para outros parentes pode ter efeitos positivos que reverberam em toda a família – mas que no início podem provocar algumas ondas de choque. Lembre que "clareza é gentileza" e, o mais importante, que os limites não são egoístas, uma vez que melhoram toda a dinâmica da sua família. Além disso, é fundamental ter paciência sempre que você quiser mudar padrões passados de geração em geração. Isso pode não acontecer da noite para o dia. Mas, com persistência, as coisas vão mudar, *sim*.

SOGROS COM MAU COMPORTAMENTO

Recentemente pedi que as pessoas da minha comunidade contassem suas "melhores" histórias de sogros que passaram dos limites. Apesar de a concorrência ser grande, minha predileta foi: "Meus sogros simplesmente apareceram na nossa casa, sem aviso, quando eu dei à luz. Tipo no *dia seguinte*. E anunciaram que ficariam por dez dias." Você pode estar pensando: "Não é possível", mas eu venho dando conselhos sobre limites há tanto tempo que nada que envolva sogros me surpreende mais. Eles se convidam para as suas férias, envolvem-se nas suas brigas conjugais e enchem seus filhos de açúcar e conservantes mesmo depois de você ter pedido explicitamente que não façam isso.

Ainda que meus roteiros tenham a ver tanto com seus pais quanto com os pais da pessoa amada, os sogros acrescentam mais uma camada de complexidade a essa equação. A manipulação e os comportamentos inconvenientes e passivo-agressivos que você talvez esteja experimentando com seus sogros provavelmente são familiares demais para seu par. É provável que seu par tenha passado por isso desde a infância. E é *superprovável* que tenha simplesmente aprendido a conviver com essas exigências pouco razoáveis ou com a falta de limites.

Até que você apareceu.

Se é você que está pleiteando a mudança de comportamento, saiba que terá que se desviar de inúmeras minas terrestres. Primeiro, você corre o risco de virar o vilão ou a vilã da história. Seus sogros podem considerar que você está criando problema, perturbando a paz, metendo-se na família deles e retirando privilégios aos quais eles estão acostumados há décadas. Em resumo, não vão gostar. Segundo, você pode estar pedindo que seu cônjuge escolha entre suas necessidades e os sentimentos dos próprios pais, o que é um negócio complicado – especialmente se os seus sogros reforçam a narrativa de que essa é uma batalha entre vocês e que há um lado certo a ser escolhido.

O seu par só quer manter a paz e está fazendo o máximo para apaziguar todos os lados. Você só quer que seus limites perfeitamente razoáveis sejam respeitados. E os seus sogros provavelmente só querem manipular o filho ou a filha para obter o que desejam... a não ser que todos concordem em tudo. E, quando se trata de sogros, tenho um mandamento geral que chamo carinhosamente de "A Regra dos Sogros":

Trabalhem em equipe, mas cada um que lide com os próprios pais.

Mesmo que a ideia tenha partido de você, o limite será mais bem implementado se o casal estiver de acordo sobre isso. Portanto é trabalho do seu par conversar com os próprios pais em nome de vocês dois. Não é preciso revelar que a ideia foi sua. Falar "Bom, Taylor gostaria..." é tirar o corpo fora e enfraquecer imediatamente o argumento coletivo. Seu par precisa apresentar esse limite aos pais de modo a mostrar que essas preferências são do *casal*. Se os dois não estiverem de acordo, você não terá chance nenhuma de estabelecer um limite eficaz para sogros intrometidos.

De preferência, seu par deve falar assim: "*Nós* estamos pedindo (inserir o limite). *Nós* entramos em acordo e gostaríamos que isso fosse respeitado. *Nós* vamos impor as seguintes consequências se vocês não respeitarem *nosso* limite." Mas prepare-se para que isso pareça tão desconfortável para seu par a ponto de você acabar precisando assumir o controle. Se for o caso, certifique-se de primeiro fazer duas coisas. Um: confirme o total apoio do seu par em relação a esse limite, mesmo que seja você a pessoa que vai comunicá-lo. Dois: pergunte até que ponto seu par vai apoiar você durante a conversa. Se ele ou ela não quiser estar presente para confirmar que está ao seu lado, ou para dar apoio moral em silêncio, você pode ficar numa situação complicada. Nesse caso, haverá *mesmo* uma batalha e seu par terá que escolher um dos lados, o que pode lhe parecer um gesto de abandono e traição.

A EXCEÇÃO À REGRA DOS SOGROS

Às vezes, por algum motivo, é melhor que o cônjuge tenha toda a conversa com os sogros. Se você tem um marido e seus pais respeitam mais a autoridade masculina, talvez ele *devesse* estabelecer o limite. (Isso é péssimo, mas tire algum proveito do sistema, está bem?) Talvez seus sogros respeitem sua profissão (na área da saúde, por exemplo) ou não queiram contrariar uma grávida. Use qualquer vantagem que você tenha para alcançar seu objetivo.

E se vocês não conseguirem concordar quanto ao limite necessário? Talvez sua esposa goste quando a mãe dela aparece sem avisar, ainda que isso estresse você. Ou seu marido queira a presença da mãe dele quando o bebê chegar, mas você precisa de um tempo e silêncio para se conectar com o recém-nascido. A melhor maneira de começar é conversando francamente com seu par. Diga como se sente e como esse comportamento impacta negativamente você e sua família. (Veja meu truque do "Número Mágico" adiante.) Aqui o desrespeito aos limites pode prejudicar vários relacionamentos – entre o casal, entre netos e avós, entre você e seus sogros –, portanto expresse isso com clareza. A partir dessa conversa, pergunte a seu par se concorda com o limite que você quer estabelecer.

Se vocês ainda discordarem, encontrem um meio-termo. E, sim, quase *sempre* existe um meio-termo. Combinem que se sua sogra aparecer sem avisar, você não terá obrigação de recebê-la – sua esposa será responsável por isso. Estabeleça um tempo máximo para seus sogros ficarem na sua casa após a chegada do bebê, ou se ofereça para pagar um hotel ou Airbnb próximo para que eles possam estar por perto. Sejam criativos, porque vocês podem fazer como quiserem (VPFCQ, página 162), mesmo se o arranjo for pouco convencional e inédito na sua família. Até que você e seu par concordem com o limite que precisa ser estabelecido, há pouco sentido em conversar sobre isso com qualquer outra pessoa. Assim, demorem o tempo que for necessário até que possam apresentar um limite que funcione para o casal como equipe.

O NÚMERO MÁGICO

Durante anos usei esse truque para tomar decisões. Pergunte a si mesmo: "Numa escala de 1 a 10, quanto eu me incomodo quando minha sogra aparece sem avisar? O incômodo é 10, tipo *irritação máxima*; ou é 3, uma revirada de olhos, mas tudo bem?" Em seguida pergunte a seu par: "Até que ponto é importante para *você* que sua mãe tenha a liberdade de aparecer quando quiser, sem aviso?" Não contem um ao outro a nota que cada um deu para não serem influenciados. Em seguida, comparem os números. Se o incômodo para você é 7, mas para seu par é apenas 3, isso ajuda a estabelecer o limite: sua sogra precisa telefonar avisando, mesmo que seja com dez minutos de antecedência. Se sua esposa muito grávida quer a presença da mãe num nível 8 ou 10 quando o bebê nascer, e você quer apenas um 5 sem ter certeza se isso vai ser útil ou irritante, dê à sua esposa o que ela necessita para se sentir segura e cuidada. Desde que vocês estejam comprometidos com a racionalidade, com a franqueza e com o bem-estar do casal (e não somente com "vencer a discussão"), essa simples ferramenta pode facilitar muito as conversas sobre limites.

Ainda que boa parte das nuances discutidas aqui sejam especificamente sobre sogros, tudo isso também se aplica aos seus pais. (Afinal de contas, seus pais são os sogros do seu par!) Se são os seus pais que ultrapassam os limites, os textos e os roteiros desta seção ajudarão você a apoiar seu cônjuge e a entender como lidar melhor com seus próprios pais.

A GUERRA DOS AVÓS

Como mencionei algumas vezes, ter filhos representa alguns grandes desafios quando se trata de estabelecer limites para seus pais. Minha mãe costuma falar sobre como gostava das opiniões da minha avó. Vovó era solícita e apoiava meus pais sem se intrometer ou passar do ponto. Sua filosofia era: "Eu fiz meu trabalho como mãe. Agora é a sua vez, e vou cuidar da minha vida." Ainda que eu tenha sorte porque meus pais também seguem (na maioria das vezes) essa filosofia, já precisei estabelecer alguns limites quando eles se intrometeram na guarda compartilhada e em outras decisões que tomei para o meu filho. Olhando as mensagens que recebo, dá para ver que essa é uma situação pela qual muitas pessoas passam.

- "Como posso pedir que meus pais não forcem meus filhos a abraçá-los?"
- "O que posso dizer quando minha mãe tenta disciplinar meus filhos passando por cima de mim?"

- "Meus pais acham que imponho rotinas rígidas demais – mas eu sou a mãe das crianças."
- "Odeio quando meus pais dão doces para os meus filhos, mesmo depois de eu pedir que não façam isso."

Parece que os avós ficam com a melhor parte da criação de uma criança. Eles podem comprar todos os brinquedos para os netos, dar todo o açúcar a eles, adiar a hora de ir para a cama e devolvê-los para a mamãe e o papai quando os pequenos ficam irritados, cansados e pirracentos. Já ouvi muitos avós dizerem: "Eu tenho todo o direito de mimar meus netos!" (Isto é, permitir todas as coisas que eles não permitiam a *você* quando criança, porque sabiam que isso tumultuaria sua rotina, sua estabilidade e seu humor.)

Também pode acontecer – especialmente se você for jovem – que seus pais não vejam você como uma "pessoa adulta totalmente funcional capaz de criar com sucesso esse ser humano minúsculo". Para seus pais, pode parecer quase impossível resistir à tentação de aplicar os próprios anos de sabedoria e experiência ao modo como você cria seus filhos, independentemente de quanto eles (provavelmente) odiavam quando os pais *deles* faziam isso. Em algumas áreas, as opiniões são bem-vindas: *Sim, mamãe, por favor, conte como você me distraía para longe dos doces no supermercado.* Mas em outras áreas você quer descobrir por conta própria, assim como eles fizeram.

Além disso, o modo como seus pais criaram você pode ser diferente de como você quer criar seus filhos. Meus pais eram muito autoritários. Minha mãe não negociava comigo no meio do supermercado – ou eu tomava jeito e parava de resmungar ou ela deixava um carrinho cheio de compras no corredor 7 e arrastava todos nós de volta para casa. (Isso aconteceu uma vez. Virou lenda.) Se você quer ter um estilo de criação mais gentil, rejeita firmemente a cultura das dietas ou acredita na autonomia corporal e no consentimento, a vovó dizer ao seu filho "Você vai ficar de castigo / Coma mais dois bocados, ou não vai ter sobremesa / Vem, dá um abraço na vovó" pode parecer tremendamente invasivo e prejudicial.

O primeiro passo é ter uma conversa geral com a vovó e o vovô, provavelmente mais de uma vez. Quando meu filho tinha apenas alguns meses, eu disse à minha mãe: "Há pouco tempo percebi que você provavelmente também não tinha a menor ideia do que estava fazendo, não é?" Ela riu e respondeu: "Ninguém tem, Melissa." Pode ser útil mostrar que vocês estão no mesmo barco, assim como reconhecer que seus pais fizeram o melhor possível para criar você. Em seguida, você pode acrescentar, como eu fiz: "Talvez eu não faça tudo como você fez, mas não vejo a hora de descobrir como. Se eu quiser conselho ou ajuda, sei a quem pedir." (E eu pedi, em especial quando liguei para ela chorando numa tarde de domingo, encolhida numa banheira vazia, vestida da cabeça aos pés. Às vezes criar filhos é assim.)

No momento, seus pais podem achar que estão ajudando a aliviar seu fardo disciplinando ou corrigindo a criação dos seus filhos. Tente abordar esse comportamento o mais cedo possível, até mesmo enquanto ele estiver acontecendo. Experimente: "Mãe, quando eu estiver aqui, por favor deixe que a mãe seja eu. Esse não é mais seu trabalho, portanto sente-se, relaxe e curta o tempo com seu neto." Além disso, os avós podem ter ideias muito diferentes sobre o comportamento "aceitável" em relação à hora de dormir, de assistir à TV ou de comer. Explicar na frente do seu filho "Tudo bem, vovó, é assim que a gente faz na nossa casa" pode ajudá-lo a se sentir seguro, ao mesmo tempo que lembra gentilmente aos avós que, na sua casa, as regras são suas.

CASA DELES, REGRAS DELES

As coisas podem ficar complicadas quando seus filhos passam algum tempo na casa dos avós sem você. Eu sempre segui o conceito de "sua casa, suas regras", desde que meus pais não queiram fazer nada inerentemente perigoso ou insalubre para o meu filho. Por exemplo, na nossa casa eu deixo meu filho sair da cama e brincar às seis e meia da manhã, mas a vovó quer que ele fique no quarto até as sete – casa deles, regras deles. O mesmo com relação a não levar jogos para a mesa do café da manhã e não comer no carro. Mas quando se trata da atração do meu pai por sorvetes, estabeleci um limite: "Por favor, não dê nenhum laticínio a ele, porque isso provoca eczema. Arrume outro tipo de guloseima." Isso é especialmente importante quando as "regras" da casa deles costumam atrasar seus filhos *justo* quando você precisa pegá-los.

Ficar acordado até muito tarde, comer montes de açúcar ou passar muito tempo em frente à TV podem ser situações que pedem limites, mesmo se acontecerem no território do vovô e da vovó.

No fim das contas, talvez você só precise lembrar aos seus pais que, apesar de eles discordarem do seu modo de criação, das suas regras ou das suas práticas, a vida é sua e do seu filho, e agora é hora do rito de passagem de todos os avós: parar de se envolver e cuidar da própria vida. Você pode dizer isso de um modo mais gentil, mas só se quiser.

LIMITES E FAVORES EM FAMÍLIA

Eis um conselho-bônus para situações que você provavelmente vai encontrar: como estabelecer limites com familiares que lhe fizeram um favor, tipo emprestar dinheiro, oferecer moradia ou arranjar um emprego para você.

Favores podem ser complicados, pois há pressão e emoção envolvidas. A pessoa que faz o favor provavelmente quer ajudar (ou se sente obrigada a isso), mas teme que esse favor mude o relacionamento com você, ou sente que deve dar ou fazer algo mesmo sem estar completamente confortável com isso. A pessoa que pede o favor também teme que o pedido seja negado – ou que seja concedido sob condições (explícitas ou não) que não compensem o benefício. Favores *podem* ser feitos num ambiente saudável, em que não haverá exigências nem manipulações, mas com frequência eles se tornam tóxicos, acompanhados por custos, dívidas e ameaças – e os limites deixam de se aplicar a esses casos, porque "você me deve". Sim, você sente gratidão. Sim, seu parente quebrou um tremendo galho. Mas esse favor dá a ele carta branca para se intrometer em qualquer área da sua vida? Claro que não. Só que dizer isso é difícil.

De preferência, especifique tudo *antes* de fazer o acordo. Pense do seguinte modo: se uma pessoa da família está disposta a fazer um grande favor a você, provavelmente é porque ela gosta de você e quer ajudar. Isso é uma prova de que ela deseja fortalecer a relação colaborando no que for possível. Em troca, você pode fazer sua parte para manter o relacionamento saudável estabelecendo expectativas claras e mantendo os seus limites depois que o favor tiver sido feito. Pergunte com antecedência: "Posso fazer alguma coisa para você em troca desse favor?", ou "Se eu tiver uma opinião diferente sobre como agir a partir de agora, está tudo bem ou prefere que antes eu converse com você?". Além disso, você pode falar bem diretamente: "Agradeço demais sua oferta, mas só vou aceitar se não houver nenhuma expectativa da sua parte, para evitar ressentimentos. Você se sente confortável de verdade em me fazer esse favor, sem ressalvas? Pense bem nisso. Para mim, nosso relacionamento vem em primeiro lugar."

Além disso, é importante falar *com clareza*. Não é hora de fazer rodeios ou suposições. Se você só vai aceitar o dinheiro para o casamento se puder planejá-lo 100% do seu modo, expresse exatamente isso, ou diga o que se dispõe a negociar. Se você adoraria receber a ajuda da pessoa, mas não, não pode guardar o trailer dela na sua garagem, diga isso. Quanto mais você puder ter essas conversas *antes* de o favor ser feito, mais fácil será decidir se o favor vale a pena, atender às expectativas de ambas as partes e estabelecer um limite, se necessário.

Se o favor já tiver sido feito, *sim*, você ainda pode estabelecer limites, especialmente se o relacionamento estiver sendo prejudicado. Se você está quitando aos poucos o empréstimo, deixe claro que a sua parte é pagar essas prestações – e isso não inclui dar acesso irrestrito à casa que você comprou com o dinheiro emprestado. Se as condições eram implícitas ou só apareceram depois, tenha uma conversa para esclarecer tudo. "Agradecemos sua ajuda com o casamento, mas parece que quanto mais nos aproximamos da data, mais vocês querem se envolver nos preparativos. Não sabíamos ao certo quais seriam suas expectativas quando vocês se ofereceram para ajudar, então vamos conversar sobre isso agora."

PREPARE-SE PARA A REAÇÃO CONTRÁRIA

Quando você tenta conversar sobre limites com alguém que lhe fez ou está lhe fazendo um favor, há uma boa chance de essa pessoa tentar fazer com que você se sinta culpado. Ela pode achar que você é uma pessoa ingrata, egoísta ou que abusa da boa vontade dos outros. Por favor, lembre-se: a reação das outras pessoas ao seu limite claro e gentil não é problema seu. Se você agradeceu o favor, retribuiu conforme o combinado e acredita que a pessoa está fazendo cobranças com as quais você *jamais* concordaria, estabeleça um limite. Na melhor das hipóteses, ela entenderá que passou do ponto e isso não voltará a acontecer. Na hipótese mais provável, ela reclamará um pouco, mas acabará cedendo – e talvez fique complicado manter o clima amistoso durante um tempo. Na pior das hipóteses, ela ficará furiosa com o seu egoísmo, cortará relações com você (provavelmente por um tempo) e você jamais poderá contar com ela para outro favor (não que você fosse querer isso). Só você sabe até que ponto vale a pena bater de frente com essa pessoa em nome da sua saúde mental e da relação entre vocês.

Em último caso, se as exigências implícitas estiverem tornando quase impossível estabelecer limites saudáveis, avalie o que você poderia fazer para se livrar do favor. Você poderia tomar um empréstimo bancário para quitar logo a dívida com seus pais? Poderia arcar com todos os custos do seu casamento para realizá-lo exatamente como você quer, mesmo que com isso ele acabe sendo menos extravagante? Se o favor aconteceu anos atrás, mas a pessoa ainda leva você a sentir que deve alguma coisa, você poderia estabelecer um limite sobre esse assunto? “Sim, eu lembro que você bancou meu último ano de faculdade para eu não ter que trabalhar. Sempre valorizei isso. Mas parece que nada que eu fiz nos últimos anos foi suficiente para agradecer, e o fato de você sempre tocar nesse assunto, como se eu estivesse em dívida eterna, está prejudicando nosso relacionamento. Você ainda espera alguma coisa de mim? Se não, eu me recuso a me sentir em débito com você.”

DICAS PARA COMEÇAR

Voltemos ao caso de Caleb, cujos pais divorciados vivem brigando. Ele precisava estabelecer um limite para os dois, mas, no passado, dizer coisas como “Mamãe, por favor, não quero ouvir isso” não o levou a lugar nenhum. Nas nossas conversas eu lembrei a ele que os padrões antigos demoram a ser rompidos, e que seria fundamental declarar o limite com mais clareza ainda, repetindo-o de acordo com a necessidade e fazendo valer as consequências.

Na página 107 você vai encontrar os roteiros que apresentei a Caleb. Eles contam com repetições, alertas de limites e consequências adequadas que Caleb poderia implementar caso seu limite continuasse sendo desrespeitado. Caleb testou isso no Dia de Ação de Graças, e, apesar de saberem que uma única conversa séria não resolverá o problema, agora ele e a esposa têm roteiros e diretrizes para evitar que sejam para-raios emocionais.

Serei sincera com você, como fui com Caleb. Você pode achar mais difícil estabelecer um limite para alguém da família do que para qualquer outra pessoa, especialmente se for alguém que você ama. Você *quer* ajudar essa pessoa, deixá-la confortável e manter a paz. Mas se no passado seus familiares não esbarraram em limites, provavelmente a dinâmica da sua família não está aberta a isso ainda hoje. Ou seja, prepare-se para estes possíveis efeitos colaterais: parentes se bandeando para o seu lado ou excluindo você; culpa e ansiedade; tensão familiar; vontade de evitar pessoas ou eventos da família... E você ainda pode ganhar o rótulo de "pessoa difícil" (ou coisa pior).

A boa notícia é que eu tenho muitos exemplos de conversas e práticas para ajudar você e sua família a alcançarem limites claros e saudáveis que beneficiem a *todos*, mesmo que seus familiares ainda não enxerguem isso.

SAIBA O QUE VOCÊ QUER. Vou enfatizar de novo: a não ser que dedique algum tempo a determinar onde estão seus limites e o que realmente deseja, você não poderá estabelecer um limite eficaz. Você sabe que visitar quatro casas diferentes nas datas festivas deixa qualquer um louco... mas o que você se *dispõe* a fazer e como realmente *quer* que seja o seu feriado? Primeiro tenha clareza disso (com seu companheiro ou companheira e com seus filhos, se for o caso) antes de tentar estabelecer um limite para outras pessoas.

COMECE DEVAGAR. Você não precisa começar com o maior limite, o mais complicado, o que tem mais chances de mudar a dinâmica da família. Treine com algo menos intimidante, obtenha uma pequena vitória e vá ganhando confiança para finalmente ter aquela conversa do tipo: "Por favor, não atravesse o país inteiro de avião sem antes avisar que está vindo."

ESCOLHA O MOMENTO CERTO. Tenha essas conversas num momento pacífico, de preferência antes que o problema previsto aconteça. Portanto, converse *antes* do nascimento do bebê, *antes* que os parentes apareçam sem avisar, *antes* dos feriados e *antes* de você contar seus planos para as férias.

PREPARE-SE PARA REAFIRMAR O LIMITE. Com relacionamentos tão duradouros como os de família, é improvável que uma única conversa dê resultado. Se você estiver falando sobre padrões de comportamento muito entranhados, prepare-se para reafirmar seu limite de novo e de novo, de modo consistente. Presuma que as pessoas da sua família querem ser respeitosas, mas que elas precisam de tempo para se adaptar a essa nova dinâmica.

PRIORIZE OS SEUS SENTIMENTOS. Quando não estabelece limite algum, você basicamente está dizendo aos seus familiares: "Seus sentimentos são mais importantes do que os meus." Não é egoísmo priorizar sua saúde e sua felicidade. Reflita: "Quero mesmo me sacrificar só para deixar outra pessoa confortável?" Se a resposta for "Não", estabeleça o limite e pronto.

RECUSE A CULPA OU O JULGAMENTO. Dê espaço a seus familiares para processarem seu pedido e conversarem sobre isso, mas não para tentarem mudar sua opinião. Não deixe que eles levem você a acreditar que foi *você* quem estragou o Natal. Se o seu limite for claro, gentil e planejado para melhorar o relacionamento, eventuais chiliques não serão problema seu. Pense em você como uma pessoa desbravadora, mudando a dinâmica disfuncional da família para as futuras gerações! Pode não ser fácil, mas valerá a pena.

SAIBA QUE LOGO FICARÁ MAIS FÁCIL. Na maioria dos casos, estabelecer os primeiros limites parece incômodo ou desconfortável. Porém, mais cedo do que você imagina, isso simplesmente se torna algo natural para todos os envolvidos. Se você conseguir superar o desconforto inicial, pode descobrir que daí em diante tudo fica muito mais fácil.

Estabelecer limites para familiares terá um impacto incrível sobre sua energia, sua saúde mental, seu tempo e seu espaço físico. Além do mais, se você inspirar outras pessoas da família a fazerem o mesmo, o convívio entre vocês será muito mais tranquilo, feliz e reconfortante. Você pode fazer isso! Vou ajudar você a encontrar as palavras certas.

ROTEIROS PARA ESTABELECER LIMITES PARA PAIS E SOGROS

Como mencionei, estabelecer limites para pais e sogros tem complexidades próprias, como convencer seu par a defender essa ideia ao seu lado. Mas o esforço vale a pena. É provável que, no início, seus pais ou sogros sejam uma pedra (grande ou pequena) no sapato. O seu cônjuge diz: "Eles são assim mesmo, não conseguem mudar." (Enquanto isso você pensa: "Eles querem mais é que você acredite nisso...") Estabelecer limites pode fazer uma enorme diferença no relacionamento de vocês, permitindo que todos convivam em paz sem que ninguém precise escolher um dos lados, e abrindo espaço para visitas livres de ansiedade, pressão e ressentimento.

▶ Meus pais são divorciados há muito tempo, mas continuam a fofocar e falar mal um do outro quando estou perto. Até me arrastam para isso, tentando me obrigar a escolher um lado. Eu amo os dois e não quero participar dessas brigas. Como posso estabelecer um limite para isso?

VERDE: "Mãe, por favor, não fale mal do meu pai na minha frente. Eu amo vocês dois e não quero ouvir isso." E mude de assunto.
AMARELO: "Olha, mãe, eu pedi que você não fale mal do meu pai na minha frente. Por favor, pare." Repita, se necessário.
VERMELHO: "Para, mãe. Não vou escutar isso. Depois nos falamos." E vá dar uma volta ou saia do cômodo.

Esses são roteiros simples que passei para Caleb durante nossas conversas sobre limites. Lembre-se: você não pode obrigar seus pais a sentir ou fazer alguma coisa. Digo isso para o caso de você já ter feito pedidos centrados na mudança de comportamento deles, como "Mãe, supere isso", ou "Pai, você precisa parar de sentir raiva". Seu limite tem que ser centrado em você: neste caso, no seu desejo de não fazer parte das intrigas. Digo isso com amor, como filha que sou de pais divorciados.

▶ Meus sogros aparecem o tempo todo na nossa casa sem avisar. Pedi que eles ligassem primeiro, mas eles continuam dando "um pulinho" aqui porque já estavam "na vizinhança". Isso pode atrapalhar, especialmente num fim de semana movimentado, mas não sei como deixar claro que realmente queremos que eles telefonem primeiro.

VERDE: (para seu cônjuge dizer a eles) "Sarah e eu conversamos, e nós realmente queremos que vocês telefonem antes de vir aqui. Atrapalha demais quando vocês simplesmente aparecem, e isso já está causando estresse entre nós. Telefonem primeiro para saber se estamos livres."
AMARELO: (quando eles chegarem à porta) "Ah, vocês não telefonaram antes e esta não é uma boa hora. As crianças estão fazendo o dever de casa e Sarah está trabalhando. Mais tarde ligamos para vocês."
VERMELHO: Não atendam à porta.

Talvez vocês precisem ser ainda mais claros no Verde, tipo: "Telefonem primeiro para saber se estamos livres – não quando já estiverem na porta." Além disso, vocês podem ter que usar a consequência uma ou duas vezes antes de eles entenderem. Não atender à porta pode parecer rude demais; no entanto, se vocês estão assistindo a um filme em família, fazendo algum trabalho ou dever de casa ou se preparando para sair, as exigências dos seus sogros não são mais importantes do que os planos da sua família. Pegar o telefone e ligar não é difícil.

▶ Meus pais vão à igreja todo domingo. Eu parei de ir quando era adolescente, e meu marido não é religioso. Quando nós os visitamos, somos sempre pressionados para ir com eles. Como posso recusar esse convite de um modo respeitoso?

VERDE: (antes da próxima visita) "Estamos empolgados com esta visita, mas não vamos à igreja com vocês. Prefiro esclarecer isso agora, para vocês não terem que pedir de novo no próximo fim de semana. Vamos ficar em casa e fazer o café da manhã para quando você e mamãe voltarem."

AMARELO: "Nós já discutimos isso: não queremos ir à igreja, e, por favor, não pressionem. A igreja não é para nós e gostaríamos que vocês respeitassem isso."

VERMELHO: "Se vocês não respeitarem nossa decisão de não ir à igreja, vamos voltar para casa agora mesmo."

Pessoalmente já vi essa discussão se tornar um entrave para as famílias, e as visitas acabam sendo evitadas porque os pais não respeitam a decisão. Você pode tornar esse limite automático fazendo visitas nos dias de semana (quando não houver eventos na igreja), marcando seu voo de volta para casa no sábado ou fazendo outros planos para a manhã de domingo, indo embora cedo e evitando totalmente o assunto.

TORNE SEUS LIMITES AUTOMÁTICOS

Não é uma atitude ardilosa ou manipuladora exercer limites simplesmente eliminando a situação estressante. Para mim, essa pode ser a solução mais útil! Se os seus pais sabem que vocês vão embora no sábado, podem se sentir aliviados porque não precisarão ver vocês se recusando a ir à igreja *de novo*. E vocês podem curtir o tempo com eles, sabendo que essa pressão específica não acontecerá. É uma alternativa estratégica, mas ainda assim gentil, para estabelecer seus limites.

▶ Meus pais acabam de me informar que pretendem se hospedar aqui em casa assim que o bebê nascer, para "ajudar". Adoraríamos que eles nos visitassem, mas só depois de termos alguns dias a sós para ajeitarmos as coisas. Como devo lidar com isso?

VERDE: "Não vemos a hora de vocês conhecerem o bebê, mas também queremos passar pelo menos uma semana em casa sozinhos antes de receber visita. Vamos falar sobre isso depois que o bebê chegar."

AMARELO: "Não estamos aceitando visitas agora, nem do vovô e da vovó. Precisamos desse tempo sozinhos, em família, e gostaríamos que vocês respeitassem isso."
VERMELHO: "Se vocês insistirem em pegar o avião antes de fazermos o convite, nossa relação vai ficar abalada – e de qualquer modo vocês não verão o bebê. Não façam isso com a gente."

Estou usando "pelo menos uma semana" na resposta Verde porque vocês podem precisar de mais tempo a sós em casa, ou, ainda, mudar de ideia. Nesse caso, bastará dizer: "Mãe, eu estava errada, nós gostaríamos mesmo da sua ajuda." Se ainda assim seus pais pegarem o avião antes de vocês estarem preparados... espero que eles curtam o hotel e os passeios turísticos.

▶ Meus sogros vivem se convidando para nossas férias de família. Há dois anos deixamos eles irem conosco num cruzeiro, e isso complicou tanto as coisas que o passeio não foi divertido para nenhum de nós. Estamos planejando nossa próxima viagem e eu gostaria de me antecipar a esse problema. Como posso dizer com gentileza "Vocês não foram convidados"?

VERDE: "Ah, marcamos nossa próxima viagem! Vamos passar uma semana no México em janeiro. Dessa vez vamos só nós dois e as crianças, e elas estão realmente empolgadas."
AMARELO: "Não, dessa vez vocês não podem ir com a gente. Queremos dar mais atenção às crianças e prometemos que iríamos só nós quatro."
VERMELHO: "Dessa vez não vamos levar vocês. Está decidido."

Já ouvi histórias de sogros ou pais que simplesmente apareceram na praia, na montanha ou no hotel onde os filhos estavam de férias para "fazer uma surpresa", e isso é LOUCURA. Se essa possibilidade existir, revele pouco sobre os seus planos. Você pode dizer: "Mais tarde a gente conta os detalhes", ou "Queremos que a viagem seja uma surpresa para as crianças, por isso não estamos contando a ninguém". Se eles não souberem para onde vocês estão indo, não poderão simplesmente aparecer. (Esse aí é um limite nível Roxo.)

- Meus pais e meus sogros são divorciados, e as quatro famílias esperam que a gente esteja presente no Natal. É uma correria tremenda, e acabamos sem tempo para nós mesmos. É demais, mas não queremos desapontar ninguém.

VERDE: "Vamos tentar ver cada um de vocês no Natal, mas só vamos ficar uma hora, mais ou menos. Queremos passar a noite em casa, relaxando em família."

AMARELO: "Este ano adoraríamos dar uma passadinha aí na véspera do Natal (ou no fim de semana seguinte) e estender a comemoração. Decidimos não fazer nada no Natal. Vamos ficar em casa relaxando."

VERMELHO: "Este ano decidimos passar o Natal em casa. Vamos falar com vocês por chamada de vídeo depois de abrirmos os presentes."

A primeira parte da discussão deve acontecer na sua casa, só entre vocês: "E aí, gente, o que vamos fazer no Natal?" Assim que isso estiver decidido, vocês podem comunicar ao restante da família. Aqui não existe resposta certa, mas tenha em mente que agora vocês são adultos e podem decidir passar as datas festivas como quiserem.

CEIA COM SABOR DE CULPA

Às vezes o limite que você quer estabelecer não tem a ver com a viagem ou o dia festivo em si – mas com o modo como vocês são tratados durante a visita. Se vocês querem passar algum tempo em várias casas, mas são levados a sentir culpa sempre que deixam uma família para visitar outra, esse é o limite de que precisam. Você pode dizer algo do tipo: "Ei, mãe, adoraríamos passar um tempinho com vocês e com a família do John no Natal, mas não é legal quando vocês deixam a gente com sentimento de culpa na hora de ir embora. Isso não é justo com a gente nem com meus sogros. Por favor, não façam isso este ano." Esse é outro motivo pelo qual é tão importante discutir antecipadamente o que vocês querem fazer. Sua família pode ter uma vaga ideia de que visitar todo mundo no Natal é estressante, mas quando você realmente pensa a respeito, descobre que o que estressa todo mundo não é a viagem ou a ida de uma casa a outra, mas a conversa durante o jantar, a chantagem emocional ou a pressão para ficar e comer só mais um pouquinho. *Agora* você sabe onde estabelecer um limite.

▶ Meu pai nos emprestou dinheiro para comprarmos nossa casa. Estamos quitando o empréstimo aos poucos, mas até lá ele parece achar que tem o direito de visitar a gente sem avisar. Eu e minha esposa fizemos uma cópia da chave para ele, para usar numa emergência, mas ele entra e fica por horas e horas, muitas vezes se convidando para o jantar. Eu me sinto culpado, mas o acordo não foi esse. Será que posso dizer alguma coisa?

VERDE: (entre uma visita e outra) "Pai, agradeço muito o favor que você nos fez, mas precisamos estabelecer algum limite para as suas visitas. Se quiser dar uma passada aqui, deve ligar antes. Se estivermos trabalhando ou quisermos sair sozinhos, você precisa respeitar nosso tempo. E, se quiser ficar para o jantar, deve perguntar primeiro. Se pudermos recebê-lo, tudo bem, mas nem sempre isso será possível, e gostaríamos que entendesse."
AMARELO: "Pai, queremos nossa chave de volta, por favor. Pedimos que você ligasse antes de vir, e você não está respeitando isso."
VERMELHO: Avise a ele que vocês trocaram a fechadura para preservar a privacidade do casal, e lembre a ele de novo que se ele não telefonar antes de aparecer, vocês se reservam o direito de não atender à porta.

Emprestar dinheiro não dá ao seu pai o direito de entrar na sua casa e fazer o que quiser. Se possível, quite a dívida antes do combinado. É uma pena quando alguém faz um favor que acaba exigindo de nós enormes concessões, mas, sempre que uma pessoa mostrar a você quem ela é, acredite. E levante todas as barreiras necessárias.

ROTEIROS PARA ESTABELECER LIMITES PARA OS AVÓS DOS SEUS FILHOS

É importante estabelecer limites para os avós dos seus filhos sobre como você quer criá-los. Você provavelmente tem expectativas sobre como quer que seus pais se relacionem com as crianças (especialmente quando você não estiver por perto), e tudo bem. Passar por cima de você, contradizer suas regras, compartilhar valores que não estejam alinhados com os seus e permitir ou reprimir comportamentos que você não permitiria ou reprimiria podem deixar seus filhos confusos, além de criar um ambiente estressante e tenso para todos.

Limites saudáveis para o vovô e a vovó não visam controlar ou restringir – são um presente! Com esses limites você está permitindo que seus pais vivam o melhor da condição de avós. Eles podem visitar os netos sem a responsabilidade de criá-los ou discipliná-los, e terão a oportunidade de estar com eles na melhor situação possível: felizes, relaxados e apreciando o tempo especial que passam juntos. Seus filhos gostarão de uma visita descontraída, sabendo que ainda poderão contar com a estabilidade das rotinas e das regras. E você ficará mais feliz e mais à vontade sabendo que seus filhos estão sendo cuidados de um modo que combina com seus valores e seu jeito de criar. Imagine quão leve você se sentiria se pudesse mandar seus filhos para a casa dos avós sem esperar nenhum conflito. Os limites são o caminho.

▶ Meus pais tentam estabelecer regras na minha casa, mesmo quando estou lá. Dizem aos meus filhos que eles precisam lavar a louça quando eu já os liberei, ou pedem que desliguem o tablet no momento em que eles têm permissão para usá-lo. Como posso pedir que eles não passem por cima de mim?

VERDE: (longe das crianças) "Se meus filhos estiverem com vocês e eu não estiver perto, eles obviamente devem seguir suas regras. Mas quando eu estiver aqui, por favor, deixem que eu tome as decisões. É confuso quando vocês me contradizem."
AMARELO: "Mãe, eu disse que as crianças podem ficar uma hora com o tablet. Por favor, não contradiga minhas decisões."

VERMELHO: "Não, vovó, eu já disse que ele não precisa fazer isso. Casey, pode ir brincar, querido."

Talvez você precise repetir alguma versão do limite Vermelho algumas vezes antes de eles pararem com o hábito de interferir na criação dos seus filhos. Além disso, você pode chamar as crianças num canto e dizer: "Sei que é difícil quando eu digo uma coisa e a vovó diz outra. Eu lembrei a ela que se eu estiver aqui, sou eu que mando. Assim, se vocês ficarem confusos com alguma coisa que ela disser, venham me perguntar."

▶ Meu filho tem eczema provocado por laticínios e glúten. Eu disse várias vezes aos meus pais para não dar esse tipo de alimento a ele, mas sempre que vou pegá-lo ele diz que o vovô lhe deu sorvete ou biscoitos. Como posso explicar que esse pedido precisa ser levado a sério?

VERDE: "Quando deixo o Hunter com vocês, preciso acreditar que vocês respeitam minha vontade. Por favor, não deem a ele nada que tenha lactose ou glúten – nem que seja só um biscoitinho. Eu posso mandar guloseimas que ele pode comer, ou compartilhar receitas para vocês prepararem juntos."
AMARELO: "Pai, já pedi várias vezes que você não dê sorvete ao Hunter. Se não consegue respeitar isso, não poderei deixá-lo com vocês de novo."
VERMELHO: "Não vou mais deixar o Hunter passar a noite aí, mas vocês podem vir fazer uma visita."

Você não precisa de um motivo médico para fazer um pedido assim. Se prefere que seu filho tenha uma dieta com baixo teor de açúcar, que ele não beba refrigerante nem coma fast-food, qualquer pessoa que esteja cuidando dele deve respeitar isso. Neste caso, o limite Vermelho é a consequência: seu filho não poderá mais visitar os avós sem supervisão.

O VILÃO DA HISTÓRIA

E quando a outra pessoa faz de *você* o vilão da história aos olhos dos seus filhos? "O vovô queria te dar sorvete, mas a mamãe não deixa" é um modo imaturo e manipulativo de reagir a um limite – mas isso acontece. Nesse caso, reaja rapidamente na frente das crianças: "Vovô, pare de implicar com a gente, isso não é legal. Sabemos que sorvete provoca coceira no Hunter; a culpa não é dele." E então, longe das crianças, estabeleça imediatamente *mais um* limite para o vovô: "Não é legal você manipular o Hunter assim. Se continuar reagindo aos meus pedidos desse jeito infantil, vou pedir que você volte para sua casa / vamos embora agora mesmo."

▶ Minha filha de 4 anos não gosta de abraços, mas a avó dela insiste em ganhar um abraço e um beijo sempre que nos visita, muitas vezes obrigando a menina a obedecer. Estou ensinando aos meus filhos sobre consentimento, e quero que as pessoas respeitem quando minha filha disser "não". Alguma dica?

VERDE: (antes da visita) "Fran, sei que é difícil se despedir sem um abraço e um beijo, mas estamos ensinando à Jenna sobre consentimento, e se ela não quiser abraçar, peço que você não a obrigue."
AMARELO: (quando estiver acontecendo) "Ah, lembra? A gente não obriga a Jenna a abraçar se ela não quiser. Jenna, quer dar tchauzinho ou um 'toca aqui' na vovó?"
VERMELHO: "Fran, hoje a Jenna não quer abraçar. [Pegue sua filha se ela quiser ficar no colo ou simplesmente pare ao lado dela.] Jenna, dá tchau pra vovó. Tchau!"

Algumas pessoas vão afirmar que crianças bem-educadas dão beijos e abraços nos adultos. NÃO. Um aceno amistoso ou um "Tchau, vovó" é perfeitamente educado – mas talvez você precise dizer isso. Eu entendo o lado de um avô ou uma avó que só queira dar carinho aos netos – mas isso não interfere no direito do meu filho à autonomia corporal. Ofereço as opções ao meu filho com antecedência, tipo: "Quando a tia Kelly for embora, você pode dar um beijo nela, um abraço, dar um 'toca aqui' com a mão, o punho ou o cotovelo, fazer uma cara engraçada ou só acenar mesmo."

- Meu filho adolescente acaba de se assumir trans para nossa família. A maior parte das pessoas tem demonstrado apoio, mas meus pais ainda usam o nome e os pronomes antigos. Quando os corrijo, eles dizem que vão demorar para "se acostumar com isso". Como posso ajudar meu garoto?

VERDE: "O seu neto pediu que vocês o chamem de David, e ele merece respeito. Acredito que essa é uma mudança que vocês podem entender e implementar imediatamente, pelo bem dele."
AMARELO: "Não, mãe, *ELE* tirou 10 na prova de matemática. Sei que vocês podem escorregar nos pronomes de vez em quando, mas espero que se corrijam na mesma hora. Do contrário, estarão sendo desrespeitosos. É preciso que se esforcem mais, porque isso está prejudicando minha relação com vocês."
VERMELHO: "Não vou permitir que o comportamento de vocês cause mais mal ao David. Se não usarem o nome e os pronomes corretos, vou ter que restringir o contato entre vocês até conseguirem fazer isso."

Se for necessário proteger seu filho de outros familiares, faça isso, por favor, não importa quem sejam essas pessoas. Diga que só poderão se comunicar com ele por e-mail (que você vai filtrar), ou não permita nenhum contato até que eles se comprometam a demonstrar respeito pela identidade do seu filho.

NÃO É JON, É JONATHAN

Quando eu era adolescente, tive um amigo chamado Jonathan – e se você o chamasse de Jon, a mãe dele intervinha na mesma hora, muito séria. Se seu filho ou sua filha tem um nome ou apelido preferido, é perfeitamente aceitável exigir que as pessoas da família respeitem essa preferência. Corrija as pessoas em tempo real se elas não acertarem. O mesmo vale para um apelido do qual seu filho *não* goste. Meu pai começou a chamar meu filho de "Cabeça de Abóbora", e depois de um ano meu filho parou de achar aquilo engraçado. Ele pediu que o vovô parasse, mas, como tinha apenas 5 anos, esse pedido não foi levado a sério. Meu pai só fez o esforço de parar quando eu disse: "Ei, agora esse apelido aborrece o garoto. Não sei por que, mas vamos parar com isso." (Detalhe: agora meu filho adora o apelido e costuma assinar os cartões para os avós com "Amo vocês, Cabeça de Abóbora". Como eu disse, os limites devem ser flexíveis.)

▶ Minha médica recomendou que qualquer pessoa que passe algum tempo com nossa recém-nascida esteja com vacinas atualizadas para dTpa, gripe e covid-19. Meus pais não foram vacinados e ficaram aborrecidos porque ainda não os deixamos visitar a bebê. Como posso reforçar esse limite de modo gentil, porém firme?

VERDE: "Nossa médica disse que os recém-nascidos são mais suscetíveis aos vírus. Então, se vocês não estiverem vacinados, vão ter que esperar seis semanas, até que o sistema imunológico dela esteja mais forte. Quando vierem visitar, vão ter que usar máscara e não vão poder beijar a neném. Até lá podemos nos ver por chamadas de vídeo."
AMARELO: "Sei que vocês também adoram a neném. Todos nós precisamos fazer o máximo para protegê-la de vírus e infecções. Se quiserem nos visitar pessoalmente, estas são as nossas regras."
VERMELHO: "Por enquanto vocês não podem visitá-la. Vamos avisar quando puderem e dizer quais são as condições."

Lembre-se: os limites podem ser flexíveis. Se os seus pais estiverem dispostos a se encontrar com vocês ao ar livre, usar máscara e respeitar seus outros pedidos, vocês podem fazer algumas concessões, se quiserem. Além disso, podem manter esse limite com toda a firmeza que acharem necessária. Em última instância, vocês são responsáveis pela saúde e a segurança da bebê, mesmo que isso implique manter a vovó e o vovô a distância.

RESPONDENDO A ACUSAÇÕES

Ainda que esse limite se destine a manter sua bebê saudável, prepare-se para uma reação contrária dos seus pais: "Você sempre quis que a gente se vacinasse, e agora está usando a bebê para nos forçar a isso." Eles até podem pensar assim, mas explique que esse limite tem a ver com a saúde da sua bebê, e que você não está forçando ninguém a nada – a escolha é deles. Eles podem se vacinar e fazer carinho na bebê ou podem continuar sem vacina e descobrir outras maneiras de contato, como videochamadas ou encontros ao ar livre. Garanta aos seus pais que você respeitará a decisão deles, assim como eles precisam respeitar as decisões que você está tomando para sua neném.

▶ Decidimos não colocar nenhuma foto da nossa bebê na internet. Pedimos que as pessoas da família fizessem o mesmo, mas minha mãe ainda posta fotos na página dela no Facebook. Ela diz: "Quase ninguém me segue e preciso mostrar minha netinha." O que podemos fazer?

VERDE: "Mãe, quando você posta coisas que eu pedi que não postasse, é uma tremenda violação de confiança. Preciso que você entenda que isso é grave e nos deixa muito inseguros. Você tem duas opções: ou torna sua página privada e limitada aos parentes e amigos mais próximos ou para totalmente de postar fotos no Facebook e passa a enviá-las para os amigos por WhatsApp ou e-mail."

AMARELO: "Você continuou a postar fotos depois de eu pedir que não fizesse mais isso. Isso não é legal. Se não consegue respeitar um pedido tão simples, não vamos mais mandar fotos para você e vamos excluí-la das nossas redes sociais." (Lembre a ela as opções do limite Verde, usando outras palavras.)

VERMELHO: "Não vou mais mandar fotos da neném para você. E você pode vir visitá-la, mas por favor não tire fotos. Nós somos responsáveis pela segurança e pela privacidade da nossa filha, e já deu para perceber que, no seu caso, precisamos ser rigorosos com isso." Você pode até mesmo restringir as visitas da sua mãe – se chegar a esse ponto, é porque o desrespeito ao seu pedido foi mesmo gigantesco.

Esse foi um limite que estabelecemos assim que nosso filho nasceu, e felizmente nossos familiares e amigos o respeitaram na mesma hora. Não consigo imaginar como isso evoluiria para um limite Vermelho, mas vovôs e vovós nunca deixam de me surpreender. Para aumentar as chances de sucesso do limite Verde, você pode se oferecer para ajudar sua mãe a mexer com tecnologia, criando para ela uma página privada no Facebook, abrindo um grupo no WhatsApp ou instalando um porta-retratos digital na casa dela, por exemplo.

ROTEIROS PARA ESTABELECER LIMITES PARA OUTROS PARENTES

Se seus familiares não estão acostumados com limites saudáveis, você pode ser a primeira pessoa a sacudir esse barco. A má notícia: isso pode lhe render um bocado de atenção negativa – eles podem rotular você como "exigente demais", "arrogante" e certamente "egoísta". A boa notícia é que você pode dar início a um movimento geral na família, e pessoas que antes não conseguiam se impor, por ansiedade ou culpa, poderão seguir sua liderança e lhe dar apoio! (Sem dúvida, *ninguém* gosta do cachorrinho da sua irmã pedindo comida embaixo da mesa de jantar.) Normalizar os limites saudáveis na família facilita a comunicação, restabelece a confiança e elimina o ressentimento, e isso beneficia todo mundo.

A falta de limites, assim como os traumas, costuma ser passada de geração em geração. Alguém precisa ser a primeira pessoa a romper o ciclo, e agora você está em condições de comunicar seus limites usando palavras claras e gentis. Espere alguma reação contrária, claro, mas você também pode encontrar alguns aliados inesperados. Se ninguém se apresentar, convide as pessoas para a conversa. A união faz a força, e se *todo mundo* pedir à sua irmã que deixe o cachorro em casa, é muito mais provável que você obtenha sucesso.

▶ Não concordo com alguns parentes quando o tema é política e justiça social. Quando estamos juntos, eles fazem questão de expressar seus pontos de vista. Eles têm direito à própria opinião, acho, mas para mim alguns comentários são inaceitáveis. Será que consigo estabelecer um limite quanto a isso?

VERDE: (antes da visita) "Sei que não concordamos sobre política e justiça social, então vamos combinar que ninguém vai abordar esses temas durante a visita. É o único jeito de curtirmos nosso tempo juntos, e eu quero isso de verdade."
AMARELO: (quando estiver acontecendo) "Pare com isso, Jeff. Combinamos que não falaríamos sobre imigração, então, por favor, vamos mudar de assunto." E mude de assunto.
VERMELHO: "Se você não parar de falar essas coisas sobre imigração [ou sexualidade, identidade de gênero, direitos reprodutivos, etc.], nós vamos embora."

Sim, você pode estabelecer um limite quanto a isso. Se para você for importante manter um bom relacionamento com seus parentes e/ou se for inevitável encontrá-los de vez em quando, estabelecer e manter um limite saudável é o único modo de evitar que os eventos em família se transformem em bate-boca.

▶ Minha irmã insiste em levar o cachorro dela a todo lugar, inclusive à nossa casa, todos os domingos, para o jantar da família. Meu filho é um pouco alérgico e não queremos ter pelos de cachorro por toda a casa, mas ela teima em afirmar que o cachorro não pode ficar sozinho. Preciso estabelecer um limite.

VERDE: (antes da visita) "Andie, o cachorro não pode vir com você esta noite. Você pode deixá-lo na sua casa ou numa área cercada no nosso quintal, mas não podemos permitir que ele entre em casa. Só para ficar claro."
AMARELO: "Puxa, eu pedi que você não trouxesse o cachorro. Você prefere levá-lo de volta para casa ou deixá-lo ali no quintal?"

VERMELHO: "Se você não quiser deixar o cachorro lá fora, vamos marcar o jantar para outro dia. Ligo para você amanhã."

Na verdade, é bastante fácil manter um limite assim. Se ela estiver com o cachorro, simplesmente não a deixe entrar na sua casa. Basta que você imponha o limite uma única vez para que ela perceba que você fala sério e encontre outra solução.

MUDANDO AS REGRAS

Nesse ponto é comum alguém dizer: "Mas antes você não via problema nisso!" Você deixava o cachorro entrar em casa, deixava que movessem seu sofá, deixava que visitassem você sem avisar... Estão tentando pintar você como uma pessoa instável ou hiper-reativa por ter mudado de ideia de repente. Mas adivinhe só: você *pode* mudar de ideia! Você pode decidir falar em vez de guardar rancor! Pode começar a pôr suas necessidades em primeiro plano! Eis uma boa resposta: "É, eu costumava deixar, mas também achava ruim. Estou falando agora porque não gosto de me chatear com você, e aposto que você também não quer que eu me sinta assim. Isso só vai melhorar nossa relação, e sei que vamos nos entender."

▶ Minha cunhada tem um antigo hábito de me criticar quando ninguém está por perto. Ela fala baixinho: "Você parece cansada", ou "Você tem comido o suficiente?". Quando reclamo disso, ela diz que não tenho motivo para ficar na defensiva, que ela só está "preocupada" comigo. Parece que não consigo me defender.

VERDE: "Obrigada por se preocupar comigo, mas seus comentários não ajudam. Talvez você não perceba como eles soam mal, ou talvez perceba. De qualquer modo, não faça mais isso."
AMARELO: "Vou ser clara: prefiro não saber o que você está pensando sobre minha aparência." E mude de assunto.

VERMELHO: (em voz igualmente baixa) "Pela última vez, sua opinião sobre minha aparência não é bem-vinda." Sustente o contato visual e depois se afaste.

É aqui que manter uma postura fria, calma e contida faz uma enorme diferença. Estabeleça o seu limite (de preferência, com testemunhas) e não permita que sua cunhada manipule você. Se ela protestar ou bancar a vítima, tente um simples "Amanda, não preciso ouvir mais isso – muda o disco." E você pode discutir isso com seu par e lhe pedir apoio. É provável que o comportamento da irmã não lhe cause nenhuma surpresa.

▶ Meu irmão mais novo vive me pedindo dinheiro emprestado – 20 dólares aqui, 50 dólares ali. Às vezes ele me paga, mas geralmente não. Eu odeio vê-lo em dificuldades, mas não sou um caixa eletrônico... Como posso estabelecer limites sem parecer uma pessoa horrível?

VERDE: "Posso arranjar 50 dólares hoje, mas só isso. Este mês não vou poder ajudar mais."
AMARELO: "Não posso lhe dar mais nenhum dinheiro, Rob. Posso ajudar de outro modo?"
VERMELHO: "Não posso lhe emprestar dinheiro, Rob. Sinto que você está me usando, e isso não é saudável."

Para evitar esse tipo de conflito, você pode criar com antecedência uma política de "não emprestar dinheiro a parentes e amigos" (automatização). Se já estiver fazendo isso, lembre-se de que sua condição financeira não determina o seu limite. Você pode estar numa situação suficientemente confortável para dar 20 dólares a alguém e mesmo assim não precisa fazer isso. Você é quem decide qual é o seu limite.

POR FALAR EM DINHEIRO

Limites que envolvem dinheiro estão entre os mais desconfortáveis – geralmente para ambas as partes. Eis o que eu penso: primeiro presumo que a pessoa não vai me pagar, mesmo que diga que vai.

Avalio se quero *dar* ou não o dinheiro àquela pessoa, de bom grado. Também não pergunto como ela vai gastar a quantia, porque não é da minha conta. Assim a questão se torna: "Eu quero dar este presente a essa pessoa e tudo bem? E posso fazer isso sem ressentimento?" Se eu não puder responder "Sim" às duas perguntas, não dou o dinheiro. Se puder, dou o dinheiro e nunca mais tocamos no assunto. Não espero um agradecimento nem satisfações sobre como a quantia foi gasta. Só assim posso ajudar às pessoas financeiramente sem mágoas, raiva ou arrependimento.

▶ Sou mãe de uma criança de 4 anos e não trabalho fora. Minha irmã tem um filho um ano mais novo e presume que posso servir de babá sempre que ela precisa. Ela simplesmente aparece com ele e pergunta: "Você se incomoda?", e no momento é difícil negar ajuda... mas só porque eu fico em casa, isso não significa que estou livre! Socorro.

VERDE: (entre uma visita e outra) "Posso cuidar do Ben às vezes, é claro, mas você não pode aparecer sem avisar nem presumir que estarei livre. Precisa perguntar antes. Aqui está o contato de três babás que já me ajudaram e gosto muito delas. Veja se elas podem ajudar quando eu não estiver livre."
AMARELO: "Não posso ficar com ele o dia inteiro, mas tenho uma hora livre. Se for ajudar, você pode trazer o Ben ao meio-dia. Vamos sair à uma da tarde, então volte antes disso."
VERMELHO: "Ah, hoje não posso ficar com ele. Já temos muitos compromissos."

Um modo de atenuar a questão seria estabelecer um dia da semana para as crianças brincarem ou para cada uma deixar o filho com a outra. Se você concordar em tomar conta do Ben toda quinta-feira durante metade do dia e se sua irmã puder cuidar do seu filho nas manhãs de sábado enquanto você malha e faz compras, isso pode ser bom para todo mundo e tornar o limite mais palatável.

- Moro num apartamento pequeno num bairro ótimo. Daqui dá para ir a pé a muitas atrações turísticas. Sempre que alguém da família vem à cidade, espera ficar comigo. Realmente não tenho espaço, já que converti meu único quarto extra em home office. Como posso recusar educadamente?

VERDE: (antes da visita) "Que bom que você vem. Aqui estão alguns hotéis e Airbnbs em áreas incríveis da cidade, e eu adoraria me encontrar com você para almoçar ou jantar um dia – diga o que acha melhor para você."

AMARELO: "Meu apartamento é muito pequeno e não tenho espaço para hóspedes. Quer que eu ajude você a encontrar um hotel ou Airbnb?"

VERMELHO: "Ficar aqui não é uma opção. Avise se quiser que eu ajude você a encontrar um local adequado."

Uma coisa a não fazer aqui é citar o conforto da pessoa como justificativa. Dizer "Ah, eu mal tenho espaço para um colchão inflável, você não vai ficar confortável" abre espaço para "Eu dormiria muito bem no sofá, só preciso mesmo de um lugar para passar a noite". Seu limite é sobre você, não sobre a pessoa ou o conforto dela. Deixe claro que, mesmo que ela esteja disposta a dormir no armário, sua casa simplesmente não é uma opção.

BÔNUS: ESTABELECENDO LIMITES PARA AS CRIANÇAS

Vamos falar do elefante na sala: sim, você pode estabelecer limites para seus filhos. Mesmo se eles forem pequenos. *Especialmente* se eles forem pequenos! Trate isso como algo natural e os ensine a respeitar os limites dos outros, e eles não crescerão com os mesmos desafios que você e eu enfrentamos. Os limites dão segurança às crianças, ensinam que elas devem ser pacientes e aceitar as consequências, e proporcionam uma estrutura de autonomia – adequada a cada idade.

Para isso eu convidaria você a trabalhar com um ludoterapeuta, psicólogo especializado na infância ou educador, porque você precisará de diferentes estratégias, abordagens e linguagens para diferentes faixas etárias. (Você não pode racionalizar com seu filhinho de 3 anos do mesmo modo como faria com sua sogra – ainda que às vezes os dois falem do mesmo modo.) Aqui vão algumas dicas gerais para trabalhar com limites em todas as idades.

CRIANÇAS PEQUENAS (2-4 ANOS): Estabeleça limites razoáveis sobre quando elas podem ter sua atenção, ficar no colo ou pedir coisas. Por exemplo, quando eu estava ao telefone e meu filho me chamava, eu dizia: "Estou vendo você, mas estou falando com a vovó agora. Por favor, espere até eu acabar." Depois eu sempre o elogiava por ter esperado, e nas ocasiões seguintes pedia que ele esperasse por períodos maiores, à medida que aprendia a ter paciência e ia crescendo. Você pode fazer isso em relação a pegá-los no colo ("Estou segurando as compras agora, primeiro preciso guardar tudo") ou dar um brinquedo ("Vou guardar os pratos e depois pego seu brinquedo"). Além disso, pode criar limites a favor deles, como permitir que não abracem ou beijem ninguém se não quiserem, ou não deixar que o irmão arranque um brinquedo da mão deles.

IDADE PRÉ-ESCOLAR (3-5 ANOS): À medida que meu filho conseguia se distrair sozinho, comecei a estabelecer limites quanto ao meu horário de brincar com ele, de acordar e de dormir. Eu dizia: "Preciso trabalhar até o relógio marcar 16:15, aí posso brincar com você." Ele sabia que podia levantar da cama e brincar quando seu relógio acendesse uma luz verde, mas que só podia ir ao meu quarto depois das 6:23. (Ele negociou comigo um horário antes das 6:30.) Graças aos limites, consegui que sua rotina pré-sono, que antes era de 27 abraços, 14 goles de água e 102 "Eu te amo", se reduzisse para razoáveis um abraço, um gole de água e um "Eu te amo", com um abraço de bônus no final. *Garoto, eu te amo, mas dorme logo.*

IDADE ESCOLAR (6-12 ANOS): Agora meu filho está no quinto ano, e entre os limites para ele estão não assistir à TV de manhã antes de ir para a escola (porque isso torna a saída de casa estressante para todo mundo); não entrar no nosso escritório se não tiver permissão (porque isso invade nossa privacidade); não usar meu telefone sem pedir (idem); e se eu quiser quinze minutos sozinha para recarregar minhas energias antes de brincarmos, ele precisa respeitar isso. Por outro lado, ele ficou tão confortável com os limites que não é incomum que *ele próprio* estabeleça um limite para nós. Não temos permissão de ler o diário pessoal dele; ele se sente confortável em dizer "Não quero um abraço" se não estiver a fim; pede meia hora para uma chamada de vídeo com amigos antes de começarmos o dever de casa; e não quer mais que eu lhe diga o que vestir. Minha condição: desde que esteja limpo e se encaixe no código de vestimenta da escola, ele pode usar o que quiser. (Algumas escolhas dele são... digamos, *criativas*.)

ADOLESCENTES (12-18 ANOS): Os limites podem ser desafiadores à medida que as crianças crescem e você quer dar a elas mais privacidade, autonomia e oportunidade de cometer erros ao mesmo tempo que as mantém em segurança. Os adolescentes mais novos podem ter permissão para ficar em casa sozinhos, mas não para trazer amigos; ter as próprias contas em redes sociais, mas apenas se forem privadas; e viajar com amigos se você conhecer bem os responsáveis. Adolescentes mais velhos podem ter permissão para pegar o carro emprestado desde que o devolvam limpo e com meio tanque de gasolina; comprar um celular novo se ganharem dinheiro suficiente para pagá-lo; e decidir se comparecem ou não a eventos de família.

Os limites vão variar grandemente dependendo de como você cria seus filhos, do seu relacionamento com eles e do contexto geral, porém o mais importante é que eles sejam estabelecidos e comunicados com clareza e gentileza, e que você reconheça que os limites para seus filhos são uma via de mão dupla.

PARA AMAR OS LIMITES QUE LIBERTAM VOCÊ

Se você chegou até aqui (parabéns!), eis a sua recompensa: permita-me ilustrar como a dinâmica da sua família *poderia* ser com a implementação de limites saudáveis. As visitas seriam mais previsíveis, porque as regras teriam sido entendidas com clareza. As interações seriam mais agradáveis, porque determinados assuntos não seriam abordados. Ressentimento, ansiedade e exaustão seriam coisas do passado, porque todos vocês entenderiam quais são as expectativas e necessidades uns dos outros e as possíveis consequências. A comunicação seria muito mais aberta, porque ninguém teria que imaginar como você se sente, de que precisa ou como vocês poderiam se ajudar. Seus filhos ficariam mais relaxados, seus convidados se sentiriam mais à vontade e vocês poderiam curtir o tempo que passam juntos com uma estimativa de 82% menos estresse, preocupação ou frustração.

Não parece simplesmente *ótimo*?

Isso tudo não vai acontecer de uma só vez. Pode exigir paciência, persistência e a capacidade de não se abalar com pouca coisa. E a verdade é que alguns relacionamentos talvez precisem mudar para que esse convívio mais feliz e pacífico possa ser alcançado. Mas tudo isso é viável com o uso de limites claros e gentis, e agora que você está lendo este livro tudo ficará mais fácil.

Quando as coisas parecerem assustadoras ou desafiadoras, lembre-se de que os limites se destinam a melhorar seus relacionamentos e que alguém precisa dar o primeiro passo rumo a um novo padrão geracional na sua família. Tenho orgulho de você por ser essa pessoa.

CAPÍTULO 5

Relacionamentos que nós escolhemos (na maioria das vezes)

Como estabelecer limites para amigos e vizinhos

O primeiro contato que tive com Lucy foi no inverno. Ela estava perdendo a paciência com sua amiga Olivia e me escreveu uma série de mensagens pedindo conselhos. Quando Lucy e Olivia se tornaram amigas, Olivia estava passando por maus bocados com seu namorado, com quem tinha um relacionamento ioiô. Lucy era boa ouvinte e costumava passar horas ao telefone com Olivia, dando conselhos, oferecendo apoio e um ocasional "Larga esse cara, você consegue coisa muito melhor". Mas com o tempo começou a notar certas coisas. Uma era que Olivia nunca seguia os seus conselhos. Jamais. Por isso as conversas viviam se repetindo, como no filme *Feitiço do tempo*, apesar de Lucy fazer um monte de recomendações (solicitadas) sobre como a amiga deveria agir. Outra era que toda aquela "amizade" parecia se basear na disposição de Lucy de continuar ouvindo enquanto Olivia reclamava. E ela reclamava sobre o trabalho, sobre o relacionamento, sobre a família – a lamúria não tinha fim. E, para Olivia, a culpa nunca era dela.

A princípio Lucy presumiu que Olivia estava perturbada e distraída demais para perguntar sobre o *seu* dia ou a *sua* vida. Lucy chegou a tentar se incluir mais na conversa, dizendo coisas como "Agora vamos falar de notícia boa", ou "Adivinha só, acabei de marcar uma viagem com meus pais!". Mas Olivia jamais pegava a deixa e às vezes acusava Lucy de ser insensível por falar de coisas boas enquanto ela, sua amiga, estava claramente em dificuldades.

Quando li essa parte da história, mandei um único emoji para Lucy: uma vampirinha. Expliquei: "Você está convivendo com uma vampira emocional, e se tiver alguma chance de salvar essa amizade – se é que deseja isso –, precisa estabelecer alguns limites. Imediatamente."

Neste capítulo vou abordar situações que se encaixam em duas categorias: amigos e vizinhos. Juntei-as aqui porque pode haver sobreposição entre elas. Existe um elemento de escolha mútua nos relacionamentos que você tem com amigos e vizinhos, já que você tem algum controle sobre como eles aparecem na sua vida. E a diferença entre eles pode ser tênue se você for morar com amigos ou se fizer amizade com seus novos vizinhos.

Limites desse tipo podem ser um pouco complicados também. Relacionamentos costumam mudar com o tempo, e muitas vezes é preciso ajustar os limites existentes ou estabelecer novos. E nem sempre é fácil fazer valer as consequências com alguém com quem você assinou um contrato de aluguel, ou com um vizinho que se comporta mal no quintal dele. Neste capítulo você vai encontrar roteiros que ajudarão a construir cercas metafóricas para manter cada um desses relacionamentos prosperando.

AMIGOS: Vamos falar especificamente de amigos que se aproveitam do seu tempo, da sua energia, do seu esforço e do seu dinheiro. Eles tomam sem retribuir, condicionam a amizade, usam você quando precisam ou simplesmente são incapazes de se mostrar sensíveis, empáticos ou generosos. Esse pode ser um dos seus maiores drenos de energia, e aprender a estabelecer limites aqui *mudará* a sua vida.

VIZINHOS: A última coisa que você quer é se envolver em conflitos ou confusões com as pessoas que moram ao lado... e que podem ficar ali pelos próximos dez anos. Há um motivo para as pessoas cercarem suas propriedades. E construir suas próprias cercas na forma de limites saudáveis pode criar a estrutura e a distância necessárias para tornar seu relacionamento forte e feliz.

Em vez de dar conselhos gerais, vou incluir dicas específicas para cada tipo de relacionamento. Vamos começar com os amigos, já que aposto que todo mundo se identifica um pouco com a situação de Lucy.

É FÃ OU HATER?

Todos nós já tivemos um amigo ou amiga que reclama da mesma coisa um milhão de vezes, mas jamais parece fazer algo a respeito. Isso não é um *desabafo* – ou seja, uma troca saudável em que a pessoa aborda um assunto delicado com você, assume a responsabilidade pelos próprios sentimentos e ações, recebe bem os seus conselhos e expressa gratidão por você tê-la ouvido e apoiado. Não, isso é *despejo emocional*, quando a pessoa joga repetidamente toda a própria bagagem emocional no seu colo, faz papel de vítima, não segue nenhum conselho nem toma uma atitude, espera que você aguente os problemas dela e não expressa um pingo de gratidão ou reciprocidade. Na minha pesquisa, esse é o motivo *número um* para as pessoas quererem desesperadamente estabelecer limites numa amizade.

O despejo emocional é esmagador, exaustivo e frustrante porque a pessoa que conversa com você não está assumindo a responsabilidade pelas próprias circunstâncias. Ela pode bancar a vítima em todas as situações, recusando-se a enxergar como colabora para os próprios problemas. Pode até parecer que ela se alimenta do sofrimento, mesmo quando está reclamando dele. E certamente não parece estar *fazendo* nada para resolver o problema, apesar de ter pedido o seu conselho e de poder mudar o rumo das coisas.

Os amigos problemáticos podem assumir muitas formas, mas os Vampiros Emocionais, como Olivia, merecem uma categoria própria. São pessoas que, conscientemente ou não, roubam seu tempo, sua energia e sua atenção com comportamentos tóxicos, como se o fato de arrancar sua força vital pudesse preenchê-las. (Isso jamais acontece.) Essas pessoas lhe causam esgotamento, tristeza, confusão, frustração ou insegurança a cada vez que vocês interagem, como se elas fossem um espremedor emocional. Eis alguns tipos mais comuns de Vampiros Emocionais:

- **O NARCISISTA:** Precisa se sentir superior, não se importa com os sentimentos da outra pessoa e a mantém por perto desde que possa continuar manipulando-a emocionalmente.
- **A ESTRELA DE NOVELA:** Transforma tudo num drama, adora fazer fofoca e quer que todo mundo participe do seu show.
- **O CONTROLADOR:** Sempre precisa ter o que quer, oferece conselhos

não solicitados (e fica com raiva quando você não aceita) e critica você o tempo todo, num esforço para ser "útil".

- **A VÍTIMA**: Despeja todos os problemas emocionais em cima de você, recusa-se a assumir qualquer responsabilidade, não segue os seus conselhos nem faz nada para melhorar a própria situação.

Se você está escaneando mentalmente seu grupo de amigos, eis como identificar um Vampiro Emocional na sua vida:

- Você evita olhar as mensagens ou atender às ligações dessa pessoa.
- Você morre de medo de eventos sociais em que ela possa aparecer.
- Você nunca sabe como anda a relação entre vocês.
- Você se comporta de um jeito específico quando está com ela.
- Você costuma se desculpar em nome dela.
- Você não se sente bem depois de encontrá-la.
- Outras pessoas dizem que a amizade de vocês não é saudável.

Se você descobriu que tem um desses Vampiros Emocionais (especialmente uma Vítima) na sua lista de amigos, deve aceitar que, por mais que você se doe por inteiro, isso jamais será o bastante. Esses amigos vão drenar *toda* a sua energia, o seu tempo e a sua atenção se você permitir. Mas não entre em pânico; logo você verá como os *limites* são o alho repelente de vampiro que você estava procurando.

ESTABELEÇA LIMITES E SALVE A AMIZADE (SE TUDO DER CERTO)

Vou declarar o óbvio: é insustentável manter uma amizade com alguém que está o tempo todo despejando em você as próprias emoções e os próprios problemas. Se você tem uma Olivia em sua vida, pense no início da amizade. Aposto que na primeira vez que essa pessoa lhe contou um problema você se entregou à conversa. Ouviu com atenção, validando os sentimentos, mostrando empatia e oferecendo conselhos sensatos. Você saiu com a certeza de que conseguiu ajudá-la. Mas, depois de dias, semanas ou meses com a mesma coisa sendo reprisada de novo e de novo, você se pega num esgotamento *completo*. Não há nada de novo a ser dito; o conselho que a pessoa pediu não está sendo seguido, e parece que de algum modo ela se isentou de qualquer responsabilidade, contando com você para resolver os problemas dela, absorver suas energias negativas e encontrar uma solução.

A amizade de Lucy com Olivia tinha ultrapassado em muito a linha de "uma ajuda a outra" para o território de "você me ajuda e pronto". Como resultado, Lucy começou a evitar os telefonemas e as mensagens de Olivia, adiando os planos de se encontrarem e sentindo-se emocionalmente exaurida só de pensar numa futura interação. Se isso parece familiar demais, vou lhe contar o que eu disse a Lucy: "Você precisa estabelecer alguns limites saudáveis para colocar o relacionamento de volta nos trilhos – pelo bem de *vocês duas*."

Apesar do preço emocional e físico que isso está cobrando, você quer que a pessoa receba o apoio necessário, e se continuar a deixar que ela despeje tudo em cima de você, restará pouca motivação para ela buscar uma ajuda mais eficaz em outro lugar. Tenha em mente (porque você deve estar sentindo culpa agora) que sua participação nesse padrão tóxico atrapalha não somente a amizade de vocês mas também o crescimento da pessoa amiga. Se você continuar deixando que ela despeje sua bagagem emocional no seu colo, ela jamais aprenderá a processá-la de modo saudável. Estabelecer limites firmes é algo necessário para vocês, mesmo que ela não perceba isso.

QUANDO DEVEMOS TERCEIRIZAR

Se não houver riscos à saúde e à segurança de seu amigo ou amiga, é adequado estabelecer os limites que vamos discutir. No entanto, se você tem motivos para acreditar que essa pessoa está sofrendo abuso ou assédio físico ou emocional, ou se os problemas dela estão relacionados a transtornos mentais sérios, por favor, encoraje-a a buscar ajuda profissional, ou se ofereça para encontrar um terapeuta que possa ajudá-la de um modo que você não é capaz. Igualmente importante: você também deve procurar terapia se essa pessoa estiver exaurindo a *sua* saúde mental, ou se você precisar de orientação sobre como estabelecer limites adequados à sua situação específica.

Se você está no mesmo barco que Lucy, aconselho que comece a estabelecer o tom já na próxima interação. Comece com: "Parece que você continua com o mesmo problema, apesar de já termos falado sobre isso uma dezena de vezes. Antes de tocarmos nesse assunto de novo, me fale das atitudes que você tomou desde nosso último telefonema." Isso coloca a responsabilidade no colo da pessoa, que é onde deveria estar mesmo. Se ela não tiver feito nada, você pode encerrar por aí essa conversa. Diga algo do tipo: "Tínhamos chegado à conclusão de que você poderia fazer três coisas. Até que faça isso, é improvável que a situação melhore. Vamos conversar de novo quando você tiver tomado alguma atitude."

Se a pessoa se fizer de vítima, como se nada que ela pudesse fazer fosse adiantar, é hora de usar um pouco mais de firmeza: "Não acredito que você não possa fazer nada a respeito disso. Já conversamos muito sobre isso e você não tentou nenhuma estratégia que discutimos. Agora você tem duas opções: assume a responsabilidade e faz sua parte para mudar as coisas ou aceita tudo como está e segue sua vida. Você me pediu ajuda porque sou uma pessoa prática, mas não posso resolver seu problema por você. E então, o que você acha melhor fazer a partir de agora?" De novo, você estará jogando a bola para a pessoa se pedir que ela assuma a responsabilidade pelos próximos passos.

Se ela ficar com raiva ou na defensiva e continuar pressionando você, é hora de falar de um jeito mais direto: "Eu tentei muito ajudar você, mas agora não posso fazer mais nada, e continuar falando sobre as mesmas coisas de novo e de novo está prejudicando minha saúde mental e nossa amizade. Talvez seja hora de você conversar com um terapeuta, alguém que tenha experiência com esse tipo de situação e que possa oferecer uma perspectiva nova. Independentemente do que você decida fazer, preciso dar um tempo nesse assunto. E se você não puder ou não quiser fazer isso, vou dar um tempo na nossa amizade."

E então mantenha seu limite. Por exemplo, vocês podem continuar conversando sobre outras coisas, mas se a pessoa tentar puxar você de volta, diga: "Não, não vou falar mais sobre esse problema no seu escritório." Eu ficaria chocada se você não se sentisse imediatamente mais leve depois de estabelecer esse tipo de limite com essa pessoa. (Aposto que a simples *ideia* de estabelecer esse limite já seja bem agradável.) E se você está imaginando se essa amizade tem alguma chance de sobrevivência... isso vai depender de como a pessoa reagir ao seu limite. (Para saber mais sobre como lidar com as reações dos outros aos seus limites, veja o Capítulo 11.)

No telefonema seguinte, Lucy interrompeu Olivia: "Amiga, conversamos sobre isso na semana passada. Você falou diretamente com seu colega de trabalho, ou mostrou ao seu chefe sua planilha de gestão do projeto?" Quando Olivia disse que não, Lucy se manteve firme e disse que, enquanto ela não agisse, não falaria de novo sobre aquilo. Em seguida mudou o assunto para seu próprio emprego. Lucy me contou: "A partir daí a conversa ficou realmente incômoda. Dava para ver que Olivia estava chateada e desligamos bem rápido. Mas, para ser sincera, não fiquei com raiva. Consegui uma hora da minha vida de volta!" (Essa última declaração saltou diante de mim como se eu já esperasse por ela.)

Ainda que o despejo emocional seja o motivo mais comum para você querer estabelecer um limite com seus amigos, certamente existem outros:

- Amigos que somem e só aparecem quando precisam de alguma coisa.
- Amigos que fazem fofoca ou criam intrigas no seu círculo de amizade.
- Amigos que tentam impor a você os próprios valores e crenças.
- Amigos que fazem muitas exigências sobre seu comportamento com eles.
- Amigos que não respeitam o seu tempo (chegando tarde ou cancelando no último minuto).
- Amigos que não apoiam seus objetivos.
- Amigos que não agem como amigos (zombando de você, compartilhando seus segredos ou se comportando de modo competitivo).

Vamos abordar todas essas situações (e algumas outras) na seção de roteiros.

ROMPER É ~~DIFÍCIL~~ POSSÍVEL

Se você continua estabelecendo limites saudáveis e a pessoa insiste em desrespeitar esses limites, ou se mostra incapaz de respeitá-los, provavelmente é hora de invocar uma consequência. É, estou falando do rompimento da amizade. Se só de pensar nisso você se contorce, faz careta ou sente vontade de se esconder embaixo das cobertas, há um motivo: romper uma amizade pode ser mais incômodo e desconfortável que um rompimento amoroso.

Para começo de conversa, ninguém espera que você e seus amigos passem todos os dias juntos até que a morte os separe, ou seja, imaginamos que as diferenças capazes de separar um casal sejam mais bem toleradas com os amigos. Isso pode fazer com que o fim de uma amizade pareça algo injusto, irracional ou exageradamente dramático, mesmo que o problema venha se repetindo por anos. Além disso, diferentemente da monogamia, você não se limita a *uma* amizade de cada vez, de modo que as características não muito positivas de uma pessoa costumam ser suportadas porque você tem outros amigos para compensar. Claro, Lucy achava que Olivia falava demais sobre si mesma, porém Lucy tinha um monte de outros amigos que perguntavam sobre sua vida, e ela deveria ser capaz de ser um porto seguro para alguém que precisava de apoio... certo? Por fim, cada amizade é única, emocionalmente entrelaçada com experiências compartilhadas (muitas vezes capazes de mudar nossa vida). Abrir mão de uma amizade pode parecer que você está abrindo mão de um pedaço da sua história – e é exatamente por esse motivo que muitas amizades duram bem mais do que deveriam.

Aqui talvez exista uma falácia psicológica: a Falácia do Custo Irrecuperável. Ela descreve nossa tendência de permanecer com uma tarefa, um emprego ou um relacionamento porque já investimos tempo, esforço ou dinheiro naquilo, mesmo que não esteja mais funcionando para nós. Esse é um grande motivo para continuarmos nos agarrando a amizades antigas, ainda que a outra pessoa não seja mais uma boa amiga. "Nós temos uma história. Passamos por muita coisa juntos! Não posso jogar tudo isso fora!"

Não pode mesmo?

É, você investiu todo tipo de recursos nessa pessoa. Mas a realidade é que, apesar de *continuar* investindo, você recebe muito pouco ou nada em troca. Pode ser útil fazer uma avaliação franca de como a amizade está hoje em dia. Deixe de lado a história e como o relacionamento era antigamente, e enfoque a relação *agora*. Você morre de medo de encontrar essa pessoa? Quando se encontram, você perde suas energias em vez de recarregá-las? Costuma sentir frustração com o comportamento dessa pessoa? Ela ignorou os limites que você estabeleceu para salvar a amizade? Esse não é um exercício divertido, mas se você parar de se atrelar ao passado, talvez perceba que é hora de desistir de ressuscitar a amizade e deixá-la descansar em paz.

Você jamais vai recuperar o que já investiu... mas *pode* evitar se afundar ainda mais no débito da amizade encerrando as coisas de modo claro e gentil agora. Se for útil, lembre-se de que as pessoas entram na sua vida em épocas específicas. Agarrar-se a alguma coisa em razão do que existia no passado não é viver o presente; isso impede que você reconheça de modo racional o que o relacionamento está tirando de você *agora*.

Perder uma pessoa amiga é difícil – especialmente se ela está reagindo mal aos seus limites ou pintando você como insensível ou exigente demais. Então como saber que é hora de dar um basta?

Quando você estabelece limites para tornar o relacionamento mais saudável e a outra pessoa se recusa o tempo todo a respeitá-los, é hora de encerrar a amizade.

Não tenho como calcular até que ponto você pode ceder a uma pessoa amiga ou quantas chances ela merece, mas se o relacionamento continua a parecer unilateral, desrespeitoso ou cheio de ressentimento, ansiedade ou medo muito depois de você ter tentado estabelecer limites saudáveis, você está se agarrando a quê? Sei que você vai dizer: "Não quero ferir os sentimentos de ninguém", mas vamos começar a priorizar os *seus* sentimentos, por favor. Seu amigo ou sua amiga não demonstrou muita preocupação com o que você sente, e já é hora de alguém fazer isso. (Você. Só você.)

Existem duas maneiras de romper uma amizade: com um afastamento gradual e com um corte rápido. No afastamento gradual você deixa a amizade enfraquecer com o tempo. Para de responder tão rapidamente às mensagens, sem muitas explicações ou sem explicação nenhuma. Recusa convites ou para de fazê-los. Quando encontra essa pessoa em eventos ou grupos, demonstra educação e gentileza, mas mantém a conversa num nível mais superficial. Nesse caso, ambas as partes se afastam pacificamente para outros grupos de amigos, sem tensão, conflito ou confronto.

Isso pode ser adequado para um conhecido, um novo amigo ou alguém que você não vê com muita frequência. Se sua amizade é unilateral, se é você quem sempre procura, ou se as coisas ficaram tão dramáticas ou acaloradas a ponto de exigirem um tempo, afastar-se e deixar a amizade se esvair lentamente pode ser o modo mais tranquilo de abrir mão dela.

Mas o afastamento gradual nem sempre é o passo certo – mesmo que pareça o mais fácil. Se a amizade é muito antiga ou mais íntima, se vocês se veem com frequência, evitar a pessoa até que a ficha caia não é uma atitude clara *nem* gentil. Além disso, nessa condição é muito mais provável que a pessoa fique pensando o que terá feito de errado, não capte a mensagem e continue procurando você – ou que fique com raiva, imaginando por que você a ignorou. Isso só complica as coisas, arrasta o processo, e permite que a pessoa ponha a culpa em você e exija ainda mais de seu tempo, seu esforço e sua energia.

Com algumas amizades, o certo a fazer é cortá-las de uma vez por todas. É assustador, eu sei, mas pelo menos não será um processo confuso, cruel ou arrastado. Faça com suas amizades o que Marie Kondo faria com as roupas que você não usa mais: segure-as nas mãos, agradeça pela alegria que lhe trouxeram no passado e diga adeus.

DICAS PARA ROMPER A AMIZADE

Se você descobrir que precisa encerrar uma amizade, pode seguir estas boas práticas para se comunicar com clareza e diminuir as chances de drama, dando a cada parte a oportunidade de se afastar com elegância.

- **ESCOLHA BEM O MOMENTO.** Espere as coisas estarem calmas e proponha uma conversa breve, de preferência a sós. (Se a amizade for a distância ou se vocês não puderem se encontrar pessoalmente, tudo bem escrever uma carta, um e-mail ou uma mensagem de texto com palavras bem escolhidas.)

- **NÃO EXPRESSE RAIVA OU FRUSTRAÇÃO.** Se você suspeita que vai vomitar verbalmente todas as coisas terríveis que essa pessoa fez com você, espere até recobrar a calma e o equilíbrio. (Enquanto isso você pode pôr tudo para fora na terapia.)
- **NÃO TENTE CONTROLAR A EXPERIÊNCIA DA OUTRA PESSOA.** Dizer "Acho que esta amizade não é saudável para mim nem para você" quase sugere que você está fazendo isso pelo bem *da outra pessoa*. Atenha-se a como *você* enxerga a amizade e por que ela não está mais funcionando para você.
- **COMUNIQUE O ROMPIMENTO SEM RODEIOS.** Depois de compartilhar seus sentimentos, diga o que isso significa com muita clareza: "Para mim é melhor não insistir nesta amizade", ou "Decidi romper aqui nossa relação".
- **DEMONSTRE CORTESIA, DESDE QUE SINCERA.** Acrescente: "Desejo tudo de bom a você", ou "Sempre terei gratidão pela amizade que tivemos".
- **NÃO DEIXE QUE A PESSOA DESPEJE AS LAMÚRIAS EM CIMA DE VOCÊ.** Isso obriga você a reconfortá-la de novo, e a esta altura você já decidiu que não vai mais gastar energia assim. Você pode interrompê-la dizendo simplesmente: "Entendo, mas não vamos remoer isso outra vez. Quero seguir em frente."
- **SEJA BREVE, ESPECIALMENTE SE A PESSOA ESTIVER COM RAIVA.** Permita que ela processe os sentimentos em privacidade, peça licença e encerre a conversa.
- **PERMITA-SE VIVER O LUTO.** Você pode sentir um alívio imenso e um luto profundo ao mesmo tempo, portanto acolha as duas emoções. O fim de uma amizade é uma perda, e, claro, é normal que você relembre os dias bons e lamente o potencial perdido e o buraco que aquela amizade agora deixa na sua vida.

FIZ A COISA CERTA?

Depois de terminar uma amizade, você pode sentir uma tristeza profunda. As pessoas costumam perceber esse sofrimento como um indício de que tomaram a decisão errada. Aqui vai um truque para você confirmar que fez a coisa certa e que só está sofrendo a perda do que já foi ou poderia ter sido. Imagine que eu lhe dissesse: "Ei, você não rompeu a amizade. A pessoa vai telefonar em breve e vocês vão retomar a relação exatamente de onde pararam." Se você sentir ansiedade, medo ou qualquer outra emoção negativa, *esse é o sinal*. Se não quer que a amizade retorne exatamente como era quando você terminou tudo, então a decisão tomada foi certa: você só está compreensivelmente triste com isso.

Para a surpresa de ninguém, Lucy precisou terminar a amizade com Olivia. Pedi que ela descrevesse como se sentia durante a amizade e depois de passar algum tempo com Olivia, e que explicasse por que aquela amizade não lhe servia mais. Ela me mandou o roteiro que usou para se manter centrada e calma durante a conversa de rompimento: "Esta amizade não parece recíproca e não é mais saudável para mim. Não me sinto bem depois que a gente se encontra, e esse é um grande sinal de que, para mim, nossa amizade já terminou. Desejo tudo de bom a você, mas é hora de eu seguir em frente." Lucy disse que na mesma hora sentiu que tirava um peso enorme das costas, por isso soube que tinha tomado a decisão certa. Desde então não falou mais com Olivia.

Às vezes, com o tempo, a distância e a maturidade, as amizades voltam; às vezes elas só existiam para as duas pessoas naquela época específica da vida. De qualquer modo, você jamais se arrependerá de ter aprendido a estabelecer limites saudáveis para suas amizades, porque as que funcionarem levarão a relacionamentos satisfatórios e felizes – e as que não funcionarem se revelarão diante dos seus olhos muito rapidamente.

OLÁ, VIZINHOS!
(AGORA SAIAM DO MEU QUINTAL, POR FAVOR.)

Há um bom motivo para o ditado “Boas cercas fazem bons vizinhos”. Literal e figurativamente, um limite pode separar, de um lado, um relacionamento pacífico, fácil e saudável com seus vizinhos e, de outro, raiva, ressentimento e ansiedade sempre que eles abrem a porta da garagem e ligam o aparador de grama. Os vizinhos podem ser seus amigos, o que muitas vezes facilita o convívio, mas também podem ser completos estranhos com quem você precisa se dar bem, talvez por muitos anos.

Eu tive uma vizinha que passava pela minha casa com o cachorro todas as manhãs. Ela usava uma daquelas guias retráteis e costumava deixar o cão entrar no meu quintal enquanto ela olhava a tela do celular. Muitas vezes o cachorro arrancava minha grama ou pisoteava as flores antes que ela ao menos notasse. Eu nunca conseguia ir lá fora a tempo de falar com ela, e não sabia direito onde ela morava. Certo dia finalmente flagrei o cachorro cavando nos arbustos nos *fundos* do meu quintal e corri lá para fora, dizendo: “Por favor, será que você poderia impedir seu cachorro de correr pelo meu quintal desse jeito?” Isso nunca mais voltou a acontecer, mas a vizinha não recebeu bem o meu pedido; a partir daquele dia parou de me olhar nos olhos e de falar comigo quando nos cruzávamos na rua.

Estabelecer limites para vizinhos é desafiador porque talvez eles façam coisas dentro da própria casa, ou no próprio quintal, que ainda assim aborreçam você. Pode ser que eles ouçam música alta tarde da noite, deixem o cachorro latindo do lado de fora o dia inteiro, instalem luzes de segurança apontadas como laser na direção da sua janela, ou decidam que sete da manhã é uma hora ótima para usar o aspirador de pó. Infelizmente nem sempre é possível estabelecer limites eficazes nesses casos, porque o seu limite pode interferir no modo como a pessoa quer viver no próprio lar. Neste capítulo você vai encontrar exemplos de limites que podem ser estabelecidos para seus vizinhos. E, mesmo que não possam, verá que às vezes é preciso haver pelo menos uma conversa difícil entre vocês.

DICAS PARA COMEÇAR

Grande parte dos limites para sua vizinhança começa *muito* antes de você experimentar algum conflito. Quando eu era pequena, meus pais conheciam bem todos os vizinhos. Eu entrava na casa de todos eles e frequentemente tínhamos festas de quarteirão e confraternizávamos. Várias vezes fui mandada à casa de Cindy, uma vizinha, para pedir um ovo ou uma xícara de leite. Hoje parece que estamos todos isolados em bolhas, e, a não ser que nos esforcemos para nos apresentar aos vizinhos, é provável que jamais falemos com eles... até que surja um problema. Esse nunca será um bom modo de estabelecer relações, portanto aqui vão algumas dicas saídas diretamente da década de 1980 para ajudar você a pavimentar o caminho para cercas simples, cercas baixas ou até cerca nenhuma (para o caso de sua vizinhança ter evoluído ao nível Vila Sésamo).

- **ABRACE A POLÍTICA DA BOA VIZINHANÇA.** Faça amizade com as pessoas que moram perto de você – mesmo que seja apenas um relacionamento do tipo "Bom dia, seu jardim está muito bonito". (Um bônus se você tiver a boa vontade de varrer a calçada da pessoa ou de lhe emprestar sua escada.) Se você for "aquela pessoa legal que mora aqui perto", e não alguém completamente desconhecido, seus limites serão recebidos com muito mais facilidade, se for necessário estabelecê-los.
- **PRESUMA O MELHOR.** Comece qualquer conversa sobre limites presumindo que seu vizinho quer ser um bom vizinho e simplesmente não percebe como seus comportamentos afetam os outros. Presumir o melhor pode ajudar muito a garantir que a conversa seja educada e amistosa, do tipo que realmente leva vocês a algum lugar.
- **SEJA RAZOÁVEL.** Aborde um problema com seus vizinhos num momento de calma, explique a questão e faça um pedido razoável. Você não pode pedir que a pessoa *nunca* ouça música em volume alto, mas pode mencionar que acabou de ter um bebê e solicitar que ela abaixe o som ou use fones de ouvido depois das dez da noite.
- **ESCOLHA SUAS BATALHAS.** Se o cachorro da sua vizinha, que sempre foi ótima com você, fez cocô no seu gramado uma única vez e ela não notou, será que vale a pena bater à porta dela para reclamar?

Se o padrão continuar, aí, sim, a história será diferente, mas saiba quando deixar pra lá, de modo a poder estabelecer limites quando eles forem realmente importantes.

- **FAÇA A SUA PARTE.** Ainda que você tenha estabelecido um limite, procure soluções do seu lado também. Durma com protetores de ouvido ou com uma máquina de ruído branco, compre cortinas de blecaute para barrar as luzes tarde da noite, compre saquinhos higiênicos só para garantir ou construa uma cerca para manter as crianças dos vizinhos longe das suas flores.

Você foi gentil, pediu com educação e mesmo assim a pessoa se recusa a cooperar? Se for necessário pegar mais pesado com alguém que não cumpre as regras tácitas da vizinhança, comece a documentar tudo. Anote o tempo que o cachorro dessa pessoa passou latindo enquanto ela estava fora de casa, tire foto das flores que as crianças pisotearam ao atravessar o seu gramado, faça um vídeo das luzes de segurança dos vizinhos batendo na parede da sua sala. Essas evidências podem ser úteis caso você queira registrar uma queixa formal, mas você também pode mostrá-las aos vizinhos para provar que não está exagerando.

Se ainda assim você não conseguir uma solução, talvez seja hora de apelar ao síndico, à associação de moradores ou aos regulamentos regionais. Por exemplo, Salt Lake City tem um "Guia do Bom Vizinho" que oferece diversas sugestões e contatos para lidar com problemas de barulho, propriedades sem manutenção, pichações, problemas de iluminação, etc. Além disso, você pode convidar toda a vizinhança para uma reunião, buscar uma mediação comunitária ou abrir um processo num tribunal de pequenas causas.

O que você *não* deve fazer é descer ao nível dos seus piores vizinhos. Colocar a *sua* música em volume máximo às cinco da manhã, jogar o cocô do cachorro de volta no quintal deles ou comprar seu próprio refletor superpotente e apontá-lo para a janela alheia é receita para encrenca, talvez na forma de processo judicial ou reclamação criminal. Esse tipo de comportamento jamais é claro ou gentil, portanto mantenha sua dignidade, mesmo que sinta a tentação de tocar "Baby Shark" a noite inteira no último volume. Os roteiros deste capítulo vão ajudar você nessa empreitada.

ROTEIROS PARA ESTABELECER LIMITES PARA AMIGOS

Estabelecer limites para amigos ajuda a manter seus relacionamentos saudáveis e recíprocos; protege sua saúde mental; e ajusta os termos da amizade antes que ela se torne problemática. Nunca é tarde demais para estabelecer uma dinâmica saudável! Além disso, você descobre muito depressa que tipo de amizade você *realmente* tem ao ver como seus amigos reagem aos limites claros e gentis que você estabelece para eles.

▶ Fiz uma nova amiga na academia e ela parece ser uma ótima pessoa – mas percebi que ela fala demais sobre si mesma e não pergunta muito sobre minha vida. Se vou investir numa nova amizade, que seja uma via de mão dupla. Como posso dizer "Pare de falar tanto sobre si mesma"?

VERDE: "Você já me contou muito sobre o seu trabalho. Posso falar sobre o meu? Tem acontecido muita coisa legal comigo e eu gostaria demais de contar para você."
AMARELO: "Acho que nossas conversas são muito unilaterais. Não é legal você nunca perguntar sobre mim ou sobre a minha vida."
VERMELHO: "Acho que nossa afinidade não é tão forte, por isso vou parar de sair com você. A gente se vê na academia."

Você pode usar o limite Verde para ver se a pessoa se toca e percebe que não está sendo boa ouvinte. Se nada mudar, por mais que pareça incômodo, você tem todo o direito de se afastar. As amizades dão trabalho, e essa pessoa não parece tão empenhada quanto você.

▶ Tenho uma amiga que some durante meses, depois reaparece quando precisa de alguma coisa. Isso não é legal. Como posso dizer isso a ela?

VERDE: "Já faz um tempo que a gente não se vê, e parece que você só me procura quando precisa de alguma coisa. Não acho isso bacana e queria primeiro conversar com você sobre isso."
AMARELO: "Não é legal você sumir durante meses e aparecer quando

precisa de um favor. Agora não posso ajudar, mas pode me ligar amanhã se quiser continuar a conversa."

VERMELHO: "Entendo que você precise de ajuda, mas você sumiu completamente da minha vida e isso me deixou muito triste. Procuro você de novo quando – e se – eu quiser conversar."

Você é quem decide se vai ajudar ou não, ou mesmo se quer encerrar essa amizade. O contexto importa: a pessoa está com algum problema de saúde mental ou com uma doença crônica? Ela só telefona quando não está namorando? Essas duas situações provavelmente merecem limites diferentes. Pense no que poderia justificar o sumiço dessa pessoa e leve isso em conta ao estabelecer seu limite para ela. Se ela precisar de mais apoio do que você pode oferecer, dê força para que ela busque ajuda no lugar certo.

▶ Um amigo não muito próximo vive me mandando e-mails com matérias e memes políticos dos quais eu não gosto ou com os quais não concordo. Pedi que ele parasse com isso e ele respondeu: "Só quero manter você informado." Me ajude a encontrar palavras gentis, porque o que eu quero dizer não é nada gentil.

VERDE: "Por favor, pare de me mandar esse tipo de e-mail. Você sabe que a gente pensa diferente e não quero que você me force a ver conteúdos como esses."

AMARELO: "Não abri seus dois últimos e-mails porque você continua a enviar conteúdos que eu pedi especificamente que não mandasse. Se você não respeitar isso, nossa amizade vai terminar."

VERMELHO: Bloqueie seu amigo e seja feliz.

Em 2020 cortei amizades, deixei de seguir perfis e bloqueei gente a torto e a direito – com a eleição, os protestos por justiça social e a pandemia, esse foi um passo necessário para preservar minha saúde mental e manter minhas redes sociais como um local saudável e seguro. Se você precisa de permissão para deixar de seguir alguém, aqui vai: clique na porcaria do botão. Ninguém – nem seus familiares, seus amigos e muito menos a pessoa que você não vê desde o ensino médio – tem direito a esse tipo de invasão na sua vida.

A BELEZA DO BLOQUEIO

Bloquear ou deixar de seguir um amigo de verdade numa rede social jamais deveria ser o seu primeiro passo, já que esse comportamento não é claro nem gentil. No entanto, se você já estabeleceu vários limites e vê que a pessoa simplesmente não consegue ou não quer respeitá-los, cortar o acesso que ela tem a você é a consequência natural desse desrespeito. (Lembre-se: um limite é o *seu* limite. Assim, se a pessoa o ultrapassar, você terá que tomar uma atitude.) Nesse ponto, silenciar, bloquear ou deixar de seguir é um último esforço para preservar sua saúde emocional e mental – e posso dizer por experiência própria: isso funciona. Ao bloquear a pessoa, você também está bloqueando a ansiedade, a irritação, o ressentimento e a raiva que sente toda vez que o nome dela aparece no seu feed ou na caixa de entrada, e o tempo que você passa nas redes sociais será muito mais agradável e divertido.

▶ Tenho uma amiga que fica furiosa quando me manda uma mensagem e eu não respondo na mesma hora. Ela chega ao ponto de ficar olhando as minhas redes sociais e depois dizer: "Então você pode postar no Instagram, mas não pode me responder?" Preciso explicar (gentilmente) que não estou à disposição dela.

VERDE: "Você está certa: nem sempre respondo imediatamente, e adoraria se você pudesse ser um pouco mais compreensiva em relação a isso. Às vezes surge uma demanda, eu me distraio, ou simplesmente não tenho como responder na mesma hora. Seria ótimo se tivéssemos um pouco de paciência nesse sentido."
AMARELO: "Jess, nem sempre posso responder rápido, e não é legal você ficar me vigiando assim. Será que precisamos ter uma conversa séria sobre nossa amizade?"

VERMELHO: "Nossa dinâmica não está funcionando para mim. Vou dar um tempo na nossa amizade. Procuro você se eu quiser conversar de novo."

Essa situação pode se intensificar rapidamente: você demora a responder porque simplesmente não quer lidar com as exigências da pessoa naquela hora, e ela fica com mais raiva ainda porque você demora a responder. O limite Amarelo de "Será que a gente precisa ter uma conversa séria?" pode ajudar a esclarecer se as expectativas da pessoa são grandes demais para você e se você quer manter o relacionamento.

▶ Tenho uma amiga que me dá um bolo após outro. Entendo que imprevistos acontecem, mas ela vive cancelando nossos planos no último minuto, sempre com uma desculpa esfarrapada. O que devo fazer?

VERDE: (na sexta-feira) "Oi! Confirmando: ainda está de pé o filme no sábado às 19h? Anda difícil a gente se encontrar, então eu queria ter certeza antes de comprar os ingressos."
AMARELO: (se a pessoa cancelar) "Esta é a terceira vez seguida que você cancela no último minuto. Vou ter que parar de combinar as coisas com você se não consegue cumprir os horários."
VERMELHO: (se a pessoa quiser marcar uma nova data) "Você cancelou tantas vezes que prefiro não combinar mais nada. Se quiser aparecer numa noite da semana que vem para conversar, estarei em casa."

O limite Vermelho joga a bola para a outra pessoa – se ela aparecer, ótimo. Se não, você não perdeu nada, e provavelmente pode encerrar essa amizade.

FAÇA CONTATO

Se você tem um amigo ou uma amiga que sempre aparecia, mas agora vive lhe dando bolo, cogite procurar essa pessoa. Diga que esse comportamento leva você a imaginar se ela está passando por um momento delicado – e, se for o caso, se ela gostaria de conversar, ou se você pode ajudar de alguma forma. Sim, às vezes as pessoas são apenas descuidadas e sem consideração. Mas às vezes estão sofrendo de depressão, ansiedade ou dificuldades financeiras, o que torna a socialização realmente difícil. Ou talvez o TDAH tenha piorado, então seguir uma agenda ou cumprir compromissos se torna um verdadeiro desafio. Ou talvez a pessoa esteja em crise por conta de uma doença crônica, restando a ela pouca energia para qualquer coisa além dos cuidados pessoais mais básicos. Em nome da amizade, vale a pena você investigar o que está acontecendo antes de presumir que a outra pessoa está sendo apenas sacana. Se uma amiga estiver muito ocupada (cuidando de um bebê, lidando com um emprego novo) ou enfrentando desafios pessoais, em vez de tentar forçar os encontros com ela, ofereça maneiras alternativas de vocês manterem contato. Vocês podem, por exemplo, trocar mensagens de texto, um rápido telefonema no domingo à noite ou TikToks engraçados. (Essa é a minha linguagem amorosa atual com os amigos.)

▶ Tenho uma amiga que vive fazendo fofoca de todo mundo – às vezes de pessoas que eu conheço. Pedi que ela parasse porque não gosto de me meter na vida alheia e porque fofocar não é uma coisa gentil a se fazer, especialmente quando ela está falando de nossos amigos. Como posso deixar isso claro?

VERDE: "Ah, espera. Falar da Mia desse jeito não é legal, e não me sinto confortável com isso." E mude de assunto.
AMARELO: "Não quero falar de outras pessoas pelas costas, e até pergunto a mim mesma se você não fala de mim quando não estou por perto. Não gosto disso."
VERMELHO: "Uma amizade que envolve fofoca não funciona para mim. Desejo tudo de bom a você."

Se sua amiga está falando dos outros com você, garanto que ela está falando de você com os outros. E você não vai querer manter por perto uma amiga em quem não possa confiar.

▶ Uma amiga minha gosta de me rebaixar na frente de outras pessoas, especialmente de homens. Ela sempre diz algo do tipo: "É, ela é bonita, mas não lhe pergunte nada sobre os últimos acontecimentos no mundo." Acho que ela age assim porque é insegura, mas também precisa saber que isso não é nada legal. O que devo dizer a ela?

VERDE: (depois que tiver acontecido) "Aquele elogio que você me fez foi muito estranho e pareceu bem sacana. Eu jamais faria isso com você, então por que fez comigo?"
AMARELO: (enquanto estiver acontecendo) "Nossa. Achei que a gente tinha conversado sobre piadas maldosas assim. Isso não foi legal. Com licença." E se afaste.
VERMELHO: "Eu não deixo meus amigos dizerem coisas assim a meu respeito. Acho que, para mim, chega."

Se é isso que sua amiga está dizendo na sua cara, nem consigo imaginar o que ela diz pelas suas costas. Se não for suficiente estabelecer um limite e ter uma conversa franca sobre o que está por trás desses comentários, talvez não valha a pena salvar a amizade.

ELOGIOS DUVIDOSOS

"Você parece tão cansada! Não sei como consegue dar conta de tudo." Todos nós já recebemos algum elogio duvidoso que nos deixou perplexos. Como você reage quando isso acontece? Agradece, diz para a pessoa ir se catar, ou as duas coisas? Responder a comentários assim não implica *necessariamente* estabelecer um limite (se bem que talvez você queira fazer isso se o problema for muito recorrente), mas aqui vão três maneiras de abordar um elogio do tipo: "Nossa, sua apresentação foi surpreendentemente boa!"

- **Faça com que a pessoa se explique:** "Puxa, que comentário estranho. O que você quis dizer com 'surpreendentemente'?"
- **Ignore o insulto:** "É! Foi incrível, não foi? Fico feliz por saber que a apresentação foi tão bem recebida."

- **Escancare o problema:** "Se seus elogios são assim, não quero nem imaginar seus insultos. Na próxima vez basta dizer 'Bom trabalho'."

Se essa pessoa tiver o hábito de fazer "elogios" recheados de maldade, talvez seja hora de deixar isso claro e estabelecer um limite. "Surpreendentemente boa... Sabe, andei notando que todos os seus elogios vêm com algum tipo de insulto. Na próxima vez, por favor, não faça comentário nenhum. Não sei por que você falou isso, mas com certeza diz mais sobre você do que sobre mim, então prefiro nem ouvir."

▶ Um amigo meu quer estar sempre por cima. Se eu contar uma história engraçada da minha família, ele interrompe com outra mais engraçada ainda. Se eu tirei licença médica na semana passada, ele fala de quando esteve mais doente ainda. Isso é exaustivo. Parece que ele não me ouve de verdade, só fica esperando o momento de encaixar as próprias histórias. Como posso interromper esse processo?

VERDE: "Ah, na verdade eu não terminei de contar minha história. Queria muito poder terminar."
AMARELO: "Parece que você não escuta realmente quando eu conto as coisas. Você nunca comenta o que eu acabei de dizer, só se apressa em contar sua própria história. Para falar a verdade, isso não é legal."
VERMELHO: "Você não tem me dado muito espaço nas nossas conversas. Sempre que tento falar alguma coisa, na mesma hora você vira o assunto para si mesmo. Não sei como continuar a amizade desse jeito."

Independentemente de o sentimento de superioridade do seu amigo ser resultante de ciúme, insegurança ou egocentrismo, isso não demonstra que ele esteja preocupado com seus sentimentos, seu crescimento pessoal ou suas experiências. Essa amizade não parece muito acolhedora ou recíproca.

ROTEIROS PARA ESTABELECER LIMITES PARA VIZINHOS

Você não precisa ser amigo ou amiga dos seus vizinhos, mas a vida fica muito melhor (e mais conveniente e segura) se todos cuidarem uns dos outros. O ideal, no mínimo, é que você não queira correr para dentro de casa e se esconder sempre que a porta da garagem do Jerry se abrir do outro lado da rua. Construir relações com os vizinhos é o primeiro passo para estabelecer limites saudáveis; você não quer que sua primeira conversa com eles seja "Seu poodle acabou de soltar um barro no meu gramado". Comece estabelecendo o alicerce para suas cercas antes de precisar delas, e você descobrirá que o processo de construção fica muito mais fácil.

▶ Meu vizinho sempre deixa o cachorro dele fazer cocô no meu gramado e na maioria das vezes não limpa. Já conversei com ele sobre isso educadamente, mas nada mudou. O que devo fazer?

VERDE: "Sei que cachorro faz cocô em qualquer lugar, mas se for no meu quintal, seja um bom vizinho e recolha, por favor."
AMARELO: "Seu cachorro acaba de fazer cocô no meu quintal. Será que você pode voltar lá e limpar?"
VERMELHO: (enquanto estiver acontecendo) "Ei, tome aqui um saquinho higiênico para você recolher."

Você não pode obrigar seu vizinho a recolher o cocô do cachorro dele, só pode estabelecer o seu limite, que é: "Não quero cocô de cachorro no meu gramado." Isso quer dizer que às vezes você precisará recolhê-lo, a não ser que flagre o momento e aborde seu vizinho na mesma hora. Você também pode tentar automatizar o limite colocando uma placa com a frase "Por favor, recolha o cocô do seu cachorro", instalando uma câmera de vigilância bem à vista de todos para inibir esse tipo de conduta, colocando um cesto com saquinhos higiênicos ao lado da caixa de correio, instalando aspersores de água acionados por movimento para manter os cachorros (e os donos) fora do seu gramado, ou construindo uma cerca.

▶ Nossa piscina é a única do quarteirão, e as pessoas vivem perguntando se podem "dar um mergulho rápido com as crianças". Às vezes isso não é um problema, mas outras vezes queremos desfrutar da piscina sozinhos. Como posso dizer "não" sem parecer uma pessoa horrível?

VERDE: "Hoje não podemos receber convidados, mas no sábado estaremos na piscina do meio-dia às quatro da tarde e vocês podem vir."
AMARELO: "Hoje estamos curtindo o dia em família, não é uma boa hora."
VERMELHO: "Já tivemos alguns problemas deixando tanta gente vir. Por enquanto preferimos fechar a piscina para convidados."

Será que você poderia automatizar esse limite? Certa vez li o relato de uma família que comprou uma grande bandeira laranja para pôr no quintal dos fundos. Se a bandeira estivesse no mastro, era o sinal de que a piscina estava aberta! Você também pode estabelecer horários específicos (sábado à tarde, por exemplo) para convidar seus vizinhos, deixando claro que nos outros dias a piscina só estará aberta para a família e os amigos.

▶ Meu vizinho sempre aparece quando vê a gente do lado de fora e fica durante uma eternidade. Fala o tempo todo, se a gente deixar, e só conseguimos escapar entrando em casa. Estamos começando a evitar nosso próprio quintal por causa disso! Como posso falar com ele sem partir para a grosseria?

VERDE: "Walter, vamos liberar você e voltar ao que estávamos fazendo. Vejo você mais tarde!"
AMARELO: (sem parar o que você está fazendo) "Oi, Walter, não podemos bater papo agora, mas na próxima vez que pudermos vamos dar um oi, e aí você vem conversar com a gente."
VERMELHO: "Não é uma boa hora, Walter." Dê tchau e continue o que estiver fazendo.

Você e sua família devem se sentir seguros e confortáveis na sua própria casa e no seu quintal, e não devem deixar um vizinho ficar incomodando, por mais bem-intencionado que ele seja. Se você disser a ele que precisa de espaço e ele continuar desrespeitando isso, talvez você precise ir mais direto ao ponto: "Walter, espero que entenda que às vezes queremos privacidade. Se estivermos aqui fora, por favor, não considere isso um convite para socializar. Para sermos bons vizinhos, precisamos respeitar os limites uns dos outros."

▶ Meus vizinhos do lado têm horários diferentes dos nossos e costumam ouvir música alta até tarde da noite. Temos uma recém-nascida em casa e adoraríamos combinar umas "horas de silêncio" com eles, mas não temos síndico nem associação de moradores. Como podemos abordar isso?

VERDE: "Eu trouxe uns biscoitinhos que acabei de assar. E além disso queria apresentar a Emma [aponte para o bebê no seu colo], ela vai fazer um mês. Será que vocês poderiam diminuir o volume da música depois das dez da noite? Isso tornaria a nossa rotina com a bebê muito melhor."
AMARELO: "O volume da música de vocês continua alto nos fins de semana e muitos vizinhos aqui têm crianças pequenas. Será que podemos pedir de novo que vocês diminuam depois das dez da noite, por favor?"
VERMELHO: "A legislação proíbe música alta entre dez da noite e sete da manhã. Tome aqui uma cópia. Alguns vizinhos assinaram esta carta pedindo que vocês obedeçam às regras, por favor. Não quero levar isso mais longe, então peço que colaborem com a gente."

Conquistar seus vizinhos na simpatia nunca é uma abordagem ruim, especialmente no início. E, para o caso de demorar um pouco até o comportamento deles mudar, recorra a todas as estratégias possíveis para proteger sua família do barulho que eles fazem, seja investindo em máquinas de ruído branco, usando protetores de ouvido na cama ou levando o berço do bebê para o ponto mais distante possível da casa deles.

▶ Minha vizinha vive mandando os filhos para a minha casa. Apesar de nossos filhos brincarem bem juntos, não quero ser sempre responsável por vigiar as crianças dela, mesmo que fiquem comportadas no quintal. Além disso, ela nunca convida meus filhos para a casa dela. Como posso falar sobre isso?

VERDE: "Oi, Jessica, parece que as crianças vêm sempre brincar aqui em casa. Não me incomodo se elas ficarem no quintal brincando, quietinhas, mas será que você pode me ligar antes de mandá-las, só para saber se não causaria nenhum problema?"
AMARELO: (levando as crianças de volta para a casa delas) "Desculpe, Jessica, não posso ficar com elas hoje. Da próxima vez ligue, por favor."
VERMELHO: "Desculpem, crianças, não podemos brincar hoje." E mande-as de volta para casa.

Primeiro verifique se o seu incômodo é por causa da "injustiça" da situação ou se receber as crianças na sua casa é realmente um esforço grande demais. Se forem crianças comportadas, capazes de se entreter sem muita supervisão, e se seus filhos gostarem da companhia, será que você precisa mesmo estabelecer um limite? Se precisar (e não julgo você por isso), cogite propor dias específicos para as crianças brincarem (por exemplo, terça-feira na sua casa e quinta-feira na casa de Jessica), ou imponha aos outros pais a regra de que os filhos deles podem vir brincar se virem os seus do lado de fora, mas não podem bater na porta sem telefonar antes.

▶ Uma vez emprestei uma ferramenta ao meu vizinho e quando ele entrou na minha garagem e viu minha oficina, os olhos dele brilharam. Desde então ele vive aparecendo para pegar equipamentos emprestados e pedir conselho sobre projetos. Não me importo em dar uma mãozinha, mas não posso servir como fornecedor de ferramentas para ele. O que devo dizer?

VERDE: "Posso emprestar uma última vez, mas já chegou a hora de você ter sua própria ferramenta. Se quiser minha ajuda para escolher um modelo, é só falar."
AMARELO: "Hoje não posso ajudar, Glenn. Por que você não dá um

pulinho na loja que eu indiquei? Eles são bem solícitos e têm muito conhecimento."

VERMELHO: "Não empresto mais ferramentas. Tive algumas experiências muito ruins."

Se o vizinho é responsável com suas coisas (ferramentas, livros, pás, etc.) e devolve no tempo certo, cogite manter a política da boa vizinhança e continuar ajudando, desde que isso não atrapalhe sua vida. No entanto, se o vizinho se esquece de devolver suas coisas, devolve com defeito ou espera que você esteja sempre disponível para ajudar, talvez você sinta necessidade de estabelecer o limite Vermelho – porque essas foram as experiências ruins.

▶ Eu moro num conjunto de quatro casas geminadas. Ultimamente meu vizinho tem levado minhas encomendas para a casa dele, se forem entregues na minha ausência, ou então fica batendo à minha porta se houver um pacote do lado de fora e eu estiver em casa. Tudo isso me deixa desconfortável, mas como posso pedir que ele pare?

VERDE: "Agradeço por você estar cuidando das minhas coisas, mas eu preferiria que minhas encomendas fossem deixadas onde estão, mesmo se eu não estiver em casa."

AMARELO: "Por favor, não se preocupe com as minhas encomendas. Pode deixá-las onde estão."

VERMELHO: "Pare de pegar minhas encomendas, senão vou denunciá-lo à associação de moradores."

Talvez seja bom perguntar se há um motivo para ele levar suas encomendas para dentro de casa – talvez tenham acontecido furtos na vizinhança e você não ficou sabendo, o que poderia mudar sua opinião. Além disso, você pode pedir que os entregadores deixem os pacotes num local mais discreto, longe dos olhos curiosos do seu vizinho.

PARA AMAR OS LIMITES QUE LIBERTAM VOCÊ

Aqui em Salt Lake faço parte de um grupo de cinco amigas, e a gente incorpora realmente o que significa uma boa amizade. Nosso convívio é repleto de cuidados, compaixão e respeito aos limites. Aqui vão as regras tácitas--porém-muito-claras no nosso grupo:

- Sempre convidamos umas às outras para sair, mas sabemos que cada uma tem suas próprias limitações – mesmo se alguém recusar cinco vezes seguidas, os convites continuarão sendo feitos. Ninguém leva um "Não, agora não posso" para o lado pessoal.
- Respeitamos o fato de todas termos uma vida interessante e plena com nossa família e com outros amigos, além de termos nosso trabalho e demais desafios. Se alguém não responde às mensagens no grupo, também não levamos isso para o lado pessoal.
- Se alguém some por algum tempo, gentilmente procuramos saber o motivo. "Você está bem? A saúde mental está nos trinques? Precisa de um café ou um pouco de Botox?" (Temos uma cirurgiã plástica no grupo.)
- Se vemos que alguém foi esquiar com outro grupo de amigos depois de ter recusado um almoço entre a gente, ninguém fica chateada. Na verdade, todo mundo vai comentar a postagem dela no Instagram com um "Que bom que você se divertiu!", e isso será totalmente sincero.
- Se alguém estabelece um limite pessoal do tipo "Parei de beber por algum tempo", no mesmo instante todo mundo apoia inquestionavelmente esse limite.
- Quando um encontro é importante *de verdade*, todas comparecemos, independentemente do que esteja acontecendo com cada uma. (E se não pudermos *mesmo* ir, fica claro que teríamos ido se pudéssemos.)
- Procuramos maneiras singelas e atenciosas de cultivar a amizade – mantemos contato compartilhando memes ou marcando umas às outras no Instagram, por exemplo.

Nossa relação continua forte há quase uma década, e esse grupo representa os laços de amizade mais maduros, carinhosos e respeitosos que já tive. Se suas amizades não são assim, a boa notícia é que *nunca* é tarde demais para introduzir limites. De fato, isso serve para todo mundo que foi mencionado neste capítulo, seja o vizinho que você vem tolerando (e de quem vem reclamando) há anos ou uma amiga com quem você pensa em morar. Você vai se surpreender e se deliciar ao ver como seus relacionamentos com amigos e vizinhos podem ser muito mais felizes, saudáveis e fortes quando você toma a iniciativa de estabelecer e compartilhar bons limites.

CAPÍTULO 6

Amor, casamento, sexo e louça

Como estabelecer limites nos relacionamentos românticos

Quando eu e meu marido, Brandon, compramos uma casa em 2019, descobrimos rapidamente que eu precisava de muito mais tempo sozinha do que ele. Quando estávamos namorando, ele passava uma ou duas noites na minha casa no centro da cidade, depois ficava uma ou duas noites no apartamento dele para podermos cuidar do trabalho, da minha programação com meu filho e de nossas responsabilidades domésticas. Eu presumia que ele gostava do tempo que passava sozinho tanto quanto eu.

Estava errada.

Quando decidimos morar juntos e compramos a casa, eu pedi para me mudar primeiro, de modo que meu filho pudesse se adaptar antes que Brandon viesse morar conosco. Porém, à medida que a data da mudança de Brandon se aproximava, percebi que estava me sentindo claustrofóbica... e que eu era a única a me sentir assim. (Eram os primórdios da pandemia, o que certamente contribuiu para isso.) Tentei enfrentar a situação porque não queria mantê-lo afastado da casa que em breve seria dele. Resolvi guardar para mim o que eu sentia, mas fui ficando cada vez mais ressentida e grosseira. Eu me tornei uma péssima companhia – e ele obviamente percebeu. Depois de um dia inteiro carregando caixas de mudança e pisando em ovos perto de mim, Brandon voltou, frustrado, para o próprio apartamento e eu me senti ao mesmo tempo aliviada e cheia de culpa.

Ele sabia que eu recarregava as energias quando passava algum tempo sozinha – tínhamos conversado inúmeras vezes sobre isso. Mas nenhum de nós tinha um plano sobre como isso funcionaria quando estivéssemos morando juntos, e obviamente evitar o assunto não era uma estratégia viável. Precisávamos de uma comunicação clara, de um conjunto de expectativas compartilhadas e, claro... de limites.

Brandon e eu estávamos juntos desde 2017, com um término no meio do caminho. Namoramos por cinco meses antes de ele romper comigo, um detalhe que gosto de comentar nas festas, agora que estamos casados. Ele estava inseguro e num período de transição na vida, e eu ainda carregava bagagens do meu último relacionamento. Por acaso esse tempo separados (e terapia) era exatamente do que precisávamos. Quando trombamos de novo, oito meses depois, éramos pessoas bastante diferentes, por isso decidimos dar outra chance ao relacionamento.

Dessa vez a coisa funcionou desde o primeiro momento, e a maior diferença (afora a terapia) foram os limites que nós dois estávamos dispostos a estabelecer e respeitar. Minha comunicação sobre o sexo, sobre como lidávamos com os conflitos, sobre como eu precisava que defendêssemos nosso relacionamento e sobre o ritmo em que as coisas deveriam acontecer nunca havia sido tão clara e direta. Brandon combinou essa energia com períodos de introspecção profunda, fazendo declarações igualmente vulneráveis e claras sobre as coisas de que precisava da minha parte e os modos pelos quais planejava contribuir para nossa família e nosso lar. Entre nossos limites mais bem-sucedidos estavam:

- Não curto isso na cama, mas topo isso, isso e isso (nós dois).
- Quando eu disser que preciso de uma pausa durante uma discussão, por favor me dê esse tempo (eu).
- Por favor, não poste fotos do menino nas redes sociais (eu).
- Não quero ter conta conjunta no banco (nós dois).
- Casar mas morar em casas separadas não funciona para mim (ele).

É, esse último limite apareceu numa conversa. Depois de um dos meus episódios de claustrofobia, sugeri com cautela: "Por que a gente não se casa, mas... tipo... sem morar juntos?" Imediatamente Brandon descartou a proposta – sem esconder os sentimentos, sem murmurar "Talvez" e sair arrastando os pés, desapontado ou confuso, sem explodir com raiva da ideia. Apenas um firme "Isso não funciona para mim", o que por acaso era a coisa mais gentil que ele poderia ter dito. (Afinal de contas, agora estamos casados *e* morando juntos.)

Essa conversa também era fundamentada num dos acordos mais importantes que fizemos na segunda metade da nossa relação: o que eu chamo de Regra de Ouro do Relacionamento.

A REGRA DE OURO DO RELACIONAMENTO

Muito antes de conversarmos sobre morar juntos, tivemos a conversa que talvez tenha sido a mais importante da nossa relação. As coisas com as quais concordamos naquele dia se tornaram minha Regra de Ouro do Relacionamento – a única lei pela qual vivemos e que sustenta todos os outros aspectos do nosso convívio. É assim:

Diga o que você quer dizer e acredite que a outra pessoa fará o mesmo.

Durante uma conversa que, afora isso, foi bastante normal, Brandon perguntou se algo que ele havia feito me incomodara. Pensei durante um minuto e respondi: "Não." Ele continuou, sondando um pouco mais: "Tem certeza? Eu me senti mal, e..." Eu o interrompi: "Você pode sempre ter certeza de uma coisa: se eu estiver chateada, vou dizer. Se isso tivesse me incomodado, eu diria. Mas se eu disser que não incomodou, pode acreditar que estou dizendo a verdade e não precisa continuar perguntando."

Ele demorou um pouquinho para confiar nisso, é claro. Não são muitas as pessoas que dizem o que querem dizer. Às vezes ainda preciso tranquilizá-lo: "Ei, eu disse que não seria um problema se você fizesse aquela viagem no fim de semana. Estou falando sério, eu juro." Mas acredito de coração que esse é o principal presente que você pode dar a alguém na sua vida, em especial ao seu par romântico. Porque o oposto disso é uma bosta, e suspeito que todos já estivemos de ambos os lados dessa história.

CÔNJUGE: "Tudo bem se eu sair com uns amigos esta noite?"

VOCÊ: (fumegando – não é óbvio que isso seria um incômodo?) "Claro, meu amor."

CÔNJUGE: (cruzando os dedos, desejando que você tenha falado a verdade) "Está bem, obrigado(a)!"

VOCÊ: (três horas depois, continua fumegando)

CÔNJUGE: (entrando de fininho, preparando-se para uma briga) "Oi, voltei!"

VOCÊ: (com sarcasmo) "*FANTÁSTICO*. Espero que você tenha se divertido MUITO enquanto eu fiquei EM CASA e FIZ TUDO SEM NENHUMA AJUDA."

Se você é mulher e leu isso presumindo que "cônjuge" era um homem, existe um motivo. Há uma premissa estabelecida de que nós, mulheres, jamais dizemos o que queremos dizer porque somos recatadas/solícitas/indecisas/manipuladoras e é trabalho do homem arrancar nossos sentimentos mais verdadeiros, tentar ler nossa mente ou nos dizer como nos sentimos de verdade. (Só para se divertir: busque no Google "Por que as mulheres não dizem o que pensam" e se prepare para se irritar.) Mas, não importa qual seja o gênero, um relacionamento pode ser arruinado quando as pessoas não dizem o que pensam ou não assumem a responsabilidade pelos próprios sentimentos.

Essa Regra de Ouro não serve apenas para o meu relacionamento romântico. Eu a uso em todas as áreas da vida. Meus amigos e colegas sabem que não digo coisas só para acharem que eu sou legal. (Não sou tão legal assim.) Não digo "sim" se não for um "sim" de verdade. Não engulo os sentimentos só para poupar os sentimentos dos outros. E me sinto confortável em dizer "não", com clareza e gentileza. A coisa funciona do seguinte modo:

DIGA O QUE VOCÊ QUER DIZER. Isso exige introspecção, alguns minutos (ou mais) para checar como você se sente de verdade e um compromisso com a comunicação clara e gentil. No exemplo anterior, se o fato de seu cônjuge sair à noite lhe parecer uma espécie de abandono ou sobrecarga, diga isso. Em vez de "Claro, meu amor", experimente: "Não gosto da ideia porque precisamos preparar uma festa para amanhã e muita coisa ainda precisa ser feita. Se você sair, vou ter que me virar sozinha e dar conta de tudo."

Isso indica um caminho muito mais claro para a solução imediata. Agora seu cônjuge pode processar a informação que você deu e dizer: "Certo, então não vou. Cadê a lista de afazeres?" Ou talvez: "Certo, mas hoje é o aniversário do Sam. E se eu ficar lá só por uma hora e depois voltar para ajudar você?" Ou: "Verdade! Vou embrulhar os presentes, pendurar os enfeites e limpar os móveis do quintal amanhã bem cedo. Isso tranquilizaria você se eu saísse durante algumas horas?"

Agora é a sua vez de refletir e dizer a verdade. Entre as opções estão: "Claro, podemos combinar assim, dê meus parabéns ao Sam", ou "Não, acho mesmo que vou precisar da sua ajuda esta noite", ou "Pode ser, desde que você termine de fazer tudo antes das dez da manhã. Combinado?". Continue a se comunicar com clareza e gentileza. Diga o que quer dizer.

ACREDITE QUE A PESSOA FARÁ O MESMO. Se o seu par disser: "Eu quero mesmo sair esta noite. Minha saúde mental não está lá essas coisas e preciso muito desse tempo com meus amigos", aceite que isso é verdade e avalie se você pode abrir mão da sua preferência em favor da pessoa amada e do relacionamento. Se a pessoa disser: "Certo, entendo, não vou sair esta noite", acredite que ela está fazendo a escolha certa para si mesma, não cedendo com ressentimento, raiva ou amargura. Confie em que vocês compartilham o mesmo padrão de comunicação clara e gentil, e de repente sua noite parecerá muito melhor, quer a pessoa saia ou não.

INFRATORES REINCIDENTES

Essa abordagem exige um nível básico de confiança. Se você comunica com clareza e gentileza que precisa da pessoa amada em casa esta noite e ela sai mesmo assim, veja se essa é uma situação atípica em que você subestimou as necessidades do seu par, ou se esse é um padrão de comportamento de alguém que desrespeita suas necessidades, não demonstra reciprocidade nem se comunica com tanta franqueza quanto você. Se for isso, um terapeuta poderia ajudar o casal a enfrentar essas questões fundamentais.

Com a abordagem da Regra de Ouro, você e seu par concordarão em percorrer um caminho juntos e poderão seguir com a vida sabendo que cada um estará se comunicando francamente e assumindo a responsabilidade pelos próprios sentimentos. A Regra de Ouro é fantástica para evitar conflitos desnecessários. Quando você se dispõe a dizer "não", em vez de concordar de má vontade e se irritar em silêncio, o seu "sim" tem mais significado. A pessoa saberá que se você disser "Sim, os seus pais podem se hospedar com a gente", "Sim, pode gastar aquele dinheiro", "Sim, tudo bem você sair esta noite", você *realmente estará falando sério*. A pessoa não vai precisar se preparar para uma retaliação, uma raiva fumegante e uma discussão no futuro, e isso cria um nível mais profundo de confiança no relacionamento.

Esse comportamento também é um caminho para estabelecer limites claros e gentis, mesmo que você nunca os tenha tido no relacionamento. Sua disposição para dizer "não" de acordo com sua integridade também dá ao outro a permissão de dizer "não" a *você*. Agora você está moldando um padrão de comunicação claro e gentil e encorajando a pessoa amada a explorar os próprios limites saudáveis pelo bem do relacionamento. Isso significa que *a outra pessoa* também não concordará de má vontade ou com raiva, e que agora vocês estão livres para desfrutar da vida sem se preocupar com a possibilidade de um ataque furtivo.

A Regra de Ouro do Relacionamento que eu e Brandon estabelecemos logo no início construiu o alicerce para as conversas claras e gentis sobre limites que aconteceriam mais tarde, e isso as tornou dez vezes mais fáceis. Há ainda mais um princípio que quero compartilhar antes de dizer como criamos limites para resolver o enigma do tempo a sós. É um termo que eu inventei, "VPFCQ", e ainda estou pensando num jeito de transformá-lo numa sigla pronunciável.

VPFCQ (VOCÊS PODEM FAZER COMO QUISEREM)

Ironicamente, essa teoria (VPF, para resumir) começou com uma conversa que tive com uma amiga sobre estar num relacionamento em casas separadas. Um dia, durante o café da manhã, minha amiga estava contando sobre a vida com seu companheiro de longa data. "Eu tenho a minha casa e ele ainda tem a dele. Às vezes quero colocar uma máscara facial e dormir sozinha. Às vezes ele quer mais privacidade do que meus filhos podem oferecer. Estamos juntos há seis anos e isso funciona para a gente."

Fiquei pasma. Na época, Brandon e eu tínhamos começado a namorar de novo. Estávamos nos orientando no relacionamento, pensando no que queríamos agora e quando e como eu iria apresentá-lo ao meu filho. Era muita coisa. Quando minha amiga explicou como ela e o companheiro tinham estruturado a vida deles, percebi pela primeira vez que duas pessoas adultas podiam realmente organizar seu relacionamento *como quisessem*. Não precisava ser uma coisa convencional, não precisava seguir normas sociais e não precisava fazer sentido para ninguém além dos dois. Essa é uma ferramenta capaz de transformar um relacionamento e pode ser aplicada a qualquer área da sua vida, além de ajudar a estabelecer limites saudáveis. Aqui vão algumas áreas em que você e seu par podem entrar no acordo *que quiserem*:

FINANÇAS: Vocês podem juntar o dinheiro ou manter contas bancárias totalmente separadas. Podem dividir os gastos (em qualquer proporção) ou uma pessoa pode pagar por tudo sozinha. Podem combinar só fazer compras muito grandes juntos. Podem ter uma política de "Não pergunte, não conte" em relação ao preço das coisas. Podem decidir que se o dinheiro está na sua conta, ele é seu. Vocês podem fazer como quiserem.

INTIMIDADE: Vocês podem concordar com a monogamia, ter um relacionamento aberto ou praticar o poliamor. Podem dormir na mesma cama, ter quartos separados ou uma combinação das duas coisas. Podem ser casados sem morar juntos, podem morar juntos sem casar, ou casar e morar juntos só durante metade do ano. Vocês podem fazer como quiserem.

PAPÉIS DE GÊNERO: Qualquer pessoa no relacionamento pode ser quem provê, quem cuida das crianças ou administra o lar. Qualquer pessoa no relacionamento pode cozinhar, fazer faxina, trocar o óleo ou arrancar as ervas daninhas. Qualquer pessoa no relacionamento pode pagar as contas, contratar o empreiteiro, cuidar do quintal, ou projetar o banheiro novo. Vocês podem fazer como quiserem. (Estou olhando para vocês, casais héteros.)

SOCIALIZAÇÃO: O casal pode chegar às festas junto ou separado. Um de vocês pode voltar para casa mais cedo, de Uber. Você pode sempre convidar seu companheiro ou companheira para ir aos mesmos eventos que você, ou pode não convidar nunca, ou só de vez em quando. Vocês podem ter amigos em comum, amigos que são apenas seus, ou poucos amigos porque preferem uma vida reservada. Podem sair regularmente, não sair nunca, ou apenas receber pessoas em casa. Vocês podem fazer como quiserem.

Ainda que a ideia de nos casarmos e morarmos separados não fosse viável, o conceito de VPF nos ajudou a explorar com sucesso outros aspectos do relacionamento – se queríamos ter outro filho, a carreira profissional de Brandon, como lidávamos com dinheiro e como manteríamos a privacidade quando minha vida já era bastante pública. Já que nunca sentimos pressão para fazer a coisa de um jeito específico, estávamos livres para explorar qualquer solução que pudéssemos imaginar, não importava quão diferente fosse. Em última instância, o VPF nos permitiu criar uma vida que funcionasse para *nós dois*, depois de conversarmos sobre todos os aspectos importantes para ambas as partes e nos encontrando no meio do caminho, em geral de maneira pouco convencional.

E foi por isso que voltei para a terapia antes de Brandon se mudar. Ter casas separadas não funcionaria para ele. Morar juntos como vínhamos tentando realmente não funcionava para nenhum dos dois. A ideia de não casar me deixava triste. Assim, voltei para a terapia com o objetivo específico de descobrir como Brandon e eu poderíamos coabitar de um modo bem-sucedido.

Passei algumas sessões identificando e discutindo com meu terapeuta como tapar vários vazamentos de energia na minha vida. A maioria desses vazamentos se originava no meu celular. Eles estavam minando a energia de que eu dispunha para me conectar com Brandon, por isso estabeleci alguns limites para mim mesma em relação a como eu lidava com as redes sociais, os aplicativos de mensagens e os e-mails. Então meu terapeuta e eu passamos às estratégias de comunicação e começamos a pensar nos limites que eu poderia estabelecer para garantir que teria o tempo a sós de que eu precisava, sem que Brandon se sentisse menosprezado ou "errado" simplesmente por existir no nosso espaço.

Em nome da comunicação saudável, compartilhei com Brandon detalhes das minhas sessões de terapia para que ele visse que eu estava assumindo a responsabilidade pelos meus próprios sentimentos. Conversamos sobre as estratégias que eu estava empregando com as redes sociais e o trabalho para recuperar parte da minha energia. Também exploramos maneiras pelas quais eu podia obter o espaço de que precisava para me recarregar sem que ele precisasse dormir no carro – isso incluía eu fazer longas caminhadas sozinha no fim de semana e ir para cama especialmente cedo (e sozinha) para ler durante uma hora.

Ao mesmo tempo o encorajei a dizer as coisas de que *ele* precisava de mim nessa situação. Ele não precisa de tanto tempo sozinho como eu, mas mesmo assim quer manter sua independência, acampando com amigos e viajando para torneios de jiu-jítsu. Discutimos como nós dois poderíamos ter o que desejávamos se fôssemos mais comunicativos. Além disso, ele expressou que sentia falta do modo como nos comunicávamos antes de ele se mudar. Perguntou se eu poderia me esforçar mais para me conectar fisicamente durante os dias agitados, nem que fosse apenas para um abraço demorado ou um beijo rápido, e pediu que eu ficasse até mais tarde com ele nos fins de semana para sessões de Netflix e aconchego no sofá.

Ambos nos comprometemos de novo com a Regra de Ouro do Relacionamento, sabendo que se fôssemos claros e gentis ao falar das coisas de que precisávamos, cada um poderia acreditar que o outro assumiria a responsabilidade pelos próprios sentimentos com relação a elas. Isso significava não me calar para proteger os sentimentos dele: se eu estivesse incomodada querendo mais espaço, precisava dizer. Se ele estivesse se sentindo desconectado, também precisava dizer. Essas três coisas – nos comunicarmos mais, explorar soluções juntos e nos comprometermos a dizer nossa verdade – resolveram a maior parte dos meus problemas de "tempo sozinha"; os que restaram precisavam simplesmente de limites. No momento esses limites são assim:

- "Eu adoraria assistir a um filme, mas não quero aconchego agora, está bem?"
- "Quero caminhar sozinha amanhã. Podemos fazer alguma coisa juntos no domingo?"

- "Vou para cama depois de colocar o menino para dormir – preciso de algum tempo em silêncio."

Brandon e eu moramos juntos há quase dois anos, e é notável como expandi minha capacidade de dividir espaço. Na verdade, usamos a Regra de Ouro e o conceito VPF para criar limites saudáveis em cada área do nosso relacionamento, desde a divisão do trabalho doméstico até o modo como lidamos com conflitos no sexo. Porém, antes de entrarmos nisso, quero alertar que este capítulo não é tão evidente quanto os outros. Ainda que os limites sejam uma coisa mágica, não podem resolver tudo, e isso é especialmente verdadeiro para os desafios mais comuns que já testemunhei entre casais românticos.

VOCÊ PRECISA DE ALGO MAIS DO QUE UM LIMITE?

Neste capítulo, mais do que em qualquer outro, você me verá dizer: "Isso não é realmente um problema de limite." Sim, existem muitas situações em que estabelecer um limite é adequado e útil. Se o seu par compra algo caro sem falar primeiro com você, propõe algo no quarto que deixa você desconfortável, ou envolve a própria mãe com muita frequência no relacionamento, sim, vocês precisam de limites, e vamos abordá-los nos roteiros. No entanto, muitas das questões mais comuns que surgem nas relações românticas devem começar com *comunicação* e *esclarecimento de expectativa*, não com limites.

- Divisão do trabalho doméstico
- Finanças e gastos
- Maneiras de lidar com conflitos
- Preferências de socialização
- Privacidade e espaço pessoal
- Intimidade física
- Confiança e fidelidade

Será que você pode estabelecer um limite que diz: "Não tenho capacidade emocional ou energia para lavar a louça de novo esta semana"? Claro que pode. Mas o que você fará se a louça continuar suja e você quiser fazer uma refeição e não houver um prato, um garfo ou uma faca limpos em casa? (Se você me respondesse "Comprarei secretamente um bocado de pratos descartáveis", parte de mim adoraria isso em silêncio, mas em voz alta eu diria que não é uma solução a longo prazo.) E um limite do tipo "O máximo que admito ficar sem sexo são cinco dias" não costuma ser viável, porque isso depende da outra pessoa – e o limite dela pode entrar em conflito com o seu. (Por exemplo: "Não vou fazer sexo sob pressão.")

Nas conversas com os membros da minha comunidade ouvi praticamente todos os problemas de relacionamento que existem e, tendo sido casada, divorciada e estando casada de novo, eu mesma experimentei muitos deles. Gostaria que houvesse roteiros simples de limites capazes de abordar de modo adequado as questões realmente difíceis, mas essas situações não podem ser resolvidas com o estabelecimento de um limite por uma das partes – elas precisam da comunicação clara de todos os envolvidos e do esclarecimento de expectativas compartilhadas, talvez facilitadas por um terapeuta.

Vou abordar essas questões neste capítulo de alguns modos diferentes. Primeiro, se houver um limite claro e gentil que possa ser estabelecido, vou delineá-lo nos roteiros. Segundo, se o problema não puder ser resolvido com um limite saudável, vou compartilhar minhas melhores estratégias para iniciar o tipo de conversa que ajudará você a chegar mais perto do objetivo. Finalmente, para temas mais pesados (especificamente a divisão justa do trabalho doméstico, o estabelecimento de "regras de interação" nos conflitos e a intimidade sexual), vou indicar livros sobre esses temas, de modo que você possa dar um mergulho mais profundo com seu companheiro ou sua companheira para melhorar o aspecto específico do relacionamento que está provocando estresse ou drenando sua energia.

Dividi em cinco categorias as conversas, as sugestões e os roteiros de limites relacionados a problemas que surgem com mais frequência: administração do lar, conflito interpessoal, estilos de socialização, privacidade e confiança, e sexo e conexão física.

ADMINISTRAÇÃO DO LAR: Existem limites para você e seu cônjuge se organizarem na divisão do trabalho, no cuidado com as crianças, nas finanças e em outros aspectos da casa. Administrar um lar é tão complexo e desafiador quanto administrar um negócio, e todos queremos ser reconhecidos e apreciados pelo trabalho muito real (e frequentemente invisível) que fazemos. Como já discutimos, manter um limite saudável em relação ao trabalho doméstico pode não ser fácil, já que o respeito a esse limite costuma exigir a cooperação da outra pessoa. Ainda assim, existem limites que você pode estabelecer em cada área da responsabilidade com o lar. Eles encorajarão seu cônjuge a reconhecer o trabalho que você realiza regularmente, além de permitir que vocês criem juntos estratégias que funcionem para ambas as partes.

CONFLITO INTERPESSOAL: Trata-se de limites saudáveis que você estabelece para quando o casal discordar, discutir ou tiver conversas desafiadoras. Estabelecer "regras de interação" saudáveis é fundamental para garantir que as discussões permaneçam respeitosas e seguras. Você *pode* impor limites em relação a como permitirá que a pessoa amada fale com você ou trate você. Compartilharei recursos que ajudam nesse sentido.

ESTILOS DE SOCIALIZAÇÃO: É comum os casais terem preferências diferentes em relação a como socializam com amigos e familiares, como passam o tempo juntos e quando podem ficar sozinhos. Reconhecer que não existe um modo "certo" de socializar como casal é um primeiro passo necessário; só importa que vocês encontrem estratégias que funcionem para ambos. Vou compartilhar algumas conversas saudáveis sobre limites que você pode iniciar quando um de vocês estiver se sentindo sufocado ou sem energia por causa dos contatos sociais.

PRIVACIDADE E CONFIANÇA: É fundamental manter um senso de autonomia, o espaço pessoal e a confiança no relacionamento, e cada um de vocês precisa determinar as coisas com as quais não se sente confortável. Comportamentos quanto ao compartilhamento de informações com outras pessoas, quanto à segurança dos seus telefones ou contas de e-mail, quanto ao espaço pessoal (de cada um ou do casal) e quanto aos acordos que vocês fazem um com o outro precisam ser discutidos, combinados e respeitados.

SEXO E CONEXÃO FÍSICA: Guardei essa categoria para o final porque poderia ocupar um capítulo inteiro (esse tema está no mesmo nível que a administração do lar como uma importante área de conflito nos relacionamentos). Quando uma pessoa precisa de mais conexão física do que a outra, isso pode levar a um ciclo negativo de irritação, pressão, afastamento, solidão ou abandono. Isso não pode ser resolvido com uma conversa sobre limites – exige um nível mais profundo de comunicação e solução de problemas, em geral com a ajuda de um terapeuta. Se seu par iniciar um contato que lhe pareça desconfortável, será empoderador e produtivo estabelecer limites saudáveis quanto ao tipo de intimidade ou toque que são bons para você. Vamos abordar conversas sobre limites e sugestões relacionadas a esse tema adiante.

DICAS PARA COMEÇAR

Antes de passarmos aos roteiros e às sugestões de leitura, quero enfatizar que terapeutas ou outros profissionais de saúde mental podem ser valiosos para essas conversas. A primeira coisa que fiz ao perceber que Brandon e eu estávamos num impasse em relação aos planos de morarmos juntos foi voltar à terapia. Um terapeuta pode agir como parte neutra, um espaço livre para se expor, uma fonte experiente de conselhos e a pessoa com mais probabilidade de enxergar na sua situação coisas que você jamais teria visto sem ajuda. Aqui vão algumas dicas para buscar uma terapia (e alguns benefícios dela) que apoie sua comunicação e seus esforços de estabelecer limites para a pessoa amada:

- **FAÇA ISSO POR VOCÊ.** Ainda que a terapia de casais possa ser uma ferramenta incrível para ajudar duas pessoas a se comunicarem de modo mais eficaz, você não precisa esperar que seu companheiro ou sua companheira concorde em buscar ajuda. Existem benefícios tremendos em fazer terapia por conta própria, mesmo que sua intenção seja melhorar o relacionamento.
- **SEJA A MUDANÇA.** Uma pessoa *pode* mudar uma dinâmica. Fazer terapia pode ajudar você a perceber padrões no modo como reage a problemas no seu relacionamento. É possível mudar uma relação mudando o seu comportamento. Trabalhando suas atitudes, você aparecerá de modo diferente para a outra pessoa, e isso significa que as coisas vão mudar.

- **ASSUMA A RESPONSABILIDADE.** Buscar terapia mostra à outra pessoa que você assume a responsabilidade pelos próprios sentimentos. Isso pode servir de exemplo para o tipo de comportamento que você espera ver por parte dela. Também pode ajudar a garantir a ela que você está fazendo a sua parte; no mínimo, ajudará você a recuperar seu poder numa situação em que provavelmente se sente impotente.
- **BUSQUE CONSELHOS ESPECIALIZADOS.** Algumas situações parecem tão sufocantes ou pesadas que é difícil saber o que fazer ou mesmo o que pode ser feito. Um terapeuta provavelmente já viu os problemas que você está confrontando e pode oferecer as estratégias mais eficazes para você se orientar em situações desafiadoras.
- **RECEBA APOIO.** Se as coisas ainda assim não mudarem para melhor, seu terapeuta pode apoiar você em qualquer decisão que precise ser tomada, oferecer conselhos para os próximos passos e compartilhar recursos alternativos.

Ainda que poder fazer terapia seja um privilégio, existem recursos que ajudam a encontrar apoio dentro do seu orçamento e aplicativos ou sites que lhe permitem falar virtualmente com profissionais. Eu sempre recomendo que as pessoas comecem a fazer terapia *antes* que aconteça algum evento estressante ou doloroso. Assim, quando você encontrar um obstáculo, já terá estabelecido uma relação, uma história e confiança com um profissional de saúde mental. E se mais tarde seus esforços individuais se transformarem em terapia de casal, manter as sessões individuais ajudará você a processar seus sentimentos e obter o apoio necessário para atravessar os tempos difíceis.

ROTEIROS PARA ESTABELECER LIMITES QUANTO À ADMINISTRAÇÃO DO LAR

Para todas as mulheres que estão lendo agora: levante a mão quem gostaria de ter mais tempo para si mesma. Ah, olha, são literalmente TODAS, inclusive as mães que estão lendo isto no vaso sanitário porque é o único lugar onde podem realmente ficar sozinhas em sua própria casa. (E nem isso é garantido.) As mulheres com quem eu falo todo dia estão *constantemente* cansadas, e, a julgar pelas mensagens que leio, o que mais cansa é quanto os outros esperam que elas façam e como seu tempo é pouco valorizado – especialmente pelo próprio marido. Vamos falar sobre como nossa divisão do trabalho doméstico ainda é desequilibrada, pelo menos entre os casais héteros.

Graças ao patriarcado, ao machismo e às suposições estereotipadas sobre os papéis de gênero, as mulheres são avassaladoramente responsáveis por lavar roupa, fazer faxina, cozinhar, cuidar dos filhos, fazer compras e lavar louça. De fato, um relatório feito em 2020 pela Oxfam e pelo Institute for Women's Policy Research avalia que nos Estados Unidos as mulheres gastam duas horas a mais do que os homens *absolutamente todos os dias* fazendo esse trabalho não remunerado – e isso era *antes* da pandemia.[3] Esse número não desaparece quando as mulheres têm um emprego em horário integral – as mulheres que têm emprego ainda passam 1,1 hora por dia, todo dia, fazendo serviços domésticos.

Isso representa 401 a 730 horas de trabalho *extra* não remunerado todos os anos. Será de espantar que o tema do trabalho doméstico surja com tanta frequência nos relacionamentos héteros? (Nota: pesquisas mostram que os casais do mesmo sexo administram essa divisão de modo muito mais eficaz e justo.[4] É quase como se a remoção dos papéis tradicionais de gênero permitisse que cada parceiro ou parceira trabalhe para uma solução que beneficia a família como um todo, delegando tarefas com base no interesse ou na capacidade, não em estereótipos sexistas. *Interessante.*)

Sempre que falo sobre o estabelecimento de limites numa relação amorosa, recebo uma infinidade de mensagens de mulheres, todas perguntando a mesma coisa: "Como eu e meu marido podemos dividir as tarefas de modo igualitário?", "Como posso fazer com que meu marido me ajude mais com as crianças?", "Preciso que ele esteja mais em casa – isso ao menos é um limite?". A principal reclamação que ouço das esposas nos relacionamentos héteros tem a ver com a divisão injusta do trabalho doméstico. E a verdade é que essa não é de fato uma questão de limites; é uma questão de comunicação e esclarecimento de expectativas.

(Outra nota interessante: parece que os homens nos relacionamentos heterossexuais também querem ter mais tempo para si mesmos, e a coisa que dizem que mais ajudaria seria a esposa importuná-los com menos frequência. Claro, essa importunação costuma vir na forma de... pedido de ajuda com as tarefas domésticas. Esta seção vai ser *tudo*.)

SUGESTÃO DE LEITURA: *O MÉTODO FAIR PLAY*, DE EVE RODSKY

Livros inteiros foram escritos sobre esse tema, e o meu predileto, de longe, é *O método Fair Play para divisão de tarefas domésticas*, de Eve Rodsky.[5] É um guia para alinhar suas expectativas em relação à administração do lar; identificar as tarefas que precisam ser administradas; e dar a uma única pessoa a responsabilidade por todos os três componentes de cada tarefa: concepção, planejamento e execução. Aqui vai um exemplo de como apliquei a filosofia de Rodsky numa tarefa doméstica da minha vida, o "dia do lixo":

- **Concepção:** Notar que o lixo precisa ser levado para fora toda segunda-feira à noite. Se você não tiver essa informação, o "dia do lixo" não poderá ser completado.
- **Planejamento:** Observar que é segunda-feira, várias latas de lixo pela casa precisam ser esvaziadas e há caixas de papelão que precisam ser rasgadas para a reciclagem.
- **Execução:** Rasgar as caixas e levá-las para a lixeira de reciclagem; pegar o lixo da cozinha, do banheiro e do escritório (e substituir os sacos de lixo); e empurrar as duas lixeiras até a calçada, para o caminhão recolher.

Nos relacionamentos heterossexuais, os homens costumam cuidar de parte da execução quando as mulheres dizem "Lembre que amanhã é o dia do lixo", mas com muita frequência isso significa apenas empurrar as lixeiras até a calçada. Isso deixa o grosso da concepção, do planejamento e da execução por conta das mulheres – e essa é apenas uma tarefa dentre centenas que fazem parte da administração de uma casa e de uma família.

No sistema *Fair Play*, de Rodsky, cada tarefa doméstica é de responsabilidade total de uma pessoa, do início ao fim, desde a concepção até o planejamento e a execução. Isso encoraja o casal a administrar bem o trabalho invisível que faz parte de tantas tarefas domésticas. Além disso, Rodsky recomenda estabelecer um "padrão mínimo de cuidado" para cada tarefa, em que cada parceiro ou parceira concorda com o que significa dizer que uma tarefa está "terminada". Assim, quando você diz "É o dia do lixo", todo mundo entende que isso significa se livrar de todo o lixo da casa e das caixas de papelão.

Esse modelo é emprestado da administração de empresas e ajuda você a tratar sua casa como o negócio complexo e dinâmico que ela é. Rodsky diz que seu sistema *Fair Play* realiza duas coisas: alivia a carga mental para a pessoa que administra as tarefas domésticas (geralmente as mulheres) e elimina a importunação, que é a principal reclamação que os homens têm em relação à vida doméstica. Todo mundo sai ganhando.

Os roteiros que você vai encontrar neste capítulo podem ajudar a preservar seu tempo e sua energia enquanto você estabelece um sistema igualitário para a administração do lar – mas você ainda descobrirá que manter seu próprio limite pode não ser do interesse da sua família. É aí que entra o sistema *Fair Play*. Juntando o método de Rodsky, as conversas e os roteiros de limites que vou delinear nesta seção, você estará em condições de identificar, reconhecer e redistribuir a quantidade incrível de trabalho que implica a administração de uma casa, e de estabelecer limites onde forem necessários para garantir que seu tempo e suas ideias sejam valorizados e respeitados.

▶ Meu par diz que vai ajudar com as tarefas, como lavar a louça ou dobrar a roupa lavada, mas depois só faz a metade – lava a louça, mas não guarda; ou dobra a roupa, mas deixa tudo na sala. Isso não atende às minhas expectativas. Como posso comunicar isso?

VERDE: "Ei, amor, concordamos que quem lava a louça também guarda."
AMARELO: "A gente precisa dos pratos no lugar. As crianças vão arrumar a mesa. E o meu trabalho é fazer o jantar, não guardar a louça."

VERMELHO: (longe da tarefa, num momento calmo) "Nós já conversamos sobre minha necessidade de uma divisão justa do trabalho doméstico, e eu continuo terminando tarefas que concordamos que seriam suas. Isso vai além da louça, e o ressentimento que estou sentindo não faz bem para o nosso relacionamento. Vou conversar com um terapeuta sobre os próximos passos, porque isso não está funcionando para mim."

Estabelecer um padrão mínimo de cuidado para as tarefas domésticas (como é recomendado no livro de Rodsky) é o primeiro passo, mas em última instância seu limite será: "Não quero fazer as coisas que você se comprometeu a fazer." Aqui não existem respostas fáceis, porque você não pode obrigar a outra pessoa a fazer a parte dela ou a valorizar os seus esforços, mas seus limites Amarelo e Vermelho demonstram que você está assumindo a responsabilidade por suas necessidades e que fará o que for preciso para garantir que elas sejam atendidas.

- ▶ Tivemos um bebê e vou voltar a trabalhar. Preciso que meu cônjuge acorde mais cedo para dividir as responsabilidades de tudo o que deve ser feito de manhã. Como posso abordar isso?

VERDE: "Podemos conversar sobre como vai ser a rotina de manhã quando eu voltar a trabalhar, e quem vai fazer o quê?"
AMARELO: "Você pode cuidar do bebê das 6h às 6h30 para eu tomar banho e me preparar ou pode se arrumar primeiro e ficar com ele das 6h30 às 7h. O que é melhor para você?"
VERMELHO: "Na semana que vem preciso que você cuide do bebê das 6h às 6h30 enquanto eu me arrumo para o trabalho."

Comece com o Verde e delineie tudo o que precisa ser feito de manhã para que vocês possam sair de casa – desde tomar banho e fazer o café da manhã até colocar as mamadeiras na bolsa e deixar a bebê na creche. Envolva a outra pessoa no processo de decidir quem faz o que e quando, de modo que ela perceba a verdadeira parceria nesse momento tão importante e enxergue todo o trabalho invisível que implica cuidar de um bebê quando os dois responsáveis trabalham fora.

ESCREVA NO CALENDÁRIO

Lembro-me de ter reclamado com meu terapeuta que eu estava com dificuldade para cumprir as tarefas matinais e levar meu filho para a escola a tempo, mas me sentia muito mal em pedir que Brandon o levasse. Meu novo marido perguntava o tempo todo "Como posso ajudar?", mas eu estava acostumada demais a fazer tudo sozinha e ainda não tinha assimilado a ideia de que meu filho era agora *nosso* filho, e que portanto ele era *nossa* responsabilidade compartilhada. "Por que você não cria um calendário de tarefas?", perguntou meu terapeuta, e as nuvens se abriram e os anjos cantaram. Agora, às terças e quintas meu marido cuida do menino, desde que acorda até a hora de tomar café da manhã, vestir-se e ir para a escola. Mesmo se eu estiver em casa, *não é o meu dia*, o que me deixa livre para malhar, começar a trabalhar mais cedo, levar o cachorro para um passeio mais longo – qualquer coisa que eu queira. Foi o melhor conselho que já recebi sobre a divisão de responsabilidades domésticas, e agora eu pergunto a todo mundo: "Que tal criar um calendário de tarefas?"

▶ Meu companheiro não me consulta quando faz compras muito caras. Ele comprou um segundo carro sem ao menos falar comigo! Mas ele é o provedor da família (eu fico em casa com as crianças) e diz que o dinheiro é dele. O que posso dizer nessa situação?

VERDE: "Este casamento é uma parceria em todos os sentidos. Eu gostaria de participar das decisões financeiras tanto quanto participo das decisões sobre as crianças ou a casa."
AMARELO: "Eu esperava que você me consultasse antes de fazer uma compra tão grande. Quando você não faz isso, sinto que não tenho seu respeito ou sua consideração, e isso não é bom para o nosso relacionamento."
VERMELHO: "Este relacionamento não vai funcionar se você não valorizar minhas contribuições e minhas ideias."

Quando um cônjuge diz algo do tipo "O dinheiro é meu", isso demonstra falta de valor ou respeito por tudo o que você faz para administrar sua casa. Sugiro uma experiência divertida: anote tudo o que você faz em casa – limpar, cozinhar, cuidar das crianças, dirigir, cuidar do cachorro, fazer compras e todo o resto – e descubra quanto custaria terceirizar esse trabalho. Talvez a perspectiva do seu marido mude se você apresentar isso junto de uma fatura no fim da semana. Uma alternativa (se você não quiser pegar tão pesado) é combinar uma reunião mensal para falar das finanças, quando vocês puderem analisar juntos extratos bancários, gastos e orçamentos. Além disso, vocês podem definir um limite máximo do que têm direito a gastar sem perguntar. Estabelecer expectativas compartilhadas e o motivo pelo qual elas são importantes, e depois abordar o assunto juntos e prestar contas um ao outro, é fundamental.

▶ Meu companheiro e eu começamos a morar juntos recentemente, e pouco a pouco todas as minhas "coisas" começaram a desaparecer. Minhas obras de arte não são do gosto dele, meus móveis não são tão confortáveis, e agora tudo o que temos no nosso espaço compartilhado é dele. Decorar a casa juntos era algo que eu desejava fazer, mas agora o lugar onde moro não tem nada a ver comigo. O que posso fazer?

VERDE: "Eu gostaria que decorássemos nosso novo lar juntos, para nós dois nos sentirmos confortáveis e à vontade nele. Que tal falarmos sobre quais peças são importantes para nós e onde poderiam ficar?"
AMARELO: "Essas três peças são muito importantes para mim, então vamos arranjar um lugar para elas."
VERMELHO: "Minha cadeira de balanço predileta vai ficar, e essa obra de arte também."

Se você tem um quadro que se choca demais com o projeto de decoração, o que mais poderia fazer? Será que você poderia decorar seu home office como quiser? Será que vocês poderiam vender a maior parte dos móveis e comprar coisas novas juntos? Seria possível assumir uma abordagem puramente objetiva (do tipo "Qual mesinha de centro está em melhores condições?"), ou encontrar um local mais discreto para coisas que são significativas ou sentimentais para você?

ROTEIROS PARA ESTABELECER LIMITES QUANTO AOS CONFLITOS INTERPESSOAIS

Todo relacionamento passa por conflitos, e o modo como você lida com eles pode aumentar ou destruir seu sentimento de confiança, segurança e conexão. Uma das primeiras coisas que os especialistas em conflitos recomendam é criar "regras de interação" para as discussões *antes* que elas aconteçam. Isso prepara vocês para quando os ânimos se inflamarem e as emoções esquentarem. Entre algumas regras gerais estão: nada de xingamentos, nada de ameaças, nada de gritos. E também existem algumas diretrizes extras que meu marido e eu achamos úteis.

NÃO USAR OS MEDOS MAIS PROFUNDOS DA OUTRA PESSOA CONTRA ELA. Brandon e eu nos conhecemos bem – sabemos o que as vozes más dentro da nossa cabeça dizem quando nos sentimos inseguros ou estressados, e sabemos qual é o botão que poderíamos apertar para provocar mais danos. Usar esse conhecimento contra a outra pessoa no meio de uma discussão (ou em qualquer ponto dela) é estritamente proibido.

CRIAR UMA "FRASE CURINGA" PARA INTERROMPER O PADRÃO. Nós usamos uma frase que coloca a discussão imediatamente em perspectiva se um de nós estiver se sentindo transtornado: "Lembre que somos uma equipe." É um lembrete de que não somos adversários, não importa o que possa parecer no momento. Nosso objetivo é resolver as coisas *juntos*. Invocar nossa frase curinga quase sempre melhora nossa energia e nosso humor.

ATER-SE A UM ÚNICO ASSUNTO NAS DISCUSSÕES. Isso nos ajuda a chegar a uma solução e não seguir pelo caminho do Tudo Que Já Houve De Errado. Trazer de volta brigas de dois anos atrás, ou dizer "Bom, e nas ocasiões em que você faz isso?", nunca é útil nem produtivo, por isso concordamos em nos ater a um assunto de cada vez e permanecer nele até que pareça adequadamente resolvido.

RESPEITE OS PEDIDOS DE TEMPO. A qualquer momento um de nós pode pedir uma pausa para se afastar da situação, pensar direito e esfriar a cabeça, e esse tempo que damos um ao outro sempre ajuda nosso objetivo. Mas a pessoa que pediu tempo deve retomar a conversa quando possível. Sim, algumas vezes vamos dormir com raiva, mas concordamos em conversar na manhã seguinte, depois de uma boa noite de sono. E isso funciona para nós.

SUGESTÃO DE LEITURA: *COMUNICAÇÃO NÃO VIOLENTA*, DE MARSHALL B. ROSENBERG

Não se deixe assustar pelo título desse livro – você não precisa se envolver em gritarias nem arremessos de pratos na parede para reconhecer que o modo como você e seu companheiro ou sua companheira discutem costuma fazer mal ao outro. O livro *Comunicação não violenta* (CNV) ajudará você a se expressar com clareza e sinceridade ao mesmo tempo que ouve as necessidades da pessoa amada.[6] A CNV é uma prática ativa de comunicação solidária que busca solucionar problemas de modo colaborativo em vez de lidar com as discussões da maneira mais comum (com um monte de "Você fez isso" e "Você não deveria ter feito aquilo"). O objetivo da CNV é ajudar você e seu par a entender seus sentimentos, expressar pedidos claros para que eles sejam atendidos, ouvir a outra pessoa com empatia e de modo compassivo, e chegarem juntos a uma solução.

Existem quatro passos no modelo da CNV: observações, sentimentos, necessidades e pedidos. Usando uma situação que costumo ouvir com frequência na minha comunidade – quando um dos parceiros fica fora de casa mais do que o outro gostaria –, eis como seria o processo CNV para *quem fala*:

- **Observações:** Diga o que você percebeu sem fazer julgamentos, usando frases neutras. Assim, "Você prefere sair com os amigos a ficar com a família" se transforma em "Hoje notei que você chegou em casa às oito, não às seis". Mudanças desse tipo podem impedir que a outra pessoa fique na defensiva.

- **Sentimentos:** Perceba como você se sente. (Pode ser útil pesquisar uma "lista de sentimentos" que ajude a identificar o que você está experimentando.)
- **Necessidades:** Conecte esses sentimentos com a necessidade que não foi satisfeita. Nesse modelo, em vez de "Você não tem consideração por mim", você poderia dizer "Estou sentindo frustração e mágoa por acabar jantando sem companhia [minha necessidade de conexão e inclusão não foi satisfeita]".
- **Pedidos:** Peça diretamente ao seu par que ajude você a abordar esses sentimentos e essas necessidades. Isso transforma "Pare de ir beber depois do trabalho" em "Será que você poderia voltar direto do trabalho três noites por semana para jantarmos juntos?".

Para *quem escuta*, a CNV prioriza ouvir em vez de se preparar para responder, buscando entender em vez de "vencer" a discussão, e demonstrando compaixão pela pessoa que você tanto ama. Um alerta: isso parece papo de terapia, o que a princípio pode afastar algumas pessoas. Mas essa estrutura é apenas um ponto de partida para lhe dar uma nova base de comunicação, e com prática e comprometimento vai parecer natural usar expressões como "Eu sinto" e "Será que você poderia...?". Essa estrutura pode ser radicalmente transformadora para muitos relacionamentos. E pode ser a ferramenta de que você e seu par precisam para mudar o modo como escutam, entendem e se comunicam.

Eu aplico parte da estrutura da CNV nos meus roteiros de limites, além de algumas regras de interação comuns. Assim que vocês tiverem estilos de comunicação básicos e um conjunto de expectativas compartilhadas relativas aos conflitos, será muito mais fácil estabelecer e manter limites quanto à sua saúde mental, ao seu sentimento de segurança e ao seu relacionamento.

▶ Quando minha esposa e eu discutimos, consigo manter a calma e falar com cordialidade. Já ela tem dificuldade com isso, e muitas vezes usa um tom agressivo ou diz coisas horríveis. Eu gostaria de estabelecer uma regra para que nossas discussões não fossem tão cruéis. Como posso fazer isso?

VERDE: "Você acabou de me xingar, e isso me faz mal. Desejo que nossas conversas sejam respeitosas e seguras. Que tal repensarmos essa questão juntos?"
AMARELO: "Não vou continuar a conversa se você ficar falando comigo desse jeito. Eu gostaria que voltássemos ao nosso modelo de CNV. Aceita fazer isso?"
VERMELHO: "Seu jeito de falar comigo não é legal. Vou dar um tempo; avise quando puder ter uma conversa respeitosa."

Numa hora mais calma, explique que quando as coisas esquentam ou um de vocês viola suas "regras de interação", é muito mais provável que vocês digam coisas que não queriam dizer, ou se comportem de maneira prejudicial ao relacionamento. Fazer uma pausa permite que se acalmem e retornem numa versão melhorada, de modo a chegarem a uma solução juntos. Explicar isso pode tranquilizar a pessoa amada e mostrar que você não a está abandonando ou castigando ao se afastar dela por um instante.

▶ Meu companheiro chega do trabalho e na mesma hora já começa a falar sobre as piores coisas que aconteceram naquele dia. O trabalho dele é estressante, eu sei, mas também acabei de chegar em casa e isso me estressa ainda mais, quando na verdade eu deveria estar relaxando. Me ajude.

VERDE: "Ei, meu bem. Claro que quero ouvir como foi seu dia, mas será que você pode me dar uns vinte minutos para eu esfriar a cabeça antes de entrarmos nesse assunto?"
AMARELO: "Ah, será que a gente pode conversar mais tarde? Eu também acabei de chegar em casa e primeiro vou tomar um banho rápido para relaxar."

VERMELHO: "Estou uma pilha e não vou conseguir lidar com seus desabafos agora. Será que podemos passar esta noite sem falar de trabalho?"

Melhor ainda, será que vocês podem automatizar esse limite? Num fim de semana tranquilo, conversem sobre como gostariam que fossem seus primeiros trinta minutos juntos em casa. "Odeio começar a noite falando de trabalho assim que pisamos em casa. Será que podemos criar uma regra de não falarmos de trabalho até depois do jantar, para conseguirmos relaxar um pouco?" Talvez seu par descubra que depois de meia hora lendo, malhando ou preparando o jantar, não sinta tanta necessidade de desabafar sobre o trabalho.

▶ Meu marido costuma concordar com algumas coisas, mas depois fica com raiva de mim. Na semana passada, por exemplo, ele concordou que deveríamos cancelar o almoço com amigos para terminar o trabalho no jardim, mas depois de uma hora de jardinagem ele explodiu comigo porque eu tinha "decidido" que não poderíamos nos divertir. Como posso dizer com gentileza "Não sei ler mentes, e essa é uma postura passivo-agressiva"?

VERDE: "Querido, estou me sentindo frustrada. Você concordou que precisávamos terminar o trabalho no jardim e eu acreditei na sua decisão. Você pode estar chateado porque perdeu o almoço, mas não jogue isso em cima de mim."
AMARELO: "Não posso fazer nada se você não me diz como se sente de verdade."
VERMELHO: "Não estamos nos comunicando direito e eu gostaria de buscar um especialista para nos ajudar."

Lembre ao seu companheiro que você não sabe ler mentes e que esperar que você adivinhe como ele está se sentindo de verdade, ou que se esforce para extrair essa informação dele, é um padrão de comunicação pouco saudável. Estabeleça a Regra de Ouro e expresse suas opiniões com clareza. Se ele ficar furioso, demonstre empatia ("Pois é, o almoço seria bem mais divertido") em vez de levar para o lado pessoal.

▶ Minha companheira vive criticando minha aparência, tipo o que estou vestindo ou como me maquiei. Ora diz que não estou bem-vestida, ora que estou bem-vestida demais. Já não tenho muita confiança no meu estilo, e isso só me deixa mais insegura ainda. Como posso explicar isso?

VERDE: "Querida, a não ser que minhas calças estejam com um buraco ou que eu esteja com batom nos dentes, por favor não dê conselhos não solicitados sobre minha aparência. Por melhor que seja sua intenção, a impressão que fica é de que você não me apoia."
AMARELO: "Por favor, pode parar. Você está tentando minar minha autoconfiança ou controlar o modo como eu me visto, e nenhuma das duas coisas é legal."
VERMELHO: "Não estou pedindo sua opinião."

Isso tem a ver com duas grandes questões: sua falta de confiança no próprio estilo e as tentativas não muito sutis da sua companheira de controlar seu corpo e sua aparência. (Posso sugerir que busquem terapia?) Eu também tive um companheiro que fazia isso – uma vez comprei uma calça de couro e fiquei empolgada em usá-la num jantar, até que ele disse: "Você não vai sair comigo usando isso." Eu o olhei direto nos olhos e falei: "Vou, sim, a não ser que você fique em casa." Ele nunca mais tocou no assunto.

▶ Durante nossas discussões, minha companheira vive projetando meus sentimentos, generalizando com "sempre" e "nunca", e dizendo o que eu quero. Esse não é um modo saudável de discordar, mas não sei como mudar essa dinâmica. Preciso de um limite nesse caso?

VERDE: "Você está fazendo suposições sobre como eu me sinto. O que estou sentindo de verdade é tristeza porque esperava que esta conversa fosse mais colaborativa. Seria bom se eu soubesse como você se sente. Que tal me dizer?"
AMARELO: "Você insiste em atribuir sentimentos a mim, e agora o que sinto é frustração, porque acho que não estamos nos comunicando bem. Para continuarmos, cada um precisa assumir a responsabilidade pelos próprios sentimentos."

VERMELHO: "Acho que você não está me ouvindo de verdade. Vou dar um tempo. Volto daqui a uma hora e a gente pode tentar de novo."

Um leitor me mandou a frase "Favor não impor sentimentos" e eu adorei tanto essa ideia que estou aplicando aqui. Você não pode obrigar sua companheira a usar determinada linguagem, mas pode dar o exemplo e começar suas frases com "Eu sinto...", "Eu quero...". Aqui a terapia também é tremendamente útil. Lembre-se: você só é responsável por sua parte do relacionamento, mas uma única pessoa pode fazer diferença: mesmo que apenas um de vocês esteja usando a CNV, isso já representa uma melhora de 50%.

"SEMPRE", "NUNCA" E SUAS ARMADILHAS

Ao ouvir uma acusação do tipo "Você sempre..." ou "Você nunca...", pode ser tentador responder com exemplos de quando você fez ou não fez alguma coisa, mas isso só piora a situação. Sim, você *ajuda* em casa, mas narrar suas últimas três contribuições com riqueza de detalhes não é abordar a questão mais profunda. Em vez de implicar com o "sempre" ou "nunca", pense nos sentimentos e nas necessidades que estão por trás dessas palavras. "Você nunca ajuda com as crianças" significa "Estou no meu limite e preciso da sua ajuda". "Você sempre fica do lado dela" significa "Parece até que não somos uma equipe, e isso me dá medo". Leia nas entrelinhas, ignore a hipérbole e converse sobre o que você está ouvindo. Lembre-se: o objetivo não é vencer; é abordar o assunto com compaixão para chegarem juntos a uma solução satisfatória.

ROTEIROS PARA ESTABELECER LIMITES QUANTO À SOCIALIZAÇÃO

Se você e seu par não gostam de socializar da mesma maneira ou na mesma intensidade, eu aplicaria imediatamente a estrutura VPF. Conheço casais que passam *todo* o tempo juntos, socializando muito pouco com outras pessoas e preferindo a companhia um do outro. (Essa ideia me provoca arrepios, mas cada um sabe de si.) Também conheço pessoas que saem com amigos ou colegas na maioria das noites durante a semana e deixa o cônjuge mais introvertido em casa – e isso funciona para os dois.

Esqueça a ideia de que um relacionamento saudável "deveria" ser de determinado modo. Reconhecer que cada pessoa tem necessidades diferentes quanto à socialização e aos grupos de amigos e estruturar a vida de modo que atenda a ambas as partes é a grande vitória, mesmo se mais ninguém "entender". Vou apresentar roteiros de limites bem abrangentes para ajudar você a encontrar as palavras certas. A ideia é que você e seu par tenham mais liberdade ainda dentro do relacionamento.

▶ Adoro eventos sociais porque isso estimula minha energia. Meu companheiro é o contrário: não gosta de socializar e prefere ficar em casa. É por isso que muitas vezes não o incluo nos meus planos, mas depois ele fica chateado e ressentido. Como posso equilibrar nossas necessidades?

Essa não é realmente uma questão de limite, a não ser que o seu limite seja "Só posso ficar com você em casa quatro noites seguidas antes de surtar" (o que *pode* precisar ser dito em voz alta). Em vez de Verde/Amarelo/Vermelho, vamos falar de opções para os casais que têm preferências sociais diferentes.

- **Peça a opinião do seu par.** Existe algo nas suas atividades sociais que esteja incomodando a outra pessoa? Talvez ela se preocupe quando você fica fora até tarde bebendo, ou se frustre porque você sempre paga a conta – veja se há qualquer coisa que você possa abordar (ou simplesmente ouvir).
- **Procure entender.** A outra pessoa teme que você possa gostar mais dos amigos do que dela? Ou que você está se cansando do relacionamento? Pode ser útil ter uma conversa aberta sobre os sentimentos mais profundos da pessoa, especialmente sobre a insegurança dela.
- **Encontre maneiras de melhorar a dinâmica.** Pergunte se há outra

coisa que você possa fazer para que vocês se divirtam mais juntos. Talvez a pessoa não goste de ser deixada de lado assim que você chega à festa e vê seus amigos, ou talvez ela adorasse jantar com você, mas não numa boate. Ou talvez ela prefira socializar no conforto de casa, e receber convidados deixaria todo mundo feliz.

- **Seja flexível.** Convide a pessoa para sair e diga que ela pode voltar para casa mais cedo, se quiser. Talvez ela goste de sair com você, mas não queira ficar fora de casa até tão tarde. (Foi por isso que Deus inventou o aplicativo de carona.)
- **Seja consciente.** Pergunte à pessoa se ela gostaria mesmo que você ficasse em casa durante a semana, ou se ofereça para passar metade do fim de semana com ela, de modo que você sempre esteja em casa ou na sexta-feira ou no sábado para um programa de casal.
- **Aceite um meio-termo.** Diga que você só pedirá que a pessoa o/a acompanhe a eventos que sejam realmente importantes para você. E que se um dia ela quiser muito que você fique em casa, você vai ficar. (Isso funciona, desde que nenhum dos dois abuse da proposta.)

Se a pessoa amada prefere mesmo ficar em casa e você precisa do contato social para sua saúde mental, estabeleça um limite. Poderia ser assim: "Não vou pedir que você saia contra sua vontade, porque sei que você não curtiria. Por favor, não peça que eu fique em casa sabendo que estar com amigos é bom para a minha saúde mental." Se a pessoa simplesmente não conseguir superar o ressentimento ou a frustração, converse com um terapeuta sobre os próximos passos.

▶ Vivo precisando de um tempo sozinho para me recarregar e não sei como pedir isso à minha nova namorada sem parecer egoísta ou frio. O que posso dizer quando ela me pede que passe a noite com ela e eu simplesmente não quero?

VERDE: "Eu gostaria de ter uma noite para mim, então ligo para você amanhã. Tenha uma ótima noite."
AMARELO: "Não, obrigado, acho que gostaria de algum tempo de silêncio, me recarregando."

VERMELHO: "Sempre achei importante passar algum tempo sozinho para a minha saúde mental. Se vamos continuar namorando, precisamos descobrir um modo de encaixar isso na nossa rotina."

Estou apresentando roteiros aqui porque os exemplos podem ser úteis, mas antes mesmo de estabelecer um limite é importante ter uma conversa com sua namorada sobre o que significa um tempo a sós para você, e especificamente como isso beneficiaria vocês como um casal. Quando passo uma hora, uma noite ou um fim de semana sozinha, chego em casa mais feliz e mais entusiasmada para me reconectar profunda e intimamente, e esse tempo sozinha me ajuda a preservar meu sentimento de independência e autonomia – algo que meu marido acha atraente.

▶ Sou mãe de três meninos e trabalho fora, e nas tardes de sábado as interrupções constantes, a falta de espaço pessoal e o nível de barulho me deixam louca. Será que posso pedir a toda a minha família – inclusive à minha esposa – um momento de silêncio? Estou brincando, mas não muito.

VERDE: "Por favor, levem os brinquedos barulhentos lá para fora / quem estiver jogando videogame precisa usar fones de ouvido / o volume da TV não pode ultrapassar o 15."
AMARELO: (depois de combinar com sua esposa) "Vou tirar uma hora de silêncio no meu quarto. Podem continuar brincando, e se precisarem de alguma coisa, por favor, peçam à mamãe."
VERMELHO: "Esta casa vai ficar em silêncio hoje das duas às três da tarde. Vocês podem ler, tirar um cochilo ou assistir a alguma coisa no tablet usando fones de ouvido."

Nós temos "horas de silêncio" em muitos fins de semana, e isso é mágico – meu filho não precisa dormir, mas precisa ficar em silêncio no quarto e ler ou brincar sozinho, e eu tenho o silêncio que desejo. Além disso, será que posso sugerir o investimento num bom fone de ouvido com isolamento acústico? Automatize esse limite.

- Meu namorado não gosta de ficar parado. O passatempo dele é esquiar, andar de moto e fazer crossfit. Encorajada por ele, experimentei tudo isso, mas não é para mim – tenho pouca tolerância a riscos e prefiro caminhar ou ler. Adoro o fato de ele ter os próprios hobbies, mas ele fica com raiva quando não participo.

VERDE: "Não gosto das mesmas coisas que você e gostaria que respeitasse isso. É bom cada um ter seus próprios interesses, e nunca vou obrigar você a fazer caminhadas comigo."
AMARELO: "Você sabe que eu não gosto de esquiar, então, por favor, não me pressione. Vá se divertir."
VERMELHO: "Não gosto de como você reage quando eu recuso alguma coisa."

Use isso como uma oportunidade para conversar sobre os motivos de ele se incomodar tanto por vocês não gostarem dos mesmos passatempos. Talvez ele nunca tenha tido um relacionamento saudável em que cada parceiro encorajava a independência do outro, ou talvez ache que essa diferença levará vocês a passar muito tempo separados. Conversem sobre o que está por trás da raiva dele, de modo a determinarem os próximos passos.

ROTEIROS PARA ESTABELECER LIMITES QUANTO À PRIVACIDADE E À CONFIANÇA

É aqui que a comunicação clara e o estabelecimento de expectativas realmente entram em jogo. Sim, é relativamente fácil manter um limite quanto a não compartilhar a senha do e-mail, não contar os segredos da sua amiga ou não comentar relacionamentos românticos do passado. Mas conversar com antecedência sobre questões de privacidade e confiança pode ajudar muito o casal a não precisar de limites ou a estabelecê-los com mais facilidade caso alguém passe do ponto.

Com base nas perguntas que as pessoas me enviaram sobre privacidade e confiança nos relacionamentos românticos – e a julgar pela minha experiência –, os temas mais frequentes são:

- Compartilhar nas redes sociais, ou com familiares e amigos, detalhes pessoais ou fotos do seu par.
- Contar detalhes pessoais ao seu par, como seu histórico sexual ou eventos traumáticos.
- Compartilhar senhas de telefones, computadores ou contas na internet.
- Olhar as mensagens, as fotos, os e-mails ou as faturas de cartão de crédito da outra pessoa.
- Respeitar o espaço pessoal em casa ou em público.

Se vocês ainda não conversaram sobre isso, pensem em discutir cada um desses tópicos e perguntem um ao outro, por exemplo, como se sentem em relação a postar fotos nas redes sociais sem permissão; se vocês aceitam que um veja o que há no celular do outro; ou quanta privacidade cada um espera ter em casa. Vocês concordam com as políticas de bater na porta antes de entrar, pedir permissão antes de compartilhar fotos ou detalhes das férias no Instagram e respeitar o direito da outra pessoa à privacidade quando saem com amigos?

Lembre-se do princípio VPF – o fato de outros casais compartilharem todas as senhas não significa que você e seu par precisem fazer isso também. Conversar, estabelecer expectativas e reforçá-las com limites claros e gentis garantirá que vocês preservem o sentimento de respeito e confiança que todo relacionamento merece.

▶ Peguei meu par olhando minhas mensagens e fotos algumas vezes, quando deixei meu celular desbloqueado. Isso é uma violação de confiança e não é assim que quero que a gente se trate no relacionamento. Como posso falar sobre isso sem parecer que estou escondendo alguma coisa? Porque não estou!

VERDE: "Por favor, não mexa no meu telefone sem permissão. Isso é quebra de confiança e não quero que a gente se comporte desse jeito."
AMARELO: "Ficar bisbilhotando não é saudável para o nosso relacionamento. Por favor, não faça isso de novo."
VERMELHO: "Não posso continuar num relacionamento em que não

haja confiança e respeito. Marquei uma consulta na terapia de casal. Você pode ir comigo ou então vou sem você."

Como lidar com a privacidade no relacionamento é uma decisão que cabe a vocês, desde que entrem em acordo. Se vocês esclareceram quais são as expectativas de privacidade, seu par precisa respeitar isso e abordar as questões de insegurança, ciúme, ansiedade ou controle de um modo mais saudável e franco.

- ▶ Meu marido conta aos pais dele muitos detalhes sobre a nossa vida particular (em especial sobre as nossas discussões), e isso vem abalando nosso relacionamento. Sinto que meus sogros adoram julgar e já se envolviam demais na vida do filho; agora que sabem detalhes do nosso relacionamento, passaram a me tratar diferente. Como devo lidar com isso?

Seu limite é que você não quer que seu marido discuta determinadas coisas com os pais dele ou que você não quer que os pais dele falem dessas coisas com você? Tenha clareza do que deseja antes de conversar com ele. Vou presumir que é a primeira hipótese, já que o segundo limite deveria ser estabelecido diretamente para seus sogros.

VERDE: "Vou esclarecer uma coisa: não quero compartilhar essa discussão/situação com seus pais. O que você conta a eles influencia o modo como eles me tratam, e muito depois de resolvermos um problema eles continuam tocando no assunto. Isso prejudica minha relação com eles e com você também."
AMARELO: "Só vou ter essa conversa se você concordar em não contar tudo depois aos seus pais. Isso não é da conta deles, e as opiniões que eles dão só pioram as coisas."
VERMELHO: "Vou discutir na terapia como devo reagir à sua falta de respeito pela minha privacidade e pelo nosso casamento."

Se o seu marido (compreensivelmente) quer ter alguém para conversar sobre esses assuntos, pense em quem poderia ser um bom confidente ou conselheiro para ele. Concorde se forem pessoas que manterão um distanciamento adequado e não se intrometerão no relacionamento. Para mim, essa pessoa é a minha irmã. Para o meu marido, é um dos melhores amigos ou o terapeuta dele.

- ▶ Estou saindo com uma pessoa, mas a gente não quer compromisso sério agora. Acontece que se essa pessoa sair com alguém, eu gostaria de saber. É justo perguntar isso?

VERDE: "Você disse que não está saindo com mais ninguém no momento. Se isso mudar, ou se você decidir reativar a conta no Tinder, poderia me avisar? Eu vou fazer o mesmo. Gostaria que fôssemos transparentes quanto a isso."
AMARELO: "Eu tenho uma regra: quero que você me avise se começar a sair com outra pessoa. Se você não concordar com isso, não poderemos continuar nos vendo."
VERMELHO: "Eu pedi sua honestidade e você não respeitou isso. Acabou entre a gente."

Esse é um exemplo de limite que você não pode impor; você precisa acreditar que a outra pessoa concorda com ele e vai respeitá-lo. Infelizmente, o limite Vermelho significa que já é tarde demais, e tudo o que você pode fazer é impor as consequências do desrespeito.

- ▶ Minha esposa não tem nenhuma noção de espaço pessoal – ela faz xixi com a porta aberta, entra no banheiro sem bater quando estou tomando banho e fica do lado de fora do toalete falando comigo. Ela não tem muito filtro, mas eu preciso de alguns limites.

VERDE: "Ei, amor, seria bom manter um pouco mais de mistério no nosso relacionamento. Será que você pode bater primeiro quando eu estiver tomando banho, ou esperar até que eu termine? E será que pode fechar a porta quando for usar o banheiro?"
AMARELO: "Nossa, querida! Já pedi que você bata antes de entrar. Por favor, me deixe terminar."

VERMELHO: "Ei, agora estou entrando no banho." Automatize o limite trancando a porta.

Essa conversa pode até aprofundar a conexão entre vocês. Uma boa estratégia para que ninguém se magoe é discutir as diferenças no modo como vocês foram criados; a timidez que você possa ter com relação ao próprio corpo; ou os rituais que você prefere manter privados.

▶ Meu novo namorado vive me perguntando detalhes dos meus relacionamentos anteriores – quantos parceiros sexuais já tive, se fiz isso ou aquilo na cama, se já fiz sexo casual. Não acho que seria útil compartilhar esse tipo de coisa agora, mas será que eu devo a ele uma conversa sobre o meu passado?

VERDE: "Não quero falar sobre nossos relacionamentos anteriores, especialmente sobre detalhes sexuais. Há algum motivo para você puxar esse assunto?"
AMARELO: "Não vejo por que isso é importante agora, e prefiro não falar disso."
VERMELHO: "Se não pudermos deixar esse assunto pra lá, então pode ser que este relacionamento não seja para mim."

Seu limite Verde encoraja uma conversa sobre o motivo da pergunta. Talvez seu namorado se preocupe tanto porque é inexperiente na cama, ou talvez tenha uma infecção sexualmente transmissível e esteja tentando tocar no assunto. Se esse tipo de conversa não evolui e a pessoa continua fazendo perguntas com as quais você não se sente confortável, esse pode ser um alerta Vermelho para o relacionamento.

ROTEIROS PARA ESTABELECER LIMITES QUANTO AO SEXO E AO CONTATO FÍSICO

Estabelecer limites em outras categorias na sua vida pode ser desconfortável, mas para muitas pessoas (especialmente para as que têm histórico de trauma) estabelecer limites quanto ao sexo e ao contato físico pode parecer intimidante demais. O patriarcado, os papéis estereotipados de gênero, as influências religiosas e políticas e a mídia gravaram nas mulheres a ideia de que nosso papel é servir/agradar/fornecer. As pessoas que sofreram abuso sexual ou físico ou outros tipos de trauma costumam sentir que seu valor reside no corpo e no que elas estão dispostas a fazer com ele, ou que não têm ou não merecem toda a autonomia corporal. Durante muitos anos tive dificuldade para estabelecer qualquer limite com meus parceiros românticos, e frequentemente me pegava concordando com coisas que não queria fazer, só por um sentimento de obrigação, por pressão ou medo do que aconteceria se eu recusasse.

O conselho mais importante que já recebi sobre estabelecer e manter limites quanto ao meu corpo nos relacionamentos românticos foi assumir a responsabilidade por meu prazer sexual – um sentimento ecoado por muitos terapeutas matrimoniais e sexuais. Quando você se concentra no prazer da outra pessoa ("Ela gosta disso, está ficando excitada, será que vou satisfazê-la?"), o único resultado positivo é o que *a outra pessoa* alcança. E se o seu companheiro ou a sua companheira não diz que você teve um ótimo desempenho, você se preocupa achando que isso revela algo a respeito de si – a insegurança, os problemas de autoestima e a ansiedade em relação ao sexo, ao seu corpo e ao seu valor.

Ainda que a pessoa lhe dê uma medalha de ouro pela sua performance sexual, quem estava cuidando do *seu* prazer enquanto vocês estavam juntos? Claro, é de esperar que tenha sido seu par... E se ele não fizer isso? (Eis um problema muito citado por mulheres em relacionamentos heterossexuais.) E quanta responsabilidade a outra pessoa pode assumir pelo que está acontecendo dentro da *sua* cabeça, do seu coração e do seu corpo – especialmente se você não estiver comunicando isso no momento?

A grande questão aqui – voltando a falar de limites – é que concentrar-se apenas no prazer da outra pessoa dificulta enxergar se os seus próprios limites estão sendo respeitados, ou mesmo quais são eles. Se a ereção do seu companheiro é sinal de que o sexo é iminente e se o clímax dele é sinal de que o sexo terminou, em que pé isso deixa os seus desejos, o seu humor, a sua disposição ou a sua iniciativa? (Mais uma vez estamos falando principalmente de casais héteros. Parece, de novo, que os relacionamentos entre pessoas do mesmo sexo costumam ser melhores em termos de desejo sexual e, notavelmente, de alcance do orgasmo, em especial entre duas mulheres.)[7]

Assumir a responsabilidade por seu próprio prazer sexual não significa se satisfazer às custas da outra pessoa. Simplesmente serve para reconectar você com seu corpo, seus desejos e seus sentimentos naquele instante. Quando assume a responsabilidade pelo próprio prazer, você investiga o tempo todo: "Isso é gostoso? Quero mais rápido ou mais devagar? Quero tentar algo diferente? Quero que isso continue?" Quando você desenvolve o costume de se responsabilizar pelo próprio prazer, tem mais chance de comunicar seus desejos à outra pessoa, pedir o que você quer e usar uma linguagem clara e gentil para chegar lá. (É como se estivéssemos juntando a Regra de Ouro, o VPF e o tom claro e gentil de limites saudáveis num único embrulho lindo.) Além disso, o tipo de abertura, compartilhamento e vulnerabilidade alcançados com esse nível de comunicação pode ser tremendamente sexual e provocar uma conexão intensa.

Trazer o foco de volta para seu próprio prazer sexual não garante que toda transa terminará num orgasmo sísmico – mas devolve a você as rédeas do próprio corpo, torna mais evidente o que você quer *e* ajuda a estabelecer limites, se necessário.

SUGESTÃO DE LEITURA: *A REVOLUÇÃO DO PRAZER: COMO A CIÊNCIA PODE LEVAR VOCÊ AO ORGASMO*, DE EMILY NAGOSKI

Considerado um dos livros mais importantes sobre o desejo sexual, *A revolução do prazer* é uma exploração científica de como funciona a sexualidade feminina e expõe os fatores mais importantes para as mulheres criarem uma vida sexual satisfatória.[8] Se a ideia de ser dona do seu prazer sexual parece intimidante ou se você não sabe por onde começar, Nagoski escreveu o livro *certo* sobre isso. E, apesar de a obra se concentrar em pessoas com vagina, a lenda dos relacionamentos John Gottman diz que se trata de "um guia necessário para todos os casais", então as pessoas com pênis também deveriam prestar atenção nele.

O livro de Nagoski vai além "do que acontece" na resposta sexual

– desejo, excitação, orgasmo – e mergulha nos processos de *por que* e *como*, que estão por trás desses comportamentos. O mecanismo é baseado em duas funções que ocorrem em todo ser humano: o acelerador sexual (aquilo que esquenta o clima) e os freios sexuais (aquilo que esfria o clima). O modo como essas duas funções surgem varia enormemente de pessoa para pessoa, e entender e respeitar como o *seu* acelerador e os seus freios funcionam é a chave para a realização sexual a longo prazo. Em última instância, o verdadeiro presente de *A revolução do prazer* é ajudar você a responder à pergunta "Eu sou normal?" (spoiler: É.) e lhe indicar um caminho para mudar e curar seu funcionamento sexual, não importa qual seja o seu ponto de partida.

Comunicar seus limites na cama (e em outros espaços íntimos) pode ser um passo poderoso na direção de se reconectar com suas necessidades, assumir a responsabilidade por seu próprio prazer e lembrar-se do seu valor. Nesta seção de roteiros vamos treinar como você pode fazer isso em cada situação.

▶ No quarto eu faço muitas coisas que não quero fazer porque meu companheiro se magoa facilmente quando se trata de sexo. Como posso comunicar o que quero e o que não quero?

VERDE: "Ah, não estou a fim disso / não estou pronta para isso / não gosto disso / não quero experimentar isso agora. Que tal [ofereça uma alternativa]?"
AMARELO: (interrompa a ação) "Não, não quero fazer isso. Está claro? Não faça isso de novo."
VERMELHO: "Não." Afaste-se fisicamente, já que agora isso é agressão.

Repita comigo: não sou responsável pelos sentimentos do meu companheiro. Você pode, sim, começar uma conversa sobre suas preferências sexuais, sobre o que significa um "não" (estou desconfortável, isso dói demais, não gosto da sensação, isso não me parece seguro), e deixar claro que você está recusando a ação, não rejeitando a pessoa. Se seu par se magoa com tanta facilidade com um "não" comunicado com clareza no quarto, ele precisa trabalhar essa questão nele, e você não pode "consertar" a situação cedendo contra sua vontade. (P.S.: Ao se recusar a assumir a responsabilidade pelos sentimentos da outra pessoa, você descobrirá rapidamente se as "mágoas" não seriam na verdade uma tática de manipulação.)

VAMOS FALAR SOBRE SEXO

Comunicar limites claros proporciona uma experiência segura e prazerosa para ambas as partes. A outra pessoa precisa respeitar o seu "não" e passar *imediatamente* a algo que seja confortável para o casal. Eis algumas desculpas que *não* servem para pressionar você ou desrespeitar seus limites:

- Você deixou a outra pessoa muito excitada.
- A pessoa está "quase lá".
- Você já fez isso antes com outras pessoas.
- Você já fez isso antes com essa mesma pessoa.
- Você disse "sim", mas mudou de ideia.
- É um dever do casamento.

Pode ser desconfortável começar uma conversa com "E então, o que você acha de sexo anal?", mas a alternativa é o incômodo de descobrir, no calor do momento, que a pessoa *realmente* não curte determinada coisa. Meu marido e eu tivemos nossas melhores conversas sobre sexo durante momentos relaxados nas férias, quando não nos sentíamos pressionados ou estressados e podíamos abordar o assunto com curiosidade e num tom de brincadeira.

▶ Quero que meus parceiros sexuais usem camisinha, mas você não acreditaria nas desculpas que ouço e na pressão que me fazem quando toco no assunto. Já cedi mais de uma vez. Como posso me manter firme?

VERDE: "Você trouxe camisinha? Se não, eu tenho uma aqui."
AMARELO: "Se você não usar, não vai rolar."
VERMELHO: "Tchau."

Resolva isso cedo, bem antes de tirar a roupa. "Podemos fazer se você usar camisinha e se a camisinha permanecer no lugar. Isso é um problema?" Se ele começar de papo furado, interrompa: "É pegar ou largar, meu querido." Qualquer pressão contrária depois de um limite Amarelo é uma quebra de acordo permanente – se o seu parceiro não respeitar seus limites aqui, ele não vale a pena, e estabelecer seu limite cedo e ver como a pessoa reage é um teste decisivo para o relacionamento.

▶ Meu companheiro acorda antes de mim e adora me abraçar e ficar juntinho. Acho legal que ele seja carinhoso, mas em geral ainda estou em sono profundo e não gosto de ser incomodada. Como podemos encontrar um meio-termo?

VERDE: (na noite anterior) "Se você acordar cedo amanhã e eu ainda estiver dormindo, por favor, não me abrace. Vamos ficar de conchinha agora, vendo um filme."
AMARELO: "Não quero aconchego de manhã antes de acordar."
VERMELHO: "Se você continuar me abraçando de manhã, depois de eu ter pedido que não faça isso, vou dormir no quarto de hóspedes."

Sim, você pode estabelecer um limite quando estiver acontecendo, mas aí será tarde demais, já que você terá acordado! Comece na noite anterior falando sobre suas diferenças com relação ao sono e buscando um meio-termo. Talvez de segunda a sexta você queira dormir até seu despertador tocar, para garantir o descanso, mas os fins de semana possam ser dedicados ao aconchego. Ou talvez seu companheiro fique feliz com um abraço bem demorado quando você acordar. O melhor modo de evitar conchinha fora de hora (e depois ficar ressentida a manhã inteira) é comunicar isso claramente antes mesmo de irem para cama.

- ▶ No meu corpo existe uma área que eu não gosto que seja tocada: a barriga. Como posso deixar claro a qualquer pessoa que saia comigo que essa região é proibida?

VERDE: "Ah, pode fazer carinho, menos na barriga. Não gosto disso."
AMARELO: "Não gosto que toquem na minha barriga. Por favor, não faça isso."
VERMELHO: Afaste-se da situação.

Talvez você precise lembrar a pessoa algumas vezes se o relacionamento for recente e perdoar um contato não intencional (por exemplo, se a pessoa estender a mão para pegar alguma coisa). Sinta-se à vontade para explicar que essa é uma área sensível para você, que tem a ver com algum trauma, ou que você simplesmente sente cócegas ali. Ou não. O consentimento deve ser respeitado, mesmo sem explicação.

- ▶ Minha parceira faz avanços sexuais nos momentos mais inoportunos, como quando acabo de sair do banho e estou me vestindo para trabalhar. Nos filmes isso parece sensual, mas na vida real é diferente. Não posso me atrasar. Como fazer com que ela perceba isso?

VERDE: (num momento calmo) "O problema não é você. Eu simplesmente não consigo entrar no clima pouco antes do trabalho, quando estou na correria e pensando nos compromissos do dia. Que tal no sábado? Eu me arrumo só para você..."
AMARELO: (com um beijo) "Eu te amo, mas agora, infelizmente, não estou no clima. Guarde essa energia para depois do trabalho."
VERMELHO: "Não." E saia do quarto.

Algumas outras sugestões: se a ideia de "atrasar você" excita os dois, encontre outros eventos (menos urgentes) para os quais se atrasar. Talvez sua parceira só fique mais a fim de manhã – será que de vez em quando você poderia acordar um pouquinho mais cedo ou ficar mais tempo na cama aos sábados? Ou talvez ela só queira um momento de conexão antes de começar o dia, e um abraço demorado e um apertão no bumbum resolvam o caso sem fazer com que você se atrase.

PARA AMAR OS LIMITES QUE LIBERTAM VOCÊ

Alguns dos limites mais importantes que você estabelece nos seus relacionamentos românticos podem ser dirigidos apenas a você. Por causa do meu histórico de trauma sexual e vício, e por já ter sido traída no passado, nem sempre me comportei da melhor maneira possível nos relacionamentos. Quando Brandon e eu começamos a namorar sério, eu sabia que precisava estabelecer alguns limites para mim mesma para ser minha melhor versão e não trazer nenhuma bagagem para nosso namoro. Eu prometi a mim mesma, silenciosamente, que no meu relacionamento:

- Não iria xeretar nenhuma coisa particular do Brandon – celular, e-mails ou correspondências.
- Não ficaria pedindo detalhes sobre com quem ele estaria ou o que faria quando saísse.
- Não procuraria saber sobre suas amigas nas redes sociais.
- Não concordaria com nada que fosse desconfortável fisicamente para mim.
- Nunca fingiria prazer durante o sexo.
- Não fugiria se estivesse me sentindo vulnerável.

E me comprometi com o seguinte:

- Contaria a ele se minha recuperação estivesse difícil.
- Diria a ele se estivesse sentindo ciúme ou insegurança, e por quê.
- Assumiria responsabilidade por minha saúde mental.

Muitos desses limites ficaram irrelevantes rapidamente. Assim que Brandon e eu estabelecemos um nível básico de confiança e eu me abri em relação a algumas coisas que haviam acontecido no meu último relacionamento, descobri que a ansiedade que eu tinha quanto à fidelidade, por exemplo, simplesmente havia desaparecido. Outros limites mantenho até hoje, como o de não fingir meu prazer (um remanescente do meu trauma sexual e algo que eu fazia regularmente antes de Brandon) e assumir a responsabilidade pela minha saúde mental.

Os limites são uma via de mão dupla: você pode esperar que as outras pessoas respeitem os seus e precisa respeitar os delas, pelo bem da relação. Mas não desconsidere o poder dos *limites que você estabelece para si* em todos os seus relacionamentos. Para mim, criar diretrizes rígidas sobre o que *eu* faria ou não faria colabora para o sucesso do relacionamento tanto quanto os limites que meu companheiro e eu estabelecemos um para o outro.

CAPÍTULO 7

Quando você não pode simplesmente se afastar

Como estabelecer limites para o pai ou a mãe dos seus filhos

Emily me escreveu depois de ouvir um episódio sobre divórcio no meu podcast. Ela havia se divorciado recentemente e estava com dificuldade para estabelecer um novo tipo de relacionamento com sua ex-esposa, Shannon. Elas tinham duas crianças pequenas que dividiam o tempo entre a casa de Shannon e a de Emily, e, apesar de o divórcio ter acontecido de modo relativamente amistoso, ainda havia mágoas e emoções intensas abaixo da superfície. "Às vezes eu me pego falando com Shannon como se ela fosse minha melhor amiga. Às vezes brigamos como inimigas mortais. Estamos tentando pensar nas crianças, mas nem sempre sinto orgulho de como estou agindo."

Eu venho compartilhando a criação do meu filho com meu ex-marido há oito anos – desde que a criança tinha apenas 1 ano – e o e-mail de Emily me levou a relembrar tudo o que passamos. Quando eu era mais nova, ao terminar um relacionamento de longo prazo, quase sempre a outra pessoa e eu tomávamos rumos diferentes. Eu não *precisava* mais falar com meu ex se não quisesse, e em geral era menos doloroso simplesmente seguir adiante. Quando me divorciei, no entanto, não tive essa opção. Tive que manter meu ex na minha vida em nome do nosso filho, e precisávamos encontrar um meio de trabalhar juntos do modo mais saudável possível.

Apesar de ter bons limites em outras áreas da minha vida, eu tinha pouquíssimos limites em relação ao meu ex – pelo menos a princípio. No meio do nosso divórcio fiquei tão abalada emocionalmente e tão estressada que oscilava entre conversar com ele como se ainda fôssemos um casal e só permitir que ele falasse com minha advogada. Nenhum dos dois estilos de comunicação era útil, mas eu não sabia como estabelecer os limites necessários para ter um divórcio bem-sucedido, manter nosso filho em segurança e preservar minha saúde mental.

LIMITES COM EX

Quando se trata de compartilhar a criação dos filhos, a maioria das questões que recebo não pode ser resolvida realisticamente com um limite claro e gentil. Eis algumas perguntas que os leitores já me fizeram:

- "Meu ex diz coisas terríveis sobre mim aos nossos filhos. Como posso impedir que ele continue fazendo isso?"
- "Minha ex dá aos meus filhos todo tipo de comida que ela sabe que eu não permito. Como posso estabelecer um limite quanto à alimentação das crianças?"
- "Minha ex sempre chega atrasada quando é o dia dela de ficar com as crianças. O que posso fazer nesse caso?"
- "Meu filho joga muito videogame na casa do pai, mas aqui o tempo em frente à tela é controlado com rigor. Será que posso fazer com que o pai dele aja como eu?"
- "Meu ex sai muito e costuma deixar as crianças com a mãe dele. Eu gostaria que ele passasse mais tempo com os filhos durante a semana ou, do contrário, que deixasse as crianças comigo."

Infelizmente, situações assim não podem ser remediadas com um limite. Lembre-se do Capítulo 1: os limites não têm a ver com controlar a outra pessoa ou dizer a ela o que fazer. Têm a ver com o que *você* fará ou deixará de fazer em nome da sua segurança e da sua saúde. E a dura verdade é que quando se trata da guarda compartilhada dos filhos, nem sempre os limites são uma solução viável.

Em muitos desses casos, um "limite" seria uma tentativa de determinar o que a outra pessoa faz na própria casa com os próprios filhos – algo que você não pode influenciar sem uma ordem judicial ou um contrato legal. Você não pode obrigar a outra pessoa a dar apenas o tipo de comida que você considera saudável, nem estabelecer um limite para o tempo que seu filho passa diante da tela quando está na casa do pai. Você não pode fazer com que sua ex fale bem de você, mande fotos da festa de aniversário ou apareça na hora marcada enquanto seus filhos esperam pacientemente junto à porta. Essas não são questões de limites, porque um limite não pode controlar o comportamento de outra pessoa.

Além disso, mesmo que você pudesse estabelecer um limite, essa imposição provavelmente prejudicaria seus filhos. Imagine dizer ao seu ex: "Se você chegar com mais de quinze minutos de atraso não poderá pegar as crianças." Esse limite pode facilitar a *sua* vida, já que você não precisará mais deixar seus planos de lado para esperar a pessoa ou inventar desculpas para consolar seus filhos. Mas manter esse limite vai magoar as crianças, que realmente querem (e devem) ficar com a outra pessoa. (Além disso, esse "limite" provavelmente violaria seu acordo legal – algo que você deve evitar a todo custo.)

Num mundo ideal, você e a outra pessoa concordariam em relação a todas as decisões importantes sobre a criação dos seus filhos, desde a hora de dormir até o tempo diante da tela, passando por decisões a respeito de babás, dietas "saudáveis", cortes de cabelo e brincadeiras. Mas na verdade, a não ser que seja uma cláusula contratual, é impossível impor os *seus* padrões de cuidado, saúde, comunicação ou socialização ao pai ou à mãe dos seus filhos.

SAÚDE E SEGURANÇA

Se você tem motivos para acreditar que a saúde ou a segurança dos seus filhos está em perigo, deve agir imediatamente por meio dos canais legais. Mas nenhum advogado encorajará você a processar a outra pessoa por causa do tempo passado diante da tela, da comida pouco nutritiva ou do número de noites que sua filha passa com a avó no lugar do pai, a não ser que esses comportamentos tenham um impacto negativo na frequência escolar, na saúde ou em outros parâmetros de segurança e bem-estar. Levar seu drama familiar a um programa de TV é sempre uma alternativa, mas por que você não termina de ler o capítulo antes de escrever para a produção?

Já ouvi falar de cláusulas incomuns nos planos de guarda compartilhada, como o número de noites que a criança pode passar com uma babá ou se os pais podem ou não publicar fotos dos filhos em redes sociais. Se você puder pensar nessas situações antecipadamente e conversar sobre elas com seu advogado, ótimo. Se, no entanto, já passou desse ponto (como Emily, quando escreveu para mim), precisará de outras estratégias para compartilhar a criação dos seus filhos de modo eficaz.

MUDE O FOCO

Uma área em que você *pode* estabelecer limites é na comunicação com o pai ou a mãe dos seus filhos. Afora o comportamento dessa pessoa com as crianças, algo que geralmente está fora do seu controle, que tipo de limites você pode estabelecer de modo que a comunicação entre vocês seja saudável, gentil e eficaz? Expliquei a Emily que mudar o foco para o *modo* como ela estava se comunicando com Shannon (e permitindo que Shannon se comunicasse com ela) seria fundamental para facilitar essa nova fase do relacionamento. Usei minha experiência para delinear algumas sugestões e vou compartilhá-las com você também.

LIMITE AS FORMAS DE COMUNICAÇÃO. Reconheci desde cedo que os telefonemas ou os encontros pessoais tinham muito mais probabilidade de se transformar em brigas. Meu ex e eu sabíamos como tocar nas feridas um do outro, e era muito fácil afirmar "Eu nunca disse isso!". Estabeleci o limite de que todas as comunicações tinham que ser feitas por escrito, de modo que cada um tivesse um registro do que havia sido combinado. Se o assunto exigisse um encontro cara a cara, nós nos encontrávamos em público, em algum lugar onde eu conseguisse manter a calma com mais facilidade, e depois eu resumia a conversa numa mensagem de texto.

LIMITE OS ASSUNTOS A SEREM DISCUTIDOS. Uma das melhores decisões que tomei no início foi limitar as comunicações com meu ex a assuntos que envolviam diretamente o nosso filho. Estabeleci um limite em relação a contar qualquer coisa da minha vida pessoal – como ia o trabalho, se eu estava namorando, como estava minha família – e fazia questão de não perguntar nem saber nada sobre a vida dele. Na verdade, quando amigos em comum tentavam me contar alguma coisa sobre o trabalho ou as viagens do meu ex, eu interrompia dizendo: "Opa, realmente não quero saber nada sobre a vida dele. A gente respeita a privacidade um do outro." O *único* assunto sobre o qual falávamos era nosso filho, o que me facilitou muito seguir em frente e me curar.

FALE COM CLAREZA SOBRE SUAS EXPECTATIVAS. Ainda que eu não pudesse controlar se ele apresentaria ou não nosso filho às suas novas namoradas, pedi claramente (e por escrito) que se uma pessoa fosse fazer parte da vida do meu filho, eu queria conhecê-la. Defini o que significava "fazer parte da vida" (alguém que meu ex estivesse levando a sério e que tivesse um contato constante e significativo com nosso filho), expliquei que esperava que ele me avisasse quando isso acontecesse e disse que faria o mesmo. Eu não podia controlar se ele respeitaria isso, mas preparei o terreno para nossa colaboração e dei o exemplo, agindo com ele como eu gostaria que ele agisse comigo.

RESTABELEÇA AS "REGRAS DE INTERAÇÃO". Em termos de lidar com conflitos, meu ex e eu nos comportamos melhor no divórcio do que no fim do casamento – em parte porque nossos advogados nos aconselharam a não dizer nem fazer nada que um juiz não visse com bons olhos. Combinar que jamais iríamos gritar, xingar, ameaçar, jogar nosso filho um contra ou outro nem ser cruéis em termos gerais tornou nossas discussões mais fáceis, e impor esses limites sem entrar em discussões improdutivas foi mais útil ainda.

LIMITES AUTOESTABELECIDOS PARA COMPARTILHAR A GUARDA DOS FILHOS

Ao oferecer essas dicas a Emily, também percebi que tinha estabelecido um bom número de limites *para mim mesma* como um meio de manter saudável meu relacionamento na criação compartilhada do meu filho. Foram limites que eu decidi que eram os mais saudáveis para mim e para meu filho em termos de interação e comunicação. Estabelecer esses limites para mim mesma me ajudou a cuidar da minha vida, a me manter longe do meu ex e a me comportar do melhor modo possível em algumas situações de maior estresse. Aqui vão alguns limites que eu estabeleci para mim mesma em relação à guarda compartilhada do meu filho:

NÃO ATROPELAR MEUS LIMITES. Era tentador *demais* verificar as postagens do meu ex no Instagram e perguntar sobre a vida dele aos nossos amigos em comum. Mas impor um distanciamento entre nós era necessário para minha saúde mental e minha cura, por isso respeitei esse limite para mim mesma. (Não importava se meu ex estava me bisbilhotando – eu só podia controlar o meu comportamento.) Observe que não optei por bloqueá-lo nas redes sociais – eu confiava em mim mesma para não olhar as postagens públicas que ele fazia e não via necessidade de esconder minhas postagens. Mas pode ser que, no seu caso, bloquear a outra pessoa seja uma estratégia razoável e útil; se for assim, vá em frente.

DEIXAR A CRIANÇA FORA DISSO. Às vezes meu filho me contava sobre o fim de semana com o pai e, sem querer, acabava dando detalhes da vida do meu ex – a "amiga" que o pai dele andava visitando, ou a viagem que ele estava planejando. Eu deixava meu filho contar a história, mas estabelecia o limite de não pedir informações extras. Fazer perguntas do tipo "Quem é essa amiga e quantas vezes eles se veem?", ou "Quando é a viagem do seu pai?", seria uma invasão de privacidade e um modo furtivo de ultrapassar meu limite saudável. Jurei jamais colocar nosso filho no meio da nossa comunicação desse jeito.

SER GENEROSA COM ESSES LIMITES. Meus limites para meu ex incluíam só falar com ele sobre meu filho – mas dentro desse limite decidi ser generosa quando se tratava de trocar informações. Nas semanas em que meu filho estava comigo eu mandava fotos, relatos divertidos sobre o que ele havia dito e feito, e atualizava meu ex sobre acontecimentos importantes, novas comidas preferidas ou jogos que nosso filho estava curtindo. Meu ex captou isso e reagiu do mesmo modo, o que significava que mantínhamos uma conexão forte com a criança mesmo quando ela não estava conosco.

TER CUIDADO COM O QUE DIZER. Teria sido fácil demais falar mal do meu ex-marido com minha família, com nossos amigos e até mesmo com as pessoas em geral, já que eu tinha um grande número de seguidores nas redes sociais e nosso relacionamento tinha sido bastante público. Mas desde o início decidi que não faria isso. Eu tinha algumas pessoas de confiança – minha irmã, meu terapeuta e uma boa amiga – e me permiti falar livremente com cada uma delas, para desabafar de verdade. Afora essas pessoas (que de qualquer modo não tinham contato com meu ex), eu me comprometi a não dizer *nada* que não fosse gentil sobre ele, especialmente em relação aos motivos do divórcio. Além disso, eu sabia que cair num padrão de falar mal dele magoaria meu filho assim que ele tivesse idade para entender. Simplesmente por esse motivo decidi que jamais falaria coisas desagradáveis sobre o meu ex.

NÃO RESPONDER NA MESMA HORA. Eu tinha dificuldade em manter uma comunicação gentil e cordial em parte porque eu era rápida demais em responder a cada mensagem ou e-mail. Meu ex mandava uma mensagem incômoda sobre a casa, a guarda compartilhada ou algum outro aspecto da nossa situação e eu retrucava imediatamente. Isso desencadeava trocas de mensagens frenéticas que ficavam cada vez menos educadas, mais ameaçadoras ou descaradamente cruéis, até eu sentir tanta raiva que jogava meu celular longe e saía de casa, fumegando. Até que um dia percebi que eu não *precisava* responder na mesma hora. Passei a esperar um pouco antes de responder, até me sentir calma e conseguir enxergar a situação de modo mais claro. Isso me ajudou a dar respostas mais gentis, o que tornou nossas conversas mais produtivas.

NEM TUDO PRECISA DE RESPOSTA

Meu ex e eu trocamos algumas mensagens pouco gentis na fase inicial do divórcio, mas houve ocasiões em que suspeitei que ele dizia alguma coisa *só* para provocar uma reação da minha parte. Diante dessas mensagens mais provocadoras, eu reagia... simplesmente não respondendo. Eu me obrigava a largar o telefone, parar um pouco e refletir sobre como estava me sentindo e o que estava pensando. E me comprometia a não responder até que pudesse dar uma resposta que me deixasse (e deixasse minha advogada) orgulhosa. Sabe o que passou a acontecer? Meu ex começou a *pedir desculpas* antes mesmo que eu dissesse uma única palavra. "Oi, não foi legal eu ter dito aquilo. Desculpe. Podemos recomeçar a conversa do zero?" Em pouco tempo nossas mensagens desagradáveis se tornaram raras, provavelmente porque agora, *antes* de enviá-las, estávamos nos perguntando: "É assim que eu quero agir?" Às vezes a melhor resposta é não responder. Portanto, pense se o caminho mais eficaz não seria ficar na sua e recusar-se a alimentar aquela energia negativa.

MANTER MINHA DIGNIDADE. Esse foi o limite mais importante que estabeleci para mim mesma nessa situação. Durante o processo do divórcio (que demorou mais de um ano), meu ex e eu tivemos algumas conversas bastante hostis. Lembro que naquela época eu estava maratonando *Suits* e me identifiquei muito com o seriado: minha vida também estava repleta de facadas nas costas, manipulações e tentativas de vencer às custas de outra pessoa. Eu queria que fosse olho por olho, dente por dente. Queria responder a ameaças fazendo ameaças também e triunfar em qualquer batalha que estivéssemos travando a cada dia... até perceber que tentar contra-atacar e "vencer" nossas discussões estava me fazendo muitíssimo mal. Eu estava estressada e ansiosa, e sentia que carregava meu ex aonde quer que eu fosse. Eu não queria levar aquela energia para a nova fase da minha vida. Trabalhei isso na terapia e decidi que, não importava como meu ex se comportasse, pela minha própria saúde mental eu precisava manter minha dignidade e ser gentil. (E se não conseguisse fazer isso, usaria meus advogados para mediar nossa comunicação.) A frase, agora famosa, de Michelle Obama resume a questão lindamente: *Quando eles baixam o nível, nós elevamos o nosso.*

Estabelecer esses limites para mim mesma foi a coisa mais importante que fiz para proteger minha saúde mental durante aquele período incrivelmente estressante – e descobri que, ao mudar meu comportamento, toda a nossa dinâmica melhorou também. Não sei bem se minhas atitudes alteraram o comportamento do meu ex, ou se minha autorreflexão e meu comprometimento com a dignidade mudaram o modo como eu enxergava as atitudes dele. De qualquer modo, uma única pessoa realmente basta para melhorar um relacionamento.

BUSQUE O APOIO NECESSÁRIO

Emily reconheceu que tinha a sorte de ter uma ex-companheira cooperativa e comprometida em priorizar o que fosse melhor para os filhos. Emily concordou em implementar muitos dos limites sobre os quais falamos, e alguns meses depois me contou que os limites que havia estabelecido para si mesma e para Shannon haviam melhorado tremendamente a comunicação entre elas ao longo do tempo.

Se você não tem a mesma sorte e ainda acha difícil manter um relacionamento saudável com seu ex-companheiro ou sua ex-companheira, existem recursos que podem ajudar. Um curso sobre guarda compartilhada pode lhe fornecer estratégias valiosas para estabelecer um relacionamento saudável, além de conectar você com um grupo de pessoas que passam pelos mesmos desafios. (Melhor ainda se o ex-casal frequentar o curso ao mesmo tempo, mas de qualquer modo vale totalmente a pena mesmo que apenas você compareça.)

Se a guarda compartilhada (em que ambas as partes estão comprometidas a trabalhar juntas pelo bem da criança) estiver se mostrando muito desafiadora, cogite a *guarda alternada*, que é como impor a versão Vermelha dos limites autoestabelecidos que discuti anteriormente. A guarda alternada limita rigidamente a natureza das interações entre os dois adultos e mantém bem documentados os horários, pedidos e acordos. Ela proporciona ferramentas para as duas pessoas trabalharem juntas durante um divórcio complicado, ajuda a proteger as crianças de qualquer conflito entre o ex-casal e pode ser uma ponte entre a situação atual e um estilo de guarda mais cooperativo no futuro.

Também existem aplicativos de guarda compartilhada (como Our Family Wizard, Coparently e 2Houses, em inglês) que ajudam pais e mães a conversar entre si, compartilhar agendas e documentar os gastos. Aplicativos assim diminuem a necessidade de contato presencial e ajudam a suavizar o processo de separação. Além disso, vocês podem envolver um terapeuta ou mediador de família para ajudar a conduzir as conversas difíceis.

Por fim, converse com seu advogado para ver se uma mediação poderia ajudar vocês a estabelecer novos termos de guarda compartilhada ou alternada, ou pelo menos a combinar "regras de interação" mais gerais.

VPF

O princípio do "Vocês Podem Fazer Como Quiserem", apresentado na página 162, aplica-se muitíssimo bem aqui. Não existe um modo certo de fazer a guarda compartilhada. Abrir mão das expectativas em relação a como ela "deveria" ser e não fazer comparações com outros relacionamentos pode ajudar muito a estabelecer o tipo de arranjo que funcione para a sua família. Além disso, é provável que a dinâmica de guarda compartilhada mude à medida que vocês evoluem. Nós comemorávamos os aniversários separados (nosso filho tinha duas festas), mas há alguns anos começamos a convidar um ao outro (e aos nossos companheiros) para as comemorações, e, ao percebermos que nosso filho gostava de ver todos nós no mesmo lugar, isso se tornou o padrão. Abra espaço para a gentileza, a flexibilidade e o crescimento; lembre-se de que você pode mapear seu caminho, desde que haja um acordo entre as partes; e sempre se baseie no que for melhor para a criança.

ROTEIROS PARA ESTABELECER LIMITES PARA O PAI OU A MÃE DOS SEUS FILHOS

Ainda que talvez você não possa estabelecer todos os "limites" que esperava encontrar neste capítulo, aqui vão alguns roteiros que você pode usar com o pai ou a mãe dos seus filhos para manter limites saudáveis em termos de comunicação, privacidade e saúde mental, além de algumas consequências que você pode impor caso esses limites sejam desrespeitados.

- Minha ex-esposa fica sondando detalhes sobre o meu trabalho ou meus planos para o fim de semana quando falamos sobre as crianças. Não quero compartilhar detalhes assim e parece invasivo ela ficar perguntando. Como posso dizer com gentileza "Por favor, não faça isso"?

VERDE: "Prefiro não falar sobre isso, mas que bom que as crianças se divertiram no cinema. Gostei muito de ter recebido aquelas fotos."
AMARELO: "Não me sinto confortável falando da minha vida e prefiro que você não pergunte."
VERMELHO: "No momento, só quero falar sobre as crianças."

Se as perguntas chegam por mensagem de texto ou e-mail e você já exprimiu um limite Verde, sinta-se livre para simplesmente não responder às perguntas pessoais, somente às que sejam relevantes para as crianças. Mas primeiro certifique-se de estabelecer um limite, já que evitar as perguntas sem qualquer explicação não é uma atitude clara nem gentil.

- O pai do meu filho me convidou para tomar um café e "conversar sobre as crianças". Mas, quando cheguei, ele começou a dizer que acha que eu lhe devo dinheiro. Preciso estabelecer um limite em relação a isso, mas não sei por onde começar.

Vou lhe dar dois roteiros de limites: um para usar na mesma hora, se achar que a conversa não está indo bem; e outro para usar depois do ocorrido, para impedir que aconteça de novo.

VERDE: (enquanto estiver acontecendo) "Pode parar. Não foi sobre isso que viemos conversar. Já abordamos tudo o que você queria falar sobre o nosso filho? Se abordamos, já vou indo."
AMARELO: "Não vou conversar sobre isso com você aqui. Por favor, fale com seu advogado."
VERMELHO: Saia dali.
VERDE: (depois do fato, por escrito) "De agora em diante, por favor use e-mail ou mensagem de texto para tratar dos assuntos sobre nosso

filho. Quero garantir que tudo o que a gente discuta ou combine fique registrado."

AMARELO: "Não vou mais me encontrar pessoalmente com você. Por favor, quando necessário, mande um e-mail ou uma mensagem de texto ou áudio."

VERMELHO: "Quando você me enviar suas solicitações por escrito, terei prazer em responder."

Nesse caso, você ainda está cooperando totalmente – só está garantindo que não terá uma surpresa desagradável e que poderá acessar o registro das suas conversas, se necessário. Descobri que isso é extremamente útil mesmo se o relacionamento com a outra pessoa não for litigioso.

▶ Minha ex-esposa me liga tarde da noite para falar sobre questões não urgentes. Acho que é para verificar o que estou fazendo. Já tentei simplesmente não atender, mas aí ela fica ligando várias vezes ou deixa um recado raivoso. Preciso de ajuda.

VERDE: "A não ser que seja uma emergência, por favor não me ligue depois das oito da noite. Se você quer falar alguma coisa na mesma hora para não correr o risco de esquecer, mande uma mensagem de texto ou um e-mail, e eu responderei na manhã seguinte."

AMARELO: (ao telefone) "Isso não parece uma emergência. Ligo para você amanhã. Tchau."

VERMELHO: (por escrito) "Não vou mais atender suas ligações nem ouvir seus áudios depois das oito da noite. Se acontecer alguma emergência, por favor mande uma mensagem de texto. E se eu não responder, ligue para minha irmã ou minha mãe."

É aqui que os aplicativos de comunicação são práticos. Vocês podem trocar informações, horários e pedidos por meio do aplicativo a qualquer hora do dia ou da noite e guardar os telefonemas para as verdadeiras emergências. Estabelecer o limite de que todas as conversas sejam feitas pelo aplicativo mantém um registro das interações, favorece a organização e garante que sua privacidade seja respeitada.

- Meu ex exige saber detalhes da minha vida agora que estou num relacionamento novo, tipo se as crianças conheceram meu novo companheiro, ou se planejamos levar o relacionamento mais longe. Como posso continuar cooperando pelo bem das crianças sem ter que contar muitas coisas?

VERDE: "Se o meu relacionamento se tornar importante a ponto de envolver as crianças, eu aviso; e se você quiser, apresento vocês dois. Até lá não preciso compartilhar detalhes da minha vida pessoal."
AMARELO: "Eu já disse: quando precisar envolver você por causa das crianças, farei isso. Ainda não chegamos lá."
VERMELHO: "Pare de perguntar sobre meus namoros. Quando tiver algo para contar, eu aviso."

Nesse caso, trate seu ex como você gostaria que ele tratasse você. Se seu ex estivesse namorando, quando você gostaria de saber? Minha regra básica era: "Se essa pessoa vai fazer parte da vida do meu filho, eu quero conhecê-la." E então deixava que meu ex-marido indicasse quando isso acontecesse.

- Minha ex usa o momento de pegar ou deixar nossa filha comigo para discutir mudanças que ela gostaria de fazer no nosso modelo de guarda compartilhada (regras sobre horários e férias, por exemplo). Apesar de minha filha ser pequena, ela capta nosso tom de voz e não gosto de conversar sobre isso quando ela está por perto. Como posso dizer "Esta não é a hora"?

VERDE: (por escrito, antes da visita) "Vamos estabelecer a regra de não falar sobre a guarda na hora de pegar ou deixar a menina. Katie ouve tudo, e não quero que ela se estresse com essas conversas. Você pode me ligar hoje à noite, depois que ela dormir, se quiser conversar sobre alguma coisa."
AMARELO: (enquanto estiver acontecendo) "Certo, mas vamos falar sobre isso mais tarde. Mande uma mensagem hoje à noite ou no fim de semana. Katie, venha dar tchau."

VERMELHO: "Não é hora. Diga tchau a Katie e nós conversamos mais tarde."

Se necessário, encontrem-se para pegar e deixar a menina num local neutro ou do lado de fora da casa, de modo a favorecer esse limite caso sua ex insista em começar uma conversa inadequada. Esteja disponível para ter essas discussões (dentro dos seus limites) em tempo hábil, para mostrar à sua ex que você quer cooperar.

▶ Meu ex-marido ainda entra na minha casa sem bater, ou sobe para entrar no quarto das crianças sem pedir. Já reforcei que a casa não é mais dele, mas esse comportamento continua. Me ajude a me impor sem iniciar uma briga.

VERDE: (por escrito, antes da visita) "Por favor, quando chegar, espere ser convidado a entrar, não fique andando pela casa sem me pedir antes, mesmo se as crianças chamarem. É importante que eu mantenha alguns limites quanto ao meu espaço."
AMARELO: Mantenha a porta trancada, de modo que seu ex seja obrigado a bater, e o acompanhe caso opte por deixar que ele visite o quarto das crianças.
VERMELHO: Receba-o do lado de fora, com as crianças prontas para sair.

Se você prefere que seu ex não entre na sua casa, comunique isso por escrito e, caso ele seja chamado para subir ao quarto, peça que ele simplesmente diga às crianças: "Não, meus amores, agora a casa é só da mamãe, por isso vou ficar aqui embaixo." Se não incomoda você que seu ex suba um pouquinho para brincar com os filhos, mantenha as outras portas da casa fechadas, para sua privacidade, e limite o tempo que ele pode passar ali, dizendo: "Brinquem só um minuto com o papai, crianças. Depois é hora de dar tchau."

PARA AMAR OS LIMITES QUE LIBERTAM VOCÊ

Lembro que no início da minha separação tive uma verdadeira epifania em meio ao sofrimento e ao estresse. Certa noite eu estava sentada na sala enquanto meu filho dormia no andar de cima, e pensei em como seria a vida para além dos advogados e dos tribunais, da partilha de bens e das questões de guarda compartilhada. A coisa me veio de uma só vez: "Assim que isso acabar, poderei ter o que eu quiser."

Percebi que, ainda que o ano seguinte fosse difícil, eu estava passando para uma fase nova e empolgante da minha vida. Nunca mais precisaria me acomodar num relacionamento doentio e insatisfatório. Poderia fazer o que quisesse com meu tempo, socializar muito ou pouco, retomar antigos passatempos e dormir feito uma pedra toda noite, se quisesse. Mais empoderador ainda era saber que eu poderia aplicar limites saudáveis em todos os relacionamentos que eu tivesse dali em diante, comunicando minhas necessidades com clareza e gentileza, limitando comportamentos ou dinâmicas que não fossem aceitáveis, priorizando a mim mesma e dando adeus se meus limites não fossem respeitados.

Dizem que "o tempo cura todas as feridas", e isso jamais foi tão verdadeiro quanto no meu divórcio. Com o passar do tempo, depois de muita terapia e de mudar o foco para a vida nova que eu estava construindo, descobri que muitos medos que eu tinha a respeito da guarda compartilhada jamais se concretizaram ou foram rapidamente esquecidos em favor de comportamentos mais cooperativos. Ainda que aquele período tenha sido um dos mais estressantes da minha vida, também foi um dos mais esperançosos, porque... Adivinha o que mais cura as feridas existentes e impede que novas surjam? Limites fortes e saudáveis. (A esta altura, suspeito que todos acertaram a resposta.)

CAPÍTULO 8

Tudo em pratos limpos

Como estabelecer limites quanto a comida, álcool e conversas à mesa

Brenna, que faz parte da minha comunidade na internet, pediu ajuda para estabelecer um limite quanto ao almoço de domingo com as amigas. O restaurante predileto do grupo tinha um cardápio variado, mas era conhecido pela enorme diversidade de panquecas, cada uma do tamanho de um prato. Em geral, Brenna e as amigas pediam uma ou duas panquecas para dividir como sobremesa após a refeição. No entanto, depois de participar do Whole30, Brenna aprendeu que o consumo excessivo de açúcar, glúten e carboidratos a deixava com dor de cabeça, cansada e irritada pelo resto do dia. No domingo seguinte, ela tentou quebrar a tradição – e foi tão pressionada e zombada pelas amigas que desistiu e acabou comendo sua porção de panqueca.

Ela me escreveu: "Socorro. Eu recusei numa boa e foi surreal o sarcasmo que recebi de volta! Quero continuar participando desses encontros, mas também preciso que elas larguem do meu pé se eu não quiser a porcaria da panqueca."

Como eu já disse, comecei minha carreira ajudando os outros a estabelecer limites em relação ao consumo de álcool, açúcar e guloseimas enquanto os guiava pelo programa alimentar Whole30. Quando pedi a Brenna mais detalhes sobre seu problema com as panquecas, ela disse que enquanto estava *fazendo* o Whole30, suas amigas aceitavam a recusa com muito mais facilidade. Expressar o prazo e as regras do programa serviu como uma rede de segurança por um tempo. Ainda que recebesse alguma reação contrária por parte das amigas, ela podia dizer: "Ei, regras são regras, e eu vou segui-las por trinta dias."

No decorrer dos anos, vi que o verdadeiro desafio acontecia durante os *outros* 335 dias do ano. Seus amigos ficam loucos para ter de volta a pessoa que os acompanha bebendo vinho, comendo pizza e adorando panquecas – e se você tiver chegado à conclusão de que vinho, pizza e panquecas não servem mais para você? A pressão dos amigos, os comentários irônicos, as hostilidades e as tentativas de sabotagem se juntam para dar um novo significado à expressão "guerra de comida". Aqui vai a verdade nua e crua, nascida de mais de doze anos ajudando as pessoas a identificar e criar suas dietas personalizadas e sustentáveis: as pessoas mais próximas de você costumam ser as que mais desrespeitam seus limites quanto a comida e bebida. Veja o grupo de amigas de Brenna: "Minhas amigas tinham me *encorajado* a fazer o programa", disse ela. "Elas sabiam que eu andava sem disposição, dormindo mal e me sentindo inchada o tempo todo. Mas assim que meu programa Whole30 terminou, elas começaram a dizer: 'Você não vai morrer por causa de uma panqueca', ou 'Queremos a velha Brenna de volta'. Não consigo entender."

Eu entendo muito bem e quero que você também entenda, porque a orientação sobre limites neste capítulo é importante não somente para quem faz o Whole30 ou segue uma dieta sem glúten, cetogênica ou vegana. É para qualquer pessoa que tenha preferências quanto a alimentação, hábitos saudáveis, necessidades médicas, sensibilidades dietéticas ou crenças pessoais sobre comida ou álcool. É para qualquer pessoa que tente fazer as pazes com o próprio corpo e o próprio peso e queira descartar a má influência da cultura das dietas. É para qualquer pessoa que esteja trabalhando para melhorar sua relação com a comida, o álcool e o próprio corpo, e que saiba que essas dinâmicas melhorariam com um pouco de limites.

Ou seja, *todos* nós.

No meu trabalho vi que os limites nessa área se encaixam em três categorias: comida, álcool e conversas à mesa. As três têm algumas características em comum, e incluem o mesmo tipo de apego emocional, a influência da cultura das dietas, da mídia e da família, e o comportamento defensivo que pode surgir com qualquer um desses temas. Apesar disso, cada categoria tem gatilhos e desafios próprios, especialmente dentro dos nossos relacionamentos.

COMIDA: Como Brenna, frequentemente nos pegamos tendo que comunicar nossas preferências alimentares. Podemos querer estabelecer, para nós mesmos ou para os outros, limites quanto a comidas que dão enjoo, exaurem a energia, fazem mal à pele, atrapalham a digestão ou provocam outros sintomas indesejados. Às vezes precisamos estabelecer um limite em relação às palavras que os outros usam para falar da nossa comida, como "pouco saudável", "nojenta" ou "ruim". Ou talvez só queiramos dizer "não" – e *tudo bem* dizer "não" simplesmente porque você não gosta de determinado tipo de comida, mesmo que ela seja um sucesso nacional, como pizza ou sorvete. (Por acaso não curto muito nenhuma das duas coisas – não me cancele.) Assim que você perceber que *pode* estabelecer limites saudáveis com relação à comida de inúmeras maneiras, verá como essa prática simples ajudará a melhorar sua saúde e sua autoconfiança.

ÁLCOOL: Assim como a comida, o álcool é "algo que consumimos", mas exige uma categoria própria, tanto por causa do impacto viciante que pode ter sobre quem o ingere quanto pela *intensa* pressão social que envolve. Na nossa cultura, o álcool é a única droga que precisamos recusar com uma justificativa – e as pressões sociais em relação à bebida são intensas em qualquer estágio da vida, quer você esteja na faculdade, cuidando de filhos pequenos ou começando em um novo emprego. Não importa se você não bebe nunca, se só bebe socialmente ou se quer estabelecer um limite saudável – as frases que vou mostrar nos roteiros deste capítulo ajudarão você a simplesmente dizer não em todo tipo de situação social.

CONVERSAS À MESA: São situações tangenciais às nossas escolhas alimentares – por exemplo, os tipos de comida que optamos por comer, se fazemos ou não dieta para perder peso, e como falamos sobre nosso corpo e o dos outros. As conversas à mesa são uma categoria específica por causa do forte apelo emocional e das inseguranças, dos medos e dos julgamentos que temos em relação ao nosso corpo e ao nosso peso. Essas conversas costumam acontecer enquanto estamos sentados à mesa, preparando o almoço no refeitório do trabalho ou de pé numa festa, segurando um pratinho. É quando os outros observam o que e quanto estamos comendo e como optamos por interagir com a comida. É quando as pessoas se sentem profundamente vulneráveis, ansiosas e na defensiva em relação às próprias escolhas e ao próprio corpo.

Ainda que não envolvam especificamente sua comida ou sua bebida, algumas conversas podem servir de gatilho e afetar sua saúde mental. Aprender a estabelecer limites não somente quanto ao que está no seu prato ou no seu copo mas também quanto ao que é dito pode fazer com que a hora da refeição seja muito mais pacífica, enriquecedora, segura e saudável.

AMIGOS E COMIDA

Você pode estar se perguntando por que a situação das panquecas de Brenna não foi apresentada no capítulo sobre amigos e vizinhos. Certo, há uma sobreposição aqui, mas na minha experiência a comida e a bebida ficam numa categoria própria quando se trata de limites. Se seus novos amigos vão esquiar e você diz "Não, agradeço o convite, mas não esquio", é improvável que eles pressionem, ridicularizem ou julguem você por recusar. Mas quando você diz "Eu não bebo", ou "Eu não como glúten", isso pode provocar uma reação muito diferente. Comer e consumir bebida alcoólica têm o potencial de deixar as pessoas na defensiva mais do que a maioria das atividades sociais, por isso temos aqui esta categoria especial.

A LINGUAGEM DA COMIDA

Estabelecer qualquer limite pode ser difícil, mas os limites relativos à comida e ao corpo são especialmente dolorosos e desafiadores. Sim, todos nós comemos, mas todos também temos ideias diferentes sobre o que é saudável, delicioso e adequado ao consumo. Isso significa que é difícil ter uma linguagem comum quanto ao que comemos e bebemos – seja para expressar se um alimento específico tem gosto bom ou ruim ou se ele faz bem à saúde. Nossa relação com a comida, a bebida e o corpo se desenvolveu a partir da nossa família e dos exemplos que tivemos em casa. Mas essa relação foi ensinada de modo saudável? Se sua mãe sempre fazia dieta, se você ouvia que não ganharia sobremesa enquanto não raspasse o prato, ou se determinados alimentos como açúcar ou carne vermelha eram demonizados na sua casa, isso provavelmente influenciou o modo como você enxerga a comida e o ato de comer.

Nossa relação com a comida também foi extremamente influenciada pela cultura das dietas, que nos diz se determinados alimentos são bons ou ruins e sugere (ou diz explicitamente) que *nós* somos bons ou ruins com base no que está no nosso prato. Dessa perspectiva, passamos a acreditar que nosso valor está ligado à balança e que o único motivo para mudarmos a dieta, abrir mão de um grupo alimentar ou recusar um petisco é a perda de peso. Você pode ter ouvido que comer até se saciar é sinal de gula ou grosseria, ao passo que a restrição era elogiada e admirada como algo saudável. Quando era criança, eu via as mulheres da minha família se espremendo nas calças justas e transformando "Você está tão magra!" no maior elogio de todos. Essas influências são profundas e podem ter impacto não somente no que comemos hoje mas no modo como nos comportamos e nos comunicamos com as outras pessoas durante uma refeição.

Comida e álcool também são peças centrais quando socializamos. (Tente abrir mão do álcool por um mês, depois conte nos dedos quantos eventos sociais aos quais você compareceu envolviam bebida alcoólica. Eu ficaria chocada se você não precisasse de uma ou duas mãos extras para contar.) E, como nossa relação com a comida é tão profundamente pessoal e costuma ser confundida com nosso valor, mudar *nossa* dieta pode parecer incrivelmente ameaçador para os *outros* em ambientes sociais, mesmo se fizermos isso em silêncio.

Por fim, é difícil mudar hábitos, e quanto mais você tiver uma ligação emocional com seus hábitos, mais demorará a quebrar o padrão. Nossa relação com a comida tem uma conexão profunda com os ingredientes super-recompensadores usados nos alimentos modernos; tem a ver com o modo como eles foram propagandeados e com quanto os usamos para administrar o estresse, o conforto e o amor-próprio. O modo como ingerimos açúcar, carboidratos e bebida para nos acalmar, entorpecer e distrair a mente e aliviar a ansiedade faz com que essas comidas e bebidas pareçam acolhedoras – e a ideia (por exemplo) de abandoná-las pode nos levar a recuar, contra-atacar ou ambas as coisas.

A boa notícia é que ao estabelecer limites saudáveis quanto à sua dieta e ao seu corpo, você está preservando sua saúde mental *e* mudando a cultura ao seu redor. Imagine um universo em que ninguém fale sobre o corpo dos outros, onde nossa comida não tenha mais moralidade e onde possamos comer e beber como quisermos sem que ninguém diga qualquer coisa a respeito. A diferença entre esse mundo e o mundo que você habita hoje está (diga comigo) nos *limites.*

DESAFIANDO O *STATUS QUO*

Primeira lição: você pode levar as pessoas a se sentirem mal com o próprio comportamento simplesmente se comportando do *seu* jeito. Comida é um tema delicado – ao lado de política e religião – em termos de potencial para conflito. Simplesmente recusar um petisco ou uma bebida e pedir água em vez de uma taça de vinho pode parecer uma crítica às pessoas ao nosso redor, que costumam receber nossas escolhas como se estivéssemos apontando um dedo acusador para o comportamento delas. Assim, quando Brenna diz "Nada de panquecas, por favor", isso reflete a opção das amigas de *comer* a panqueca (mesmo que a intenção não seja essa), o que pode provocar sentimentos de culpa, vergonha, inveja, hostilidade e raiva.

Porém, em vez de apenas notar o próprio desconforto e questionar o que ele significa, é mais fácil para seus amigos, familiares e colegas de trabalho empurrar isso de volta para você revirando os olhos, provocando ou culpando você, ou tecendo comentários explicitamente maldosos. Eles acham que se puderem fazer com que você desista do seu limite, vão se sentir melhor em relação às próprias escolhas. E em geral isso funciona. Assim que Brenna comeu a panqueca, o encontro entre amigas voltou ao clima feliz de sempre, pois todas estavam cedendo ao mesmo desejo e ninguém se sentia julgada. Mas isso só encoraja as amigas a continuar pressionando, manipulando e assediando Brenna, que vê seu limite ser fragilizado e passa a comer perpetuamente as panquecas que ela nem queria, sentindo-se um lixo muito depois do fim da refeição.

As amigas de Brenna não são más, e as suas também não são quando exageram com você a respeito de comer (ou não comer) alguma coisa; na verdade, existe muito medo e ansiedade por trás dessa reação. A comida e a bebida estão no centro de muitas interações sociais e provavelmente já representaram um papel importante nos relacionamentos que você tem com colegas de trabalho, amigos e familiares. Se comer juntos é algo que está entrelaçado nessa cultura, pode parecer perturbador quando alguma coisa muda essa dinâmica. Seus amigos podem temer que você esteja se afastando, ou que eles estejam fazendo escolhas ruins. A simples frase "Não quero panqueca" pode significar o fim de uma era – o almoço de domingo com as amigas – e se *isso* mudar, pode haver um impacto na amizade e no modo como vocês passam tempo juntas. E se você quiser encontrar um restaurante novo e mais saudável para o almoço? E se você começar a malhar antes de encontrá-las, aparecendo toda reluzente e animada com sua roupa de treino? E se você fizer amigas novas, em forma e lindas, e preferir fazer ioga e tomar suco verde com *elas* aos domingos? Suas amigas podem temer que o elo que conectava o grupo desapareça totalmente se vocês não compartilharem mais aquelas panquecas.

LIMITES DIFÍCEIS: AÇÚCAR, CARBOIDRATOS E BIRITA

Ainda que qualquer comida ou bebida possa exigir um limite em nome da sua saúde, algumas categorias são mais difíceis de restringir:

- Bebidas e alimentos açucarados, como bala, refrigerante e chocolate.
- Produtos à base de carboidratos, como pão, panqueca, bolo e biscoito.
- Comidas salgadas e gordurosas, como salgadinhos, batata frita e empanados.
- Pratos com importância cultural, como *espaguete, babka* e *enchiladas.*
- Álcool.

Os "prazeres culpados" encorajados pela sociedade apresentam os maiores dilemas em relação a limites, em parte por causa do modo como nosso mundo moderno glorifica essas comidas e bebidas. (Ninguém pega em armas se você recusar brócolis ou chá de ervas.)

Graças ao marketing e à influência da mídia, hoje em dia sorvete, chocolate, bolo, batata frita, vinho e cerveja são sinônimos de conexão com os outros, de alívio do estresse e da ansiedade, e sentimos que às vezes devemos nos dar a esse luxo. Depois de ouvir todo mundo dizer, desde o McDonald's até a consagrada marca de vinhos Yes Way Rosé, que nós *merecemos isso*, parece que recusar é um ato de privação ou castigo. Em 2017, restaurantes e empresas de comidas e bebidas gastaram 13,4 bilhões de dólares em publicidade nos Estados Unidos, e mais de 80% dessa publicidade foi empregada para promover fast-food, bebidas açucaradas, doces e salgadinhos nem um pouco saudáveis.[9] Somente a indústria do álcool gasta entre 1 e 2 bilhões de dólares por ano para nos convencer de que tudo, desde a vida das mulheres com filhos até o café da manhã e um jogo de futebol, fica *melhor* com bebida.[10] Será que a gente poderia ao menos namorar sem vinho, ou terminar com alguém sem ter que devorar um pote de sorvete?

Essas associações estão profundamente entranhadas na nossa cultura, e, mesmo sabendo que essas comidas e bebidas nem sempre são saudáveis, há o entendimento comum de que se houver um *motivo* para consumi-las (como um aniversário, uma reunião de trabalho ou o fim de semana), e se todos estivermos fazendo isso, os efeitos negativos simplesmente... serão anulados. (Pelo menos era o que minhas tias sempre diziam junto à mesa de doces nas festas de fim de ano.) Certo, talvez não literalmente, mas sem dúvida nos sentimos melhor pegando uma fatia de torta se todo mundo também estiver comendo, ou aceitando a terceira taça de vinho se todo mundo concordar em pedir outra garrafa.

Pesquisadores da área de nutrição e dieta dizem que os comportamentos relacionados à comida são transmitidos socialmente, e as escolhas alimentares que as pessoas fazem têm uma ligação profunda com sua identidade.[11] Até mesmo as redes sociais influenciam essas escolhas – as pessoas consomem uma quantidade significativamente maior de junk food quando acreditam que seu círculo social aprovaria isso.[12] No fundo, todos nós queremos fazer parte de um grupo social, e um modo de reforçar esse pertencimento é levar todo mundo a concordar em comer panqueca doce.

Como se não bastasse explicar por que os limites em relação ao chocolate e ao vinho são difíceis, também temos um forte apego emocional e frequentemente moral a esses alimentos, o que faz com que sejamos "bons" ou "maus" quando os recusamos ou consumimos. (Obrigada, cultura das dietas.) Se comemos o bolinho ou tomamos outra taça de vinho, costumamos dizer que aquele é o dia "do lixo", ou que estamos "saindo da linha". Mesmo quando dizemos isso em tom de brincadeira, na verdade não estamos brincando. Há uma aceitação subjacente de que essas comidas e bebidas são universalmente ruins, e essa mesma moralidade e esse julgamento se grudam em *nós* quando as consumimos.

A justificativa que damos ao recusar funciona da mesma forma: "Não, agradeço, mas vou me comportar esta noite." Ainda que você não diga isso com todas as letras, essas conexões ficam gravadas na nossa psique social. Por causa dessa associação, podemos colocar outras pessoas na defensiva ao simplesmente recusarmos uma comida. Afinal de contas, se você está "se comportando" ao recusar uma panqueca, o que dizer das suas amigas que estão com o garfo na mão, prontas para devorar a sobremesa?

NÃO JUSTIFIQUE, NÃO PEÇA DESCULPAS NEM EXPLIQUE DEMAIS

Brenna não tinha uma sensibilidade alimentar ou um problema de saúde específico relacionado às panquecas, mas ficou tentada a sugerir isso para conseguir estabelecer limites para as amigas. Numa das nossas conversas on-line ela me perguntou: "Será que devo dizer a elas que descobri que sou intolerante ao glúten ou algo assim?" Em uma palavra: não. Isso seria uma mentira; não é uma atitude clara nem gentil. Além do mais, inventar coisas para estabelecer um limite não torna esse processo mais fácil no futuro. (E mais: as pessoas que têm alergias ou sensibilidades verdadeiras precisam ser levadas a sério, e se muita gente fingir uma reação alimentar, esses alertas não terão o peso que deveriam ter.)

Se você tem *mesmo* uma sensibilidade legítima ou uma preocupação de saúde ligada à comida, sem dúvida pode dizer isso ao estabelecer seus limites. Dizer "Sou hipersensível ao glúten", ou "Laticínios deixam minha pele irritada", pode eliminar rapidamente qualquer suspeita de julgamento e trazer o foco de volta para o lugar certo – para os limites que você tem todo o direito de estabelecer em relação ao seu corpo.

Há, no entanto, dois motivos para você não se apoiar demais nisso. Primeiro, você não deveria ter que divulgar informações de saúde para que alguém respeite seu limite. Se você estiver conversando com amigos íntimos ou familiares, até pode ser razoável contar. Mas se for um almoço de negócios, um evento de caridade ou outro ambiente em que você talvez não queira revelar detalhes pessoais? Vale a pena aprender a recusar com confiança sem dar qualquer desculpa ou motivo. E você deve esperar que as pessoas respeitem sua escolha simplesmente porque você pediu.

Além disso, se você oferece um motivo ou uma desculpa para o seu limite, a outra pessoa pode se sentir no direito de dar conselhos "úteis" ou até de contra-argumentar. "O glúten me causa erupções" pode levar a "Eles têm uma panqueca sem glúten no cardápio", ou "Acabei de ler que a sensibilidade ao glúten é um mito", ou "Por favor, duas mordidinhas não vão fazer mal". Agora a situação é pior ainda, porque você contou uma história que a pessoa achou frágil, suspeita ou pouco razoável.

E se você achar que não há problema em consumir *um pouco* de glúten – mas não aquelas panquecas? É muito mais difícil explicar um "não" à panqueca e um "sim" aos biscoitos de chocolate da sua mãe quando você alega com tanta convicção: "Não como glúten porque faz mal à minha pele." Claro, você pode dizer "sim" e "não" ao que bem entender, quando e se quiser. Mas, por todos esses motivos, vamos treinar uma linguagem de limites que não dependa de detalhes pessoais ou de desculpas para ter sucesso.

OS LIMITES QUANTO À COMIDA NÃO TÊM A VER APENAS COM COMIDA

Uma última coisa antes de passarmos aos roteiros de limites. Assim como, na situação de Brenna, a panqueca não é apenas uma panqueca, nem sempre os limites quanto à comida têm a ver apenas com comida (ou bebida). Existem muitas conversas e comportamentos em torno da alimentação que você pode achar problemáticos. Dietas, contagem de calorias e perda de peso são assuntos discutidos em geral ao redor da mesa, e em muitas famílias o corpo é um tema recorrente nas conversas, em especial em relação ao peso.

A comida costuma ser um catalisador para questões de corpo e imagem, um gatilho para comportamentos confusos ou viciantes, e uma ferramenta para manipulação (especialmente tendo as mulheres como alvo). Como muitos participantes do Whole30 descobriram, você pode começar a fortalecer seus limites negando aquela fatia de bolo ou taça de vinho, e depois reforçá-los pedindo que as pessoas não falem sobre a própria dieta de emagrecimento nem comentem sobre seu corpo. Na minha visão, qualquer coisa dita à mesa é válida para estabelecer limites com o objetivo de preservar refeições pacíficas, saudáveis e felizes.

O ROMPIMENTO DO CICLO COMEÇA COM VOCÊ

"Essa torta vai direto para as minhas coxas." "Vai demorar uma eternidade para isso queimar." "Estou guardando minhas calorias para o vinho." Já ouvi minhas tias e primas falarem coisas assim uma centena de vezes nas datas comemorativas. Isso foi passado a elas pelos pais, e meus ouvidos jovens certamente captaram as mensagens subjacentes: as calorias são ruins, o objetivo é permanecer magra, a comida é uma inimiga. E qualquer parte do corpo que balance é inaceitável. Agora estou tentando interromper esses padrões tóxicos para mim mesma e para as gerações mais novas.

Aqui vão algumas dicas para você quebrar a maldição da cultura das dietas.

- **NÃO FALE SOBRE COMIDA ENQUANTO ESTIVER COMENDO.** Esse é um dos limites mais simples e impactantes que você pode estabelecer para a sua saúde mental e para a saúde do seu círculo de convivência – para saber mais, vá para a página 232.
- **NÃO FALE SOBRE AS ESCOLHAS ALIMENTARES DAS OUTRAS PESSOAS.** Isso também se aplica a comentários sobre quanta comida está no prato de alguém ou sobre o que você acha do apetite dessa pessoa.

- **NÃO ATRIBUA VALORES MORAIS OU JULGAMENTO A QUALQUER COMIDA OU BEBIDA.** Evite se referir às coisas que estão no seu prato ou no de outra pessoa como "boas", "ruins", "de verdade" ou "lixo".
- **NÃO FALE SOBRE SEU CORPO NEM SOBRE O DE NINGUÉM.** Isso é especialmente válido se o comentário for negativo ou depreciativo, mas se aplica até mesmo se você *achar* que é um elogio (como "Parece que você perdeu peso"). Encontre outra característica para elogiar.
- **NÃO REFORCE A CULTURA DAS DIETAS.** Evite fazer comentários sobre "sair rolando" após as refeições, dizer que uma pessoa "anda na linha" por dispensar a sobremesa ou comentar que você vai "queimar o café da manhã" na academia.
- **DÊ O EXEMPLO.** Estabeleça proativamente limites claros e gentis quando o assunto da conversa se transformar em gatilho ou for prejudicial.
- **TOME CUIDADO EXTRA PERTO DE CRIANÇAS E ADOLESCENTES.** São as pessoas mais impressionáveis e com mais probabilidade de serem prejudicadas pela cultura das dietas.

Lembre-se: um limite saudável não tem a ver com dizer a outra pessoa o que ela pode ou não pode fazer; os limites sempre se concentram em *você*, e em última instância nas ações que você fará para impor esse limite. Brenna não estava pedindo que as amigas não comessem panqueca; estava pedindo que respeitassem a decisão *dela* de não compartilhar a guloseima. É assim que funciona quando você estabelece limites à mesa: você não está proibindo as pessoas de tomarem mais uma taça de vinho ou falarem sobre dietas de emagrecimento; está pedindo que elas respeitem sua decisão de não tomar o vinho ou de não se sujeitar a essa conversa.

Depois que lembrei isso a Brenna e ofereci alguns roteiros de limites, ela lidou com o almoço de domingo de modo diferente. Antes mesmo de ela e as amigas fazerem os pedidos, Brenna disse: "Gente, preciso falar uma coisa. Domingo passado eu disse que não queria panqueca e vocês fizeram um escarcéu por causa disso. Vamos com calma hoje. Se vocês quiserem panqueca, peçam. Mas se eu não quiser, não forcem a barra, está bem? Não quero que isso vire uma grande questão, porque, de verdade, não é."

Ela me contou que a situação foi um pouco incômoda, mas logo seguiram adiante e dessa vez ninguém disse nada quando chegou a hora de pedir as panquecas – elas simplesmente pediram. E todo mundo que queria comer comeu. Alguns meses depois conversei sobre isso com Brenna e ela disse que essa pequena mudança melhorou muito os encontros – ela não precisava mais se estressar fazendo uma coisa que não queria só para deixar as amigas felizes, e disse que as amigas não pareciam mais se importar com quem comia o quê. (Caso se importassem, pelo menos eram educadas e não mencionavam isso.)

DICAS PARA COMEÇAR

Primeiro, para ajudar você a se orientar com elegância nessas conversas, vou compartilhar algumas dicas testadas e comprovadas ao longo de mais de uma década ajudando as pessoas a se relacionar com a comida, a bebida e o próprio corpo.

NÃO SOFRA ANTECIPADAMENTE. Muitas vezes ensaiamos possíveis conflitos dentro da nossa cabeça e acabamos brigando com as pessoas por coisas que nem aconteceram. Aborde essas situações com tranquilidade. Mostre a confiança de quem sabe o que é melhor para si e acredite que as pessoas vão sentir essa energia e aceitar educadamente a sua decisão.

NÃO VALORIZE DEMAIS A QUESTÃO. Quanto mais você se explicar, maior o problema parecerá para todo mundo. Evite dizer: "Não. Eu sei que sempre como panqueca com vocês, mas depois do Whole30 eu decidi mudar esse hábito. Sei que é esquisito, mas, por favor, podem comer a panqueca se quiserem. Juro que isso não tem nada a ver com vocês. Eu ainda *gosto* de panqueca..." Diga apenas: "Não. Hoje não, obrigada." Você se surpreenderá vendo com que frequência um simples "Não" é aceito com facilidade.

NÃO CITE A CIÊNCIA. O momento de comunicar um limite não é o mais adequado para citar o último artigo científico sobre como a publicidade do álcool está destruindo a vida das mulheres, mesmo que sua decisão tenha se baseado nele. Mantenha a clareza e a simplicidade na sua mensagem.

Se alguém ficar curioso com o motivo por trás do seu limite, prefira ter essa conversa em outro momento, com menos chance de conflito.

NÃO FAÇA JULGAMENTOS. Um limite claro e gentil não faz juízos de valor, mas pode ser entendido assim se você aparentar presunção ao estabelecê-lo. Se o seu "Não, eu nem encosto nisso" for acompanhado por um olhar crítico para o copo da outra pessoa e uma cara de quem está chupando limão, sim, você pode receber uma reação contrária. Lembre-se: os limites não têm a ver com o que os outros optam por fazer. Têm a ver com o que você escolhe e com as linhas que você traça ao redor dessas escolhas. Cuide apenas da sua vida.

MUDE DE ASSUNTO. Já mencionamos essa estratégia algumas vezes, mas neste capítulo seu efeito é ainda maior. Depois de estabelecer um limite, mudar de assunto é um modo eficaz de deixar claro que você não continuará com a conversa que a outra pessoa está tentando ter. É uma transição elegante para outro tema, evitando que a outra pessoa entre na defensiva ou se sinta tentada a questionar sua decisão. Quando você vir essa estratégia nos roteiros, escolha um assunto que pareça pouco controverso: o trabalho da pessoa, a última viagem que você fez, o clima, ou o último álbum da Adele (esse geralmente é uma boa pedida).

Estabelecer limites quanto a comida e álcool é uma ótima maneira de adquirir prática e confiança e se preparar para situações mais ameaçadoras. Além disso, talvez seja mais fácil manter um limite em situações que envolvam comida e bebida, porque o ato de comer ou beber alguma coisa depende apenas de você – a não ser que você tropece e caia de cara numa caixa de bombons.

Já ouvi todo tipo de desculpas que existem.

ROTEIROS PARA ESTABELECER LIMITES QUANTO À COMIDA

Estabelecer limites relacionados a alimentos ou grupos alimentares específicos ajuda você a se sentir melhor (física e mentalmente), assegura que você é uma pessoa digna de fazer para si as melhores escolhas, reforça a mentalidade de que você é saudável e tem hábitos saudáveis, e ensina a confiar nos sinais que seu corpo lhe envia. Entre os desafios potenciais estão a pressão dos amigos, a luta contra as normas sociais, a publicidade esperta e insidiosa, e suas conexões emocionais com comidas e bebidas, que muitas vezes são fontes de conforto. Mesmo assim, um casual "Não, obrigado" traz resultados incríveis, e vou apresentar muitas outras frases que ninguém pode questionar.

▶ Estou limitando meu consumo de açúcar e me sentindo muito melhor com isso. Mas em breve será o aniversário de 85 anos da minha mãe, uma ocasião marcante, e sei que vou ser pressionada para comer bolo. (E eu nem gosto do tipo de bolo que encomendaram.) Como posso explicar isso?

VERDE: "Não, obrigada."
AMARELO: "Não, hoje não quero bolo, obrigada."
VERMELHO: "Ah, não precisa continuar oferecendo. Não vou comer bolo." E mude de assunto ou se afaste.

Você pode substituir "bolo" por "salgadinhos depois da reunião", "vinho no clube de leitura" ou qualquer outra comida ou bebida que você não queira consumir no momento – a linguagem que ofereci serve para todos esses casos. O importante é perceber que você nem precisa dar explicações – pode simplesmente recusar! Mas se pressionarem, você também pode dizer "Não preciso comer bolo para curtir a festa", ou "Não vou me sentir bem se comer bolo, e isso é importante para mim", para reforçar que você pode participar do evento com a mesma felicidade, não importa o que coma. Você também pode se sentir mais confortável se já estiver segurando alguma coisa, como um prato com outras comidas ou um copo de água com gás.

SIMPLESMENTE DIGA "NÃO"

Neste capítulo você aprendeu que "Não" é uma frase completa. (Ou, para deixar sua mãe orgulhosa, "Não, obrigado".) Você ouvirá isso repetidas vezes nesta seção, junto a frases do tipo "Esta noite não estou a fim", ou "Realmente não quero". Pode ser difícil para as outras pessoas entenderem *por que* você não quer uma taça de vinho, um pedaço de bolo ou uma fatia de pizza, especialmente se elas sempre querem, mas é nesse ponto que elas deveriam começar a indagar: "Por que me incomodo tanto com o que alguém quer ou não quer comer?" A beleza aqui é que *ninguém* pode questionar suas papilas gustativas se você não estiver a fim de comer bolo ou pizza.

▶ Sempre que nos convidam para o jantar, meus sogros servem massa, mesmo sabendo que tenho intolerância a glúten. Todas as vezes acabo comendo um pouco, por educação, e depois pago o preço.

VERDE: (seu cônjuge, para os pais) "Agradecemos o convite. Se vocês fizerem massa, por favor, será que dá para comprar do tipo sem glúten? Eu posso indicar algumas marcas que Jordan curte."
AMARELO: (seu cônjuge) "Adoraríamos ir, mas só se a comida for sem glúten, para Jordan poder comer. Gostariam da nossa ajuda com a receita?"
VERMELHO: (seu cônjuge) "Não, agradeço. Vocês sabem que Jordan não pode comer glúten, mas não têm levado isso em consideração. Vocês estão convidados a jantar aqui."

Se seu par não está disposto a ter essa conversa com os próprios pais, assuma a responsabilidade e adapte um pouco as respostas. Nesse caso, o limite Vermelho é a consequência. Em vez de comparecer ao jantar e descobrir que mais uma vez você ou seu par não podem comer, deixe claro que, até que seus pais/sogros se disponham a fazer as concessões necessárias, o jantar na casa deles não vai acontecer.

- Minha família é adepta ferrenha do "raspe o prato". Se eu me sinto cheia para comer tudo ou acho que a refeição vai me fazer mal, minha mãe faz com que me sinta culpada, falando das crianças pobres que passam fome ou de quanto dinheiro ela gasta comprando os ingredientes. Você tem alguma estratégia para mim?

VERDE: "Mãe, pode me servir só um pouquinho? Acho que não estou com muita fome. Se eu quiser, pego mais depois."
AMARELO: "Não gosto de desperdiçar comida, mas também não quero comer até passar mal. Posso colocar as sobras na geladeira ou levar para minha colega de quarto."
VERMELHO: "Mãe, já terminei." Tire o seu prato e guarde qualquer coisa que sobrar.

Isso costuma ser resultado de uma experiência de escassez, e parece que a intenção da sua mãe é somente não desperdiçar. Assim, da próxima vez tente evitar a necessidade desse limite pedindo uma porção pequena ou montando seu prato.

- Passo maus bocados com minha família porque não como carne vermelha. Comer apenas peixe não é uma coisa bem recebida na nossa cultura dominicana, porque nossas refeições comemorativas envolvem preparar carne de porco de quatro maneiras diferentes! Em geral apenas ignoro os comentários, mas gostaria de abordar isso diretamente, porque minha dieta quase sem carne não vai mudar.

VERDE: "Ah, obrigada, mas não como mais carne de porco. Passe os *guandules*, por favor."
AMARELO: "Não, obrigada, ultimamente a carne de porco não tem me feito bem, e ainda quero reservar espaço para as outras comidas."
VERMELHO: "Não. Vou ficar com o arroz com feijão e berinjela." Converse com outras pessoas, saia por um momento ou sente-se à mesa das crianças.

Eu me certifiquei de que essas respostas fossem adequadas à pessoa que fez a pergunta, e ela disse que foram perfeitas. Nenhuma delas é muito

Vermelha porque é importante honrar sua herança cultural e ao mesmo tempo sustentar suas escolhas baseadas na saúde. Se houver pratos tradicionais com peixe ou vegetais (como paella, sopa de lentilhas ou cozido de quiabo), leve-os ou peça que eles sejam servidos na festa, mas deixe evidente que está comendo e elogie todos os pratos prediletos da família dos quais você também goste.

▶ Minha filha de 22 anos se tornou vegana recentemente. Quando ela vem jantar, eu faço para ela uma comida com proteína vegana, mas o restante da família continua comendo carne ou frango. Ela vive fazendo observações sarcásticas sobre o que comemos. Sei que ela leva isso muito a sério e eu apoio suas escolhas, mas esse não é o melhor modo de influenciar os outros. Como posso dizer isso com gentileza?

VERDE: "Respeito sua decisão e espero a mesma tolerância da sua parte. Você não precisa gostar do que a gente come, mas por favor não transforme isso em discussão."
AMARELO: "Não vamos falar sobre preferências alimentares enquanto estamos comendo." E mude de assunto.
VERMELHO: "Você é bem-vinda para o jantar, mas só se puder comer sem julgar nossa comida. Se não conseguir fazer isso, por favor, venha depois do jantar."

Se uma pessoa vegana, seja da família ou não, quiser falar sobre suas escolhas ou sobre o que aprendeu, você pode decidir se quer discutir esse assunto em outro momento. Se não quiser, diga simplesmente: "Que bom que você descobriu o que funciona para você. Comer carne funciona para mim e não quero mais tocar nesse assunto."

NÃO FALE DE COMIDA NA HORA DE COMER

Um dos limites mais importantes que já estabeleci em relação à comida foi: "Não falo de comida na hora de comer." As conversas sobre o que ou quanto comemos ou bebemos e sobre nossos sentimentos com relação à comida são sempre mais carregadas à mesa, com algumas pessoas consumindo e você recusando (ou vice-versa). Contestar a comida, a bebida ou o comportamento que algumas pessoas apreciam pode colocá-las imediatamente na defensiva, sentindo-se julgadas ou mesmo envergonhadas pela própria escolha. Basta dizer: "Ah, eu tenho uma regra de não falar de comida na hora de comer, a não ser que seja um elogio a quem preparou. Será um prazer conversar mais tarde sobre isso, se você quiser." É uma declaração concisa que pode provocar alguns sorrisos ou acenos de cabeça, e você pode escapar do que poderia se tornar um diálogo acalorado no meio de uma refeição que, afora isso, seria maravilhosa.

▶ Faz alguns meses que venho evitando glúten e laticínios, já que eles tumultuam minha digestão. Mas nos jantares de família, quando dispenso pão ou sorvete, minha mãe me chama de "ortoréxica" e diz que está preocupada com minha saúde. É frustrante, porque minhas restrições *têm* a ver com a minha saúde. Como posso dizer isso a ela?

VERDE: "Mãe, sei que você se preocupa comigo, e essas comidas não me fazem bem. Estou abrindo mão delas porque é o melhor para a minha saúde, e eu adoraria receber seu apoio."
AMARELO: "Estou cuidando mais da minha alimentação, e minha saúde mental e física nunca esteve melhor. Pare com esses comentários, por favor, porque eles não ajudam, e você não é minha médica."
VERMELHO: "Mãe, acredito que estou tomando as decisões certas para a minha saúde. Se você não consegue respeitar isso, vou ter que parar de jantar aqui."

Você também poderia perguntar (não à mesa, mas em outro momento): "Mãe, você acha que nossa relação mudou, agora que tenho outro estilo de vida?" Sua mãe pode estar se sentindo julgada ou triste porque você não come mais os biscoitos que ela faz, e essa conversa pode unir vocês duas e abrir novas alternativas, como refeições sem glúten ou encontros que não envolvam comida, mas um jogo de baralho.

ROTEIROS PARA ESTABELECER LIMITES QUANTO AO ÁLCOOL

Para algumas pessoas os limites em relação ao álcool são uma necessidade. Assim como eu precisei estabelecer limites quanto a qualquer droga enquanto estava em recuperação, para muitas pessoas o álcool é uma substância perigosa que serve como gatilho, e elas precisam estabelecer limites firmes para permanecer seguras e saudáveis. Para outras, os limites relacionados ao álcool têm a ver com ouvir o próprio corpo, respeitando objetivos de saúde e recusando estereótipos como "Não dá para se divertir sem cerveja", ou "Toda mãe precisa de uma taça de vinho depois de colocar as crianças na cama".

Acredite: estabelecer limites em relação ao álcool fará com que você se sinta o máximo. Você estará se mantendo firme, fazendo a coisa do seu modo e servindo de exemplo aos outros. Você não *precisa* beber para fechar um negócio, comemorar um acontecimento ou lidar com o estresse, e quanto mais firme você se mantiver em relação a isso, mais fácil será se impor em outras áreas da sua vida.

▶ Tenho 20 e poucos anos e adoro sair com amigos, mas não bebo. Meus amigos me apoiam, mas como posso reagir à pressão de outras pessoas no bar, que ficam insistindo em me pagar uma dose ou me convencer a tomar "só uma cervejinha" com elas?

VERDE: "Não, obrigado, vou ficar só na água mesmo."
AMARELO: "Não. No momento não estou bebendo."
VERMELHO: "Já recusei três vezes seguidas. Acho que está bem claro." E se afaste.

Se você está sóbrio e se sente confortável dizendo "Eu não bebo", ou "Não, estou em recuperação", por favor diga isso – de preferência olhando nos olhos. Isso ajuda você a normalizar o fato de não beber em ambientes sociais, pode impedir que a outra pessoa pressione mais alguém com relação ao álcool no futuro e encoraja quem estiver em volta a manter limites saudáveis também.

A FORÇA DO "NESTE MOMENTO"

Em setembro de 2018 decidi dar um tempo em relação ao álcool. Não estava bebendo muito, e jamais excessivamente, mas mesmo assim imaginava se minha vida seria melhor sem álcool nenhum. Por isso fiz uma pausa indefinida e adotei a frase "Neste momento não estou bebendo" para quando as pessoas me ofereciam álcool em ambientes sociais. A princípio acrescentei o "neste momento" para mim mesma, só porque a ideia de *nunca mais* beber parecia restritiva demais. Só que notei imediatamente uma força inesperada nessas duas palavras. Elas reduziam toda a possível hostilidade da pessoa com quem eu estava conversando, porque o "neste momento" sugeria que antes eu bebia e poderia beber de novo, o que parecia menos crítico do que ouvir um peremptório "Eu não bebo". A expressão "neste momento" também sugeria que aquela era uma decisão bem pensada. O que, pelo que notei, levava a muito menos pressão ou reação contrária. Além disso, as pessoas raramente perguntavam o motivo, o que achei interessante, porque em outros períodos de sobriedade, quando eu dizia "Não, obrigada", as pessoas *sempre* perguntavam o motivo. Assim, aproveite minha dica: acrescente essas duas palavras e descubra como elas podem pavimentar o caminho para um "Não" mais gentil. (Por sinal... quatro anos depois, *ainda* não estou bebendo neste momento.)

▶ Não sou muito de beber – nunca fui. Quando saímos com amigos, meu novo namorado me provoca dizendo que sou a "motorista da rodada" e sempre arruma um jeito de comentar que não estou bebendo. Recusar bebida não me deixa desconfortável, mas o comportamento dele me incomoda!

VERDE: (em casa, antes de sair) "Ei, querido, será que dá para não fazer piada sobre eu ser a motorista da rodada hoje? É mais fácil para mim quando você não chama atenção para a minha sobriedade."
AMARELO: (discretamente, durante o evento) "Ei, será que dá para

parar com os comentários sobre eu não beber? Estou me sentindo bem tomando água, mas você transforma isso numa grande questão."
VERMELHO: (na bucha) "Ben, pare com isso, senão eu vou para casa e a gente se vê depois." E vá conversar com outra pessoa.

O problema de estabelecer esse tipo de limite na mesma hora é que, à medida que continuam a consumir bebidas, as pessoas em volta tendem a ser menos respeitosas. Espero que o Verde ou o Amarelo deem um jeito, caso contrário a situação pode chegar ao ponto de "Vou embora mais cedo e a gente conversa sobre isso amanhã de manhã".

▶ Não vejo problema em tomar uma cerveja com colegas de trabalho, mas eles sempre me pressionam a beber mais, e às vezes simplesmente me entregam outra garrafa. Será que devo ir até o balcão, pedir água com gás e limão e fingir que é uma vodca com soda?

VERDE: "Não, obrigado, para mim já basta."
AMARELO: "Não desperdice o seu dinheiro, não vou beber mais."
VERMELHO: (se trouxerem mais uma para você) "Eu já disse que bastava." E deixe a cerveja na mesa.

Por favor, não finja que sua água é vodca. Um: isso não é claro nem gentil; dois: não parece autêntico, o que vai deixar você inseguro; e três: esconder-se assim não reforça sua prática de estabelecer limites. Se for mais confortável ter outra bebida nas mãos, simplesmente seja claro em relação ao que ela é: "Vou curtir água com gás pelo resto da noite."

SEM DESCULPAS

Pense duas vezes antes de se desculpar explicando por que você não quer mais uma bebida, mesmo que a desculpa seja verdadeira. Dizer "Não posso, preciso malhar amanhã", ou "Não posso, preciso cuidar do jardim logo cedo", pode parecer um convite para os outros "resolverem" seu problema, de modo que você possa encher a cara por uma noite. Seu interlocutor poderia dizer "Eu vou com você à academia amanhã; vamos curtir esta noite", ou "Eu ajudo você com o jardim; a gente acaba na metade do tempo. Você pode ficar aqui até mais tarde". É muito mais eficaz demonstrar clareza e deixar evidente seu "Não, obrigado". E esse é um ótimo exercício para você se manter firme em outras áreas que necessitem de limites.

▶ Adoro sair para beber com meus amigos, mas eles curtem as baladas como se a gente ainda estivesse na faculdade. Para ser sincera, isso não é mais divertido para mim, mas ainda quero me encontrar com eles. Como posso estabelecer um meio-termo?

VERDE: "Fico umas horinhas com vocês, mas vou voltar para casa cedo." E saia quando estiver a fim.
AMARELO: "Mal posso esperar para ver vocês hoje à noite, mas assim que vocês começarem a dançar em cima da mesa, eu me retiro."
VERMELHO: "Hoje à noite vocês vão tomar uns drinques ou encher a cara? Se for para encher a cara, a gente se vê outro dia."

Basicamente você está antecipando a consequência, seja de modo gentil ou incisivo: "Estou dentro, a não ser que vocês comecem a ficar muito bêbados; nesse caso, vou sair à francesa, pela porta dos fundos." A chave aqui é comunicar o limite antecipadamente. Antes de irem para o bar, antes que seus amigos comecem a pressionar você a ficar até tarde, antes que eles comecem a dançar em cima da mesa, diga o que você se sente confortável em fazer, depois vá se divertir dentro do limite que estabeleceu.

▶ Sempre que recuso uma bebida, invariavelmente alguém me pergunta o motivo. Às vezes me sinto confortável em dizer, mas às vezes não. Como posso responder com gentileza se não estiver a fim de me explicar?

VERDE: "Só não estou a fim."
AMARELO: "É uma decisão pessoal." E mude de assunto.
VERMELHO: "Não vou responder, e você não deveria ficar perguntando." E mude de assunto.

Se você estiver se recuperando de uma dependência química, pode se sentir confortável ou não em revelar isso – e os motivos para as pessoas perguntarem podem ir desde uma preocupação genuína até a intromissão. Se você não se sente confortável se abrindo sobre isso, use um dos limites do roteiro. Se não se incomoda em responder, pode dizer: "Na verdade, estou em reabilitação. Mas saiba que nem todo mundo gosta de comentar isso. No futuro é melhor você simplesmente aceitar quando alguém disser que não quer uma bebida, sem perguntar o motivo."

RAPIDINHAS

Uma coisa que ninguém pode questionar são suas preferências pessoais. (Quero dizer, a pessoa pode tentar, mas ela não pode entrar na sua mente para confirmar se é verdade.) Aqui vão algumas frases curtas e simples que você pode usar quando sentir que estão pressionando você a comer ou beber algo contra sua vontade. (Além disso, elas são úteis quando você não está a fim de explicar que os laticínios causam uma revolta no seu sistema digestivo.)

- "Não, obrigado(a)."
- "Estou numa boa, obrigado(a)."
- "Não, obrigado(a), estou bem."
- "Não, obrigado(a), no momento não estou com fome."
- "Parece delicioso, mas esta noite não."
- "Não curto muito pizza/doces/cerveja/sorvete/bolo."
- "Talvez eu seja a única pessoa no mundo que não curte sorvete."
- "Não sou muito de comer brigadeiro."
- "Neste momento estou cortando o açúcar/álcool/glúten da dieta."
- "Decidi ficar algum tempo sem consumir pão/álcool/laticínios."
- "Glúten/álcool/leite simplesmente não me cai bem."
- "Hoje não estou a fim."
- "Eu não bebo."

ROTEIROS PARA ESTABELECER LIMITES QUANTO ÀS CONVERSAS À MESA

Como vimos no exemplo de Charley, no Capítulo 1, às vezes até as pessoas que amamos dizem coisas sobre nosso corpo que nos enchem de ansiedade, tristeza ou insegurança. Como acontece com o álcool, pode ser necessário estabelecer limites quanto às conversas sobre dieta, peso e corpo das quais você aceita participar. Se você tem um histórico de transtorno alimentar, as conversas sobre dieta podem representar um gatilho terrível e prejudicar sua recuperação. Mesmo que você nunca tenha tido problemas com sua alimentação ou sua imagem corporal (mas quem nunca?), não creio que seja saudável para ninguém ficar conversando sobre peso ou hábitos alimentares, especialmente durante uma refeição. Só por vivermos em uma sociedade como a nossa, já temos lembretes suficientes de que as calorias deveriam ser contadas, de que a magreza é uma coisa boa, e de que nosso valor está ligado à balança. Não precisamos ouvir mais sobre isso durante um jantar delicioso.

Essas conversas podem funcionar como gatilhos e costumam ocorrer sem que ninguém tenha optado conscientemente por isso; elas estão entranhadas na nossa dinâmica social, especialmente entre as mulheres. Ao comunicar seus limites com clareza, você não somente preservará sua relação saudável com a comida e com seu corpo como também ajudará os outros a perceber quanto se concentram nas calorias, na perda de peso ou no próprio corpo. De fato, seus limites podem ser o primeiro passo para ajudar seu círculo de convivência a encontrar outras maneiras de conversar sobre alimentação e saúde.

▶ Meus parentes vivem comentando sobre meu corpo – especialmente quando eu perco peso. Eles especulam abertamente sobre quantos quilos eu perdi e fazem comentários sobre o que estou comendo e sobre a necessidade de "manter a forma". Acho isso desconfortável e muitas vezes me provoca sentimentos ruins. Como posso comunicar isso se eles nunca ouviram falar em "cultura das dietas"?

VERDE: "Sei que vocês têm boa intenção, mas prefiro não falar sobre o meu peso. Vocês não acham esta blusa linda? / Souberam da minha promoção? / Acabei de fazer minha primeira corrida de 5 quilômetros!" (Redirecione os elogios para outra área.)

AMARELO: "Por favor, não falem do meu corpo ou do meu peso na minha frente. Esse tipo de comentário me deixa desconfortável."

VERMELHO: "Já pedi que vocês não comentem sobre o meu corpo. Se não respeitarem isso, vou sair." E, se necessário, saia do recinto ou vá embora.

Para as pessoas que foram muito expostas à cultura do emagrecimento e das dietas, "Você perdeu peso!" é o maior elogio de todos, e elas podem não entender por que você não fica feliz com o comentário. Se elas pressionarem de volta dizendo "Não, isso é um elogio!", você pode explicar que, independentemente disso, não quer ouvir nenhum comentário sobre seu corpo, e ponto final. Se você quiser falar mais sobre sua perspectiva ou sua experiência pessoal, faça isso depois da refeição. Só não se esqueça: as pessoas não precisam entender o seu limite para respeitá-lo.

▶ Odeio a ceia de Natal. Minha mãe e minhas tias vivem fazendo dieta e quando eu preparo um prato saudável e equilibrado, elas fazem comentários "úteis" sobre quanto ou o que estou comendo. Isso arruína a festa, então o que posso dizer?

VERDE: "Não quero falar sobre o que está no meu prato hoje. Estou muito feliz com minha refeição." E mude de assunto.

AMARELO: "Por favor, não comentem sobre o que estou comendo, do contrário vou levar meu prato para outro lugar."

VERMELHO: "Se vocês continuarem se metendo no que eu como, vou começar a comemorar o Natal com meus amigos, porque a ceia em família não está sendo divertida para mim."

As datas comemorativas já são bastante difíceis por muitos motivos. Se a conversa sobre dietas, corpo ou comida estiver tirando você do clima de confraternização, faça uma visita depois da ceia, comemore com amigos em vez de em família, vá fazer trabalho voluntário ou opte por viajar nessa data.

- Meu colega de quarto é muito preocupado com a saúde. Sempre que eu preparo ou peço uma refeição, ele faz algum comentário supostamente "útil": diz que na verdade minha salada não é saudável por causa da gordura, ou que o arroz branco vai aumentar minha insulina. Ele fica inspecionando e julgando minha alimentação e estou cansado disso, ainda mais porque não pedi nenhum conselho. Como posso falar sobre isso?

VERDE: "Na verdade, estou satisfeito com o meu prato e prefiro não falar sobre isso." E mude de assunto.
AMARELO: "Ah, preciso interromper você aqui: só quero comer sem ouvir nenhum comentário, está bem? Obrigado."
VERMELHO: "Blake, o que eu como não é da sua conta e não estou pedindo sua opinião. Por favor, pare com isso."

Outro limite Vermelho poderia ser: "Talvez você ache que está ajudando, mas dar conselhos não solicitados sobre a comida dos outros parece um julgamento, e atrapalha um bocado nossa relação." Garanto que você não é a única pessoa com quem ele está fazendo isso, de modo que ao falar assim você faz um favor a todo mundo que convive com seu colega.

- Sempre que levo marmita para o trabalho meus colegas ficam falando da minha "comida de dieta esquisita" e dizem que eu devo estar julgando o refrigerante zero açúcar que eles tomam. Me ajude a almoçar em paz.

VERDE: "Por que meu almoço é sempre tema de conversa? Desse jeito vou acabar comendo no carro."
AMARELO: "Será que podemos parar de falar da comida do outro e comer em paz?"
VERMELHO: "Vou terminar de almoçar na minha mesa. Almoço com vocês amanhã, se acharem que conseguem segurar esses comentários."

Esse comportamento costuma ser um mecanismo de defesa ou uma manifestação da culpa que as pessoas sentem em relação ao próprio comportamento. Mas pode ser também que elas estejam apenas curiosas em relação ao que provocou a mudança nos seus hábitos alimentares. Você pode estabelecer o limite de não falar sobre comida enquanto come, mas em seguida dizer: "Se quiserem saber por que meu almoço está tão diferente, vamos nos encontrar à tarde e eu conto tudo."

▶ Minha mãe e outras pessoas da família vivem falando de comida e emagrecimento na frente dos meus filhos, especialmente quando as crianças pedem para repetir a sobremesa. Quero que meus filhos desenvolvam uma relação saudável com a comida e com o próprio corpo, e não quero expô-los a conversas pouco saudáveis sobre dietas. Como posso explicar isso à minha mãe?

VERDE: (antes da refeição) "Por favor, não fale sobre dieta ou emagrecimento na frente das crianças nem comente sobre a comida que elas escolhem. Estamos nos esforçando para não associar alimentação a 'certo e errado' e não deixar que a cultura das dietas seja um assunto durante as refeições."
AMARELO: (enquanto estiver acontecendo) "Opa, vovó, Jack e Ellie sabem avaliar a própria fome e conhecem o próprio corpo, lembra? Crianças, se quiserem mais, podem pegar."
VERMELHO: (enquanto estiver acontecendo) "De novo, não. Esse não é um modo saudável de falar sobre comida ou sobre nosso corpo. Por favor, vamos mudar de assunto, do contrário as crianças e eu vamos pedir licença e sair para dar um passeio."

Em outro momento que não seja à mesa, talvez você precise deixar seu limite ainda mais claro. Diga algo do tipo: "Falar mal do nosso corpo ou do nosso peso prejudica a saúde mental das crianças. Talvez vocês nem percebam que estão fazendo isso, então eu vou avisar se acontecer de novo."

PARA AMAR OS LIMITES QUE LIBERTAM VOCÊ

Era o verão de 2019 e o Whole30 estava planejando nossa Conferência Anual de Coaches Certificados – um retiro com oficinas educacionais, atividades recreativas e um bocado de oportunidades para socializar. Fazia quase um ano que eu vinha com meu experimento de "Neste momento não estou bebendo" e tinha percebido inúmeros benefícios inesperados. Eu ficava mais presente e conectada nos ambientes sociais e me sentia menos ansiosa ao participar de eventos importantes, sabendo que aquela era uma decisão sobre a qual eu não precisaria ficar me angustiando.

Mandei um e-mail para minha equipe executiva com uma proposta louca: e se fizéssemos da nossa conferência um evento 100% sem álcool? Pensei nos enormes benefícios que isso poderia trazer aos coaches durante aquele intenso período de conexão e confraternização – sono melhor, mais energia e menos ansiedade. Além disso, Park City fica em uma altitude elevada, o que pode arruinar uma pessoa que venha do nível do mar antes mesmo que o vinho comece a correr. Certamente era um risco, mas eu gostava da ideia de inovar e dar às pessoas um alicerce saudável para aproveitar o fim de semana, que seria longo.

A equipe adorou a ideia, por isso eu a repassei aos coaches num e-mail. Escrevi: "Numa decisão para desenvolver o espírito comunitário, proporcionar um espaço seguro à socialização e ajudar as pessoas a criar conexões autênticas, a Conferência de Coaches deste ano será um evento totalmente sem álcool. Queremos que todo mundo que compareça aos eventos desta semana se relacione de modo aberto, sincero e vulnerável com os outros. Queremos que todos nos conectemos de verdade, que estejamos totalmente presentes, brindando nossos feitos e nossa comunidade com algum coquetel de ervas e frutas cítricas fabuloso que vocês queiram criar para a ocasião." (Sim, tivemos um bar inteiro de coquetéis sem álcool!)

Esperei as reações, nervosa, imaginando quantos dos nossos coaches ficariam chateados ou desapontados. Por acaso... nenhum deles ficou. Absolutamente nenhum. Os e-mails que recebi em resposta iam desde aceitações entusiasmadas até uma gratidão profunda. Conversando com os coaches durante o evento, fiquei sabendo que muitos não queriam beber, mas provavelmente beberiam se todo mundo estivesse bebendo.

Porque os limites são *difíceis*, a pressão dos colegas é real e eles ainda não tinham as palavras para dizer "não" com confiança.

Não estou dizendo para *você* não beber, não comer sua guloseima nem falar sobre o número da sua calça. Estou dizendo que sua relação com todas essas coisas será melhor, mais saudável e mais pacífica se você pensar nos benefícios que os limites saudáveis podem trazer para sua vida e começar a estabelecê-los com clareza e gentileza. Garanto que sua autoconfiança se estenderá a todas as áreas da sua vida. Você vai identificar com mais facilidade os limites adequados para você e poderá estabelecer e impor cada um com muito mais convicção.

CAPÍTULO 9

O impacto das palavras

Como estabelecer limites quanto a temas sensíveis

Uma mulher chamada Heather me mandou uma mensagem no verão pedindo ajuda urgente para estabelecer um limite. Ela escreveu: "Meu pai morreu de uma hora para outra na semana passada. Ele era extremamente sociável e tinha inúmeros amigos com quem mantinha contato regular. Agora que ele se foi, *todo mundo* fica telefonando e mandando mensagens perguntando como eu estou, querendo dar os pêsames ou contar alguma lembrança do meu pai. Estou arrasada e preciso de algum tempo sozinha – mas sinto que *deveria* responder a essas mensagens sinceras, por isso preciso de ajuda para impor certos limites. Em geral não peço ajuda a pessoas desconhecidas na internet, mas estou muito abalada emocionalmente para pensar no que dizer aos amigos do meu pai, a não ser POR FAVOR, PAREM."

Querida Heather (e todo mundo): sim, você pode e deve estabelecer limites em relação ao seu luto. E à sua condição de saúde. E ao seu divórcio, seu status de relacionamento, sua vida sexual, seu planejamento familiar, sua identidade, suas convicções religiosas, seus traumas e qualquer outra coisa em que as outras pessoas queiram se intrometer – mesmo com a melhor das intenções. Este capítulo fala sobre limites quanto a temas difíceis que, por acaso, são como aquelas bonecas russas: desafios dentro de desafios que têm a ver com temas que já são (você adivinhou) desafiadores.

Ainda que os temas sensíveis possam surgir entre familiares, amigos, vizinhos ou colegas de trabalho, eles merecem um capítulo próprio – não somente por causa de sua natureza delicada, mas porque essas violações de limites podem acontecer *em qualquer lugar*. Trata-se da mulher que está atrás de você na fila do supermercado e põe a mão no seu cabelo; da mãe do coleguinha do seu filho que está tentando puxar papo com você na festa da escola e pergunta "Você não quer ter mais um filho?"; ou do cara sentado ao seu lado no avião agradecendo pelo seu serviço militar e em seguida perguntando baixinho: "Você já matou alguém?"

Algumas pessoas que fazem perguntas assim – pessoas que parecem ter uma capacidade especial de pisar os calos mais sensíveis e nos deixar bastante desconfortáveis – sentem-se totalmente inocentes, até que alguém (talvez você) mostre quão problemáticas são essas perguntas ou ações. Mas essas pessoas também podem ser propositalmente passivo-agressivas, revelando influências e comportamentos adquiridos do patriarcado, da misoginia, da supremacia branca e de outros sistemas de opressão. E às vezes são simplesmente agressivas – como se quisessem lembrar a você que elas podem e vão colocar as preferências delas acima das suas quando quiserem, mesmo que você esteja em seu momento mais vulnerável.

Os limites Vermelhos neste capítulo foram pensados especialmente para elas.

NÃO TÃO INOCENTE ASSIM

Existem alguns assuntos que sempre parecem seguros, não importa com quem conversemos. O clima, por exemplo: é um tema muito pouco controverso, uma experiência comum (desde que você não mencione o aquecimento global para as pessoas erradas) e geralmente fácil de ser abordada. Existem, porém, outros assuntos que estão entrelaçados tão intensamente no nosso tecido moral que podem *parecer* que não são problemáticos, mas não é bem assim.

Por exemplo: "Você tem filhos?" Essa é uma pergunta comum nas reuniões sociais, nos eventos profissionais e até em entrevistas de emprego. Para muitas pessoas a resposta é um simples "Sim" ou "Não" e a conversa segue em frente.

Para algumas pessoas, no entanto, problemas de infertilidade, abortos espontâneos, condições de saúde, questões de relacionamento ou restrições financeiras tornam essa pergunta pesada e dolorosa. Imagine perguntar a uma pessoa que acaba de ter seu terceiro aborto espontâneo: "E aí, quando você vai ter um filho?" Você jamais faria isso se soubesse que a pessoa estava passando por uma dor física ou emocional. Mas este é o ponto: *a gente nunca sabe*. Existe uma dezena de perguntas desse tipo, desde "Você vai se casar ou não?" até "Você emagreceu?", ou "Por que você ainda está solteira?", e cada uma delas pode ser um gatilho de sofrimento imenso, ainda que invisível.

Agora vou dizer o que você pode estar pensando: "Qualquer coisa é um possível gatilho, Melissa." Sim, é verdade. Você pode perguntar a uma pessoa sobre o companheiro ou a companheira de longa data e descobrir que acabaram de se separar, ou convidar um vizinho para se encontrar com você no parque dos cachorros e descobrir que o cão dele morreu na semana anterior, ou dizer quanto você adora frutos do mar e descobrir que o melhor amigo da pessoa morreu num acidente terrível envolvendo alergia a camarão. Não é possível evitar *todos* os temas sensíveis, porque você não lê mentes. Mas aqui vão alguns assuntos gerais que é melhor evitar a menos que a outra pessoa toque neles primeiro (você encontrará roteiros para cada um desses assuntos adiante, neste capítulo):

- FILHOS: Você tem filhos? Você quer ter filhos? Você pode ter filhos? Quantos filhos você tem? Você vai ter mais filhos?
- STATUS DE RELACIONAMENTO: Por que você está solteiro? Você tem namorado? Quando vocês vão se casar? Qual é a diferença de idade entre vocês?
- SAÚDE OU NECESSIDADES ESPECIAIS: Você emagreceu? Você tentou tal tratamento para seu problema? O que aconteceu com você? Qual é a sua deficiência? Você ainda pode fazer tal coisa?
- RECUPERAÇÃO DE UM VÍCIO: Você sente falta do álcool (ou das drogas, ou do jogo)? Quando você percebeu que estava no fundo do poço? Me conta a história mais louca que já aconteceu com você. Você acha que um dia vai ter uma recaída?

Não são apenas perguntas sobre temas sensíveis que podem causar mal sem intenção; relatos não solicitados também podem perturbar ou provocar outras pessoas. Recentemente postei nas redes sociais que estava pensando em vender minha adorada motocicleta. Quanto mais velha fui ficando, mais desconfortável me sentia com o risco, mas ainda não tinha certeza se estava pronta para abrir mão dela. Você não acreditaria (ou talvez acredite) na quantidade de histórias não solicitadas que recebi sobre acidentes horríveis de moto. "Essa pessoa morreu, meu irmão perdeu a perna, minha amiga nunca mais andou..." Desculpe, mas eu não pedi a ninguém que compartilhasse relatos tenebrosos, e se andar de moto não me deixava nervosa antes, agora estou literalmente pirada de medo e ansiedade. ISSO NÃO AJUDA.

E é pior ainda se a pessoa estiver grávida. Existe um cantinho especial no inferno para alguém que conta a uma grávida uma história de parto horripilante. Estou só avisando.

SEJA GENTIL

Este capítulo tem dois objetivos. Primeiro, quero ajudar as pessoas que estão enfrentando momentos ou situações difíceis a aprender onde e como estabelecer limites para se manterem em segurança e saudáveis. Segundo, a partir desses exemplos espero deixar claro que algumas coisas que você diz ou pergunta podem ser mais problemáticas do que você imagina. Quanto mais sabemos, melhor agimos, e depois de ler este capítulo espero que você pense duas vezes antes de fazer alguma dessas perguntas ou contar histórias sem que a outra pessoa peça. Você nunca sabe quais são as dificuldades pelas quais os outros estão passando, e presumo que a última coisa que você deseja é aumentar o sofrimento de alguém num momento que já é difícil – mesmo que a pessoa seja totalmente desconhecida.

A TEORIA DOS ANÉIS

Mesmo querendo oferecer consolo e apoio aos amigos enlutados do pai, Heather não tinha capacidade para isso. Seu próprio luto era tão avassalador que ela sabia que não tinha condições de assumir o de mais ninguém.

Apesar de ter pedido ao marido que interferisse e dissesse às pessoas que ela precisava de tempo e espaço para processar a perda, depois de uma semana as mensagens começaram a jorrar outra vez. "Parece que as pessoas acham que eu já tive espaço *suficiente*", escreveu ela. "Sei que elas estão sofrendo e procurando contato humano, mas neste momento essas mensagens só parecem invasivas e inconvenientes."

A Teoria dos Anéis, desenvolvida em 2013 pela psicóloga Susan Silk e seu amigo Barry Goldman, ajuda as pessoas a entender o que fazer em tempos de crise. Visualize um círculo pequeno, com vários círculos concêntricos em volta. Se a crise estiver acontecendo com você, você está no círculo central. Quanto menos você tiver a ver com a crise, mais distante do centro você vai estar.

No caso do falecimento do pai, Heather, a mãe dela e seus irmãos estão no centro do anel, pois são os mais afetados. Outras pessoas da família (como o marido de Heather, seus tios e tias) e os amigos mais íntimos do pai estariam no círculo concêntrico seguinte. Outros amigos e colegas de trabalho poderiam estar no próximo círculo externo, e os meros conhecidos ficariam no círculo mais distante.

Na Teoria dos Anéis de Silk e Goldman, o sofrimento (ou reclamações, raiva, frustração, choro) flui do centro do anel para *fora*, ao passo que o consolo – e só o consolo – flui de fora para *dentro*. Isso significa que Heather pode fazer ou dizer qualquer coisa necessária para processar seu luto, seja aceitar o conforto ou o apoio das pessoas que estão nos círculos mais externos, compartilhar sua raiva ou sua frustração com elas, ou simplesmente isolá-las do lado de fora, porque é disso que *ela* precisa, já que é a pessoa que está no círculo menor. Os que estão nos círculos subsequentes ao de Heather não devem esperar nem exigir que ela os ajude a processar seus sentimentos. Não devem compartilhar lembranças não solicitadas, oferecer conselho, expressar desespero ou se juntar de qualquer modo a qualquer pessoa que esteja mais perto da crise do que elas. Elas só podem expressar esses sentimentos aos membros dos círculos mais externos em relação ao delas.

O sofrimento flui para fora, o consolo flui para dentro.

Isso não se aplica apenas ao luto; essa teoria pode ser aplicada a qualquer crise, seja morte, trauma, doença, ferimento, parto ou divórcio – temas que você encontrará nos roteiros de limites deste capítulo. Se sua irmã tem câncer, você (e os filhos dela, o marido e os pais) estão no centro do anel e não têm nenhuma responsabilidade de reconfortar os amigos ou colegas dela. Se você está se divorciando, seus pais não podem ficar lamentando com *você* sobre como *eles* estão arrasados. E, como eu disse a Heather, ela não tem obrigação de responder a uma mensagem, ouvir um relato ou oferecer consolo a qualquer pessoa que esteja fora do seu minúsculo círculo central – nem agora nem no futuro.

A Teoria dos Anéis ajudou Heather a se sentir muito melhor e lhe deu confiança para estabelecer limites adicionais para preservar seu tempo sozinha e reivindicar o espaço necessário para processar seus sentimentos. Isso nos leva ao segundo motivo para eu estar falando da Teoria dos Anéis: entender seu papel em qualquer crise tornará mais confortável estabelecer os limites necessários para você se manter em segurança e saudável, *e* deve lhe trazer mais compreensão quando alguém no centro do anel estabelecer um limite e você estiver num círculo mais externo. Como veremos no Capítulo 11, um dos maiores benefícios de se sentir confortável ao estabelecer limites é que você reconhecerá melhor quando um limite estiver sendo estabelecido para você, e terá as ferramentas e a perspectiva necessárias para respeitar esse limite com mais compreensão e elegância.

OS LIMITES COMO FERRAMENTAS DE ENSINO

Praticamente todas as conversas sobre limites que incluo neste capítulo oferecem a oportunidade de explicar à outra pessoa por que a pergunta ou o comentário que ela fez, ou o conselho que ela deu, é tão prejudicial – independentemente da intenção. Determinados questionamentos e comentários podem ser dolorosos, provocar sentimentos ruins e ser mais invasivos do que se esperava, e explicar isso ajuda muito a neutralizar a atitude da outra pessoa. Isso também ajuda os outros a mudar o próprio comportamento, de modo a não deixar mais ninguém desconfortável no futuro. Vejamos por que talvez seja bom você dar esse passo a mais.

Se você está confortável com sua situação – como eu estou com minha recuperação da dependência química –, provavelmente sente confiança e firmeza suficientes para enfrentar uma pergunta que pode ser incômoda e explicar exatamente o que a torna tão problemática. Quando as pessoas me perguntam "Você sente falta de usar drogas?", eu me sinto confortável respondendo: "Essa não é uma pergunta educada para fazer a alguém que está se recuperando. Isso pode provocar um sofrimento absurdo, especialmente se a pessoa estiver sóbria há pouco tempo e ainda não se sentir totalmente segura. Você está pedindo que eu volte e revisite os dias em que eu usava drogas, e sei que agora você entende como isso pode ser doloroso." Ou posso dizer algo do tipo: "Não me incomoda responder a isso, porque já falei em público sobre a minha recuperação e abri espaço para perguntas, mas, só para você saber...", e termino explicando que é melhor não perguntar isso a outras pessoas por via das dúvidas.

Quando ajo assim, estabeleço o limite em relação a mim mesma ("Essa não é uma pergunta educada para me fazer, porque estou me recuperando de uma dependência") e ajudo a pessoa a não cometer o mesmo erro com outras. Em geral, basta comentar que a pergunta pode ser prejudicial para que a outra pessoa pense duas vezes antes de fazê-la de novo.

Dito isso, é bom lembrar que não é sua responsabilidade nem sua obrigação educar os outros enquanto estabelece um limite.

Existem muitos motivos para você não sentir vontade de explicar a uma pessoa, na mesma hora, por que o comportamento dela está magoando você. Talvez, como aconteceu com Heather, sua situação seja recente e dolorosa, e tudo o que você possa dizer seja: "Por favor, pare." Muitas vezes, a pessoa que cometeu a gafe fica sem graça nesses casos, e dar um sermão (especialmente num ambiente público) poderia provocar hostilidade e raiva. Talvez você seja uma pessoa transgênero, negra ou com deficiência e esteja compreensivelmente cansada de corrigir os outros de graça para se defender e defender sua comunidade. Talvez naquele momento você não sinta que sua explicação será apreciada ou bem recebida – nesse caso, poupe seu fôlego, estabeleça o limite e se afaste.

O objetivo de estabelecermos limites é nos mantermos em segurança e saudáveis. Só você sabe qual é o modo mais eficaz de fazer isso em qualquer momento específico. Estou oferecendo aqui algumas palavras que podem ajudar você a instruir os outros sobre a importância de respeitar limites quanto a temas sensíveis. Mas, como sempre, faça o que lhe parecer correto.

IMPACTO *VERSUS* INTENÇÃO

Enquanto conversamos sobre esses temas sensíveis, é importante dar mais importância ao impacto do que à intenção. Quer alguém tenha cometido uma microagressão (uma declaração com leve teor preconceituoso ou ofensivo), tenha feito uma pergunta insensível mas bem-intencionada ("Quando vocês vão ter filhos?") ou tenha feito uma suposição equivocada (por exemplo, dizer a uma pessoa que ela está no banheiro errado), o foco dos limites é deixar claro o *impacto* dos atos da pessoa, sem se prender às *intenções* dela. Pense do seguinte modo: se eu bater sem querer na traseira do seu carro, minha intenção terá sido boa: eu não pretendia colidir com você! Mesmo assim, bati no seu carro, e isso tem um impacto óbvio na sua saúde, na sua segurança e na sua propriedade. Quando você estabelece limites em situações delicadas, muitas pessoas vão contra-argumentar falando da intenção delas ("Não foi isso que eu quis dizer") e tentar seguir em frente como se nada tivesse acontecido. Ainda que certamente você possa reconhecer as boas intenções, o limite será mais significativo se você deixar claro que o *impacto* das palavras ou dos atos da pessoa foi prejudicial – e, se quiser, você pode dizer exatamente *como* aquilo foi ofensivo.

No meu trabalho descobri que os limites quanto a temas sensíveis podem ser agrupados em três categorias principais: limites para preservar nossa saúde mental e física, limites que estabelecemos nas interações públicas, e limites que podemos precisar estabelecer e manter em vários estágios da vida.

SAÚDE MENTAL E FÍSICA: São limites que você estabelecerá para preservar sua saúde mental, proteger sua privacidade e garantir que as conversas não sigam numa direção que provocaria dor, ansiedade ou lembranças desagradáveis. Nessa seção você encontrará limites relacionados ao vício e à recuperação, a doenças ou ferimentos, à identidade de gênero e ao trauma.

INTERAÇÕES PÚBLICAS: São limites que você precisa estabelecer quando está em ambientes públicos, em geral no meio de outras pessoas. Nessas situações você sente a necessidade de estabelecer um limite relacionado a perguntas ou declarações que poderiam ser ofensivas para você ou para outras pessoas presentes. Na maior parte do tempo estabelecemos limites com o objetivo de reforçar nosso relacionamento com determinada pessoa, mas esses limites de "interações públicas" costumam ser estabelecidos para pessoas que nunca mais veremos. Mesmo assim eles são fundamentais. São os limites que estabelecemos diante de um comentário racista que um estranho faz numa festa; diante de uma pergunta pessoal desconfortável feita por um vendedor de loja; ou diante do tio apalpador que você encontra no casamento de uma amiga. Você estabelece esses limites não porque valoriza seu relacionamento com essas pessoas, mas porque para você é importante se posicionar e defender o que é certo.

ESTÁGIOS DA VIDA: São limites que ajudarão você a se orientar por estágios sensíveis e mudanças na sua vida. Envolvem perguntas que as pessoas costumam fazer de modo "inocente", mas que têm o potencial de ser bastante dolorosas. Os roteiros que ofereço nessa seção têm a ver com sua vida amorosa; sua formação e carreira; gravidez e planejamento familiar; e o enfrentamento da morte e do divórcio.

DICAS PARA COMEÇAR

Antes de mergulharmos nos roteiros, quero gentilmente oferecer alguns conselhos para estabelecer e manter limites em momentos que podem ser os mais difíceis da sua vida.

EM PRIMEIRO LUGAR, PROTEJA-SE. Sei que você se importa com os sentimentos dos outros e que a compaixão é uma coisa admirável. Mas os sentimentos de nenhuma outra pessoa valem o sacrifício da sua saúde ou da sua segurança. Agora, mais do que nunca, você precisa de limites claros e gentis. Você está enfrentando muita coisa e se as pessoas não entendem ou se reagem mal ao seu limite, isso não é problema seu.

AUTOMATIZE SEUS LIMITES. Se você sabe que vai enfrentar perguntas insensíveis ou um excesso de atenção, automatize seus limites o máximo possível. Passe os braços em volta da sua barriga de grávida para transmitir a mensagem de "Não toque", ou use um broche onde estejam escritos seus pronomes. Automatizar também pode ser pedir a outra pessoa que comunique seus limites por você. Peça a seu companheiro ou sua companheira que diga de antemão à família: "Por favor, não perguntem de novo quando vamos ter um bebê. E não, não queremos falar mais sobre isso agora." Ou entregue seu telefone à sua melhor amiga e peça que ela responda às mensagens de pêsames de modo que você não precise lê-las.

SAIBA ESTABELECER LIMITES EM FAVOR DE OUTRAS PESSOAS. Se sua irmã tem câncer, se seu marido sofreu um acidente que mudou a vida dele ou se sua melhor amiga está fazendo transição de gênero, converse com essas pessoas sobre as informações que elas se sentem confortáveis em compartilhar, e com quem. Isso permitirá que você mantenha os limites que *a outra pessoa* quer estabelecer, mesmo que você tenha outra opinião a respeito disso. Saiba que, ao cuidar bem desses limites, você está tirando o fardo da outra pessoa e demonstrando que ela pode confiar em você para se manter em segurança e saudável.

INSTRUA COM SABEDORIA. Se você optar por usar seu limite como uma ferramenta de ensino, pense no contexto. Se está estabelecendo um limite para sua chefe, talvez queira separar o limite ("Prefiro não falar sobre isso") da instrução e falar com ela em outro momento, quando os colegas de trabalho não estiverem presentes. Se você quiser emprestar sua voz para defender alguém que foi ofendido, certifique-se de que essa pessoa se sente bem com isso – você não quer piorar a situação. Na dúvida, simplesmente estabeleça seu limite e mude de assunto ou se afaste.

ENSAIE, ENSAIE, ENSAIE. Quando comecei a falar publicamente sobre minha dependência química e minha recuperação, ficava chateada quando me faziam perguntas invasivas sobre minha história ou meu vício. Ficava com raiva e não falava nada ou respondia sem pensar (e depois sentia raiva de mim mesma por falar demais). Passei um bom tempo discutindo com meu terapeuta como poderia contar minha história com calma e equilíbrio, e quais eram os meus limites quanto ao que eu discutiria ou não. Se você estiver num momento em que sabe que passará por esse tipo de situação, escreva alguns roteiros (ou use os que estou oferecendo aqui) e os ensaie em voz alta até que suas respostas pareçam naturais para você.

DEIXE A PESSOA "SE SENTIR MAL". Assim que entende que a pergunta bem-intencionada que ela fez foi na verdade ofensiva, a pessoa pode esperar que você – a parte prejudicada – a console porque *ela* se sente muito mal. Você não precisa fazer isso. Na verdade, tentar "remediar" o desconforto só atrapalha o crescimento dela e pode impedir que ela receba uma importante lição de vida.

Fingir que o que a pessoa fez não foi doloroso, dizer "Tudo bem" quando não estava tudo bem, ou desconsiderar o impacto negativo falando "Sei que você teve boa intenção" não são atitudes claras nem gentis. A pessoa pode ser bem-intencionada e *ainda assim* provocar um dano. Você pode reconhecer isso, aceitar o pedido de desculpas e seguir em frente.

Tudo bem as pessoas se sentirem mal quando magoam alguém.

No fim das contas, Heather decidiu copiar e colar a mesma resposta para todo mundo que entrava em contato com ela após a morte do seu pai. A mensagem dizia: "Obrigada pelo contato. Estou bem, mas preciso de mais tempo e espaço para processar como me sinto. Aviso quando estiver em condições de conversar – não sei quando isso vai acontecer. Agradeço por entender e não mandar mais mensagens até eu estar em condições de responder." Escrever isso foi um alívio, e assim que ela enviou a resposta, parou de sentir necessidade de responder às mensagens que as pessoas mandavam sem parar. Isso lhe garantiu o espaço necessário para processar seus sentimentos sem a pressão de compartilhar esse espaço com pessoas que estavam nos círculos mais distantes.

Espero que os roteiros deste capítulo também ajudem você a se orientar nos momentos difíceis ou nas situações desafiadoras com elegância, leveza e conforto.

ROTEIROS PARA ESTABELECER LIMITES QUANTO À SAÚDE MENTAL E FÍSICA

Estabelecer limites quanto à sua saúde mental e física ajudará você a enfrentar os desafios com menos risco de provocar sentimentos ruins, ter sua privacidade violada ou sua identidade questionada. Você é quem determina seu próprio nível de conforto. Até que ponto você se dispõe a conversar? O que você aceita compartilhar para construir um relacionamento mais próximo, e em que momento você deve impor uma consequência caso seus limites não sejam respeitados?

Se possível, trabalhe com seu terapeuta ou outro profissional da área de saúde mental seus limites específicos, de modo a estar em condições de estabelecê-los quando surgir a necessidade. Um profissional pode ajudar a identificar situações que você nem havia notado que eram exaustivas ou dolorosas.

▶ Tenho um problema de saúde crônico, e com isso vivo recebendo conselhos não solicitados sobre experimentar algum tratamento, alguma dieta ou me curar com "pensamentos positivos". As pessoas são bem-intencionadas, mas só me estressam ainda mais. Preciso ter respostas na ponta da língua para a próxima vez que isso acontecer.

VERDE: "A equipe médica tem um bom plano de tratamento e não queremos perder o foco com conselhos extras, mas agradeço sua intenção de ajudar."
AMARELO: "Agradeço, mas no momento não estou buscando alternativas além do tratamento da minha equipe médica."
VERMELHO: "É insensibilidade sua continuar dando opiniões não solicitadas sobre meu estado de saúde. Não vou mais aceitar suas sugestões."

Os dois primeiros limites incluem alguma forma de gratidão, porque você pode presumir que os conselhos que as pessoas estão dando têm a ver com carinho, com a frustração de ver uma pessoa querida sofrendo e com um desejo genuíno de ver você melhorar. O limite Vermelho é para pessoas que não entenderam o recado; que querem convencer você de que para se curar basta fazer uma única coisa (parar de ingerir glúten, desabafar mais vezes ou trabalhar com mais afinco para processar seu trauma); ou para a pessoa que fica tentando vender o suplemento alimentar ou o óleo essencial que ela produz sob o pretexto de estar "cuidando" de você.

▶ Muitas vezes me tratam pelo gênero errado em público, desde vendedores me chamando de "senhor" até colegas de trabalho e conhecidos com dificuldade de "lembrar" que eu uso pronomes neutros. Nunca sei bem como lidar com isso de modo respeitoso mas firme. Você pode me ajudar?

VERDE: "Ah, eu não sou 'senhor' nem 'senhora'. Pode usar 'você' mesmo."
AMARELO: "Eu uso pronomes neutros. Por favor, lembre-se disso quando estiver falando sobre mim."
VERMELHO: "Você continua confundindo meu gênero, e está começando a parecer que é de propósito. Isso é desrespeitoso e pouco gentil, e se continuar assim vou passar a comprar em outro lugar / vou falar com o RH / vou embora."

Talvez você precise lembrar várias vezes seus pronomes e sua identidade às pessoas, especialmente se elas estiverem acostumadas a pensar em você em termos diferentes. Só você sabe quando é adequado passar de uma resposta Verde a uma Amarela ou Vermelha. Além disso, você pode decidir se vale a pena corrigir o caixa da loja de conveniência que você nunca mais verá na vida, ou se é mais seguro não corrigir determinada pessoa. Só você tem como saber onde e quando um limite será necessário.

ETIQUETA DE PRONOMES

Pedi ao educador e ativista *queer* Josh Jenkins (elu/delu, ele/dele) que me ajudasse a compartilhar o básico sobre a etiqueta de pronomes. Aqui vão algumas dicas para evitar que as pessoas precisem estabelecer esses limites para você:

- **Jamais presuma o gênero de alguém com base na aparência.** Na verdade, jamais presuma o gênero de alguém, e ponto final. Simples assim.
- **Evite termos associados a gêneros, como "senhor/senhora", quando se dirigir a uma pessoa ou um grupo.** Quando estiver falando com um grupo, você pode usar vários termos neutros, como "E aí, pessoal?", "Bem-vindes!", "Olá, gente!", ou simplesmente "Bom dia!".
- **Se estiver se referindo a uma pessoa que você não conhece muito bem, não tente adivinhar o gênero dela.** Prefira usar a ocupação ou o nome da pessoa, por exemplo. Algo do tipo "Você pode entregar isso à pessoa no caixa?", ou "Ah, olha só, é Brooks! Brooks veio com Christine".
- **Ao se apresentar, diga seus pronomes.** Você também pode perguntar: "Gostaria de dizer quais pronomes você usa?" Mas, por favor, não *insista*, já que isso pode forçar a pessoa a sair do armário num lugar, momento ou ambiente em que ela não se sinta confortável ou segura para isso.
- **Alterne os pronomes, se for o caso.** Se alguém usa vários pronomes, como "elu/ela", em geral é melhor usar ambos quando estiver se referindo à pessoa. "Essa aqui é Kim. Elu é artista e faz um trabalho muito vibrante." Você também pode perguntar à pessoa se ela prefere que você use mais um ou outro pronome.
- **Lide com cuidado com a mudança de pronomes.** Quando uma pessoa conta a você que vai usar novos pronomes, agradeça por ela ter dito isso e comece a usá-los imediatamente – com uma ressalva: pergunte se em alguma situação específica ou perto de alguém você *não deveria* usar os novos pronomes, para não

correr o risco de tirar a pessoa do armário à força (especialmente se a mudança for recente).

- **Se você usar o pronome errado, corrija-se na mesma hora.** "Jamie tem o melhor estilo de todos. Ele... quero dizer, *elu* tem uma conta fantástica no Instagram." Não gaste muito tempo se desculpando. Isso força a pessoa a tranquilizar você e pode prolongar uma situação que já é desconfortável.
- **Faça um pouquinho de esforço.** Se você consegue se lembrar do novo sobrenome da Mary que trabalha com você e acabou de se casar, ou do nome do poodle do seu vizinho, também pode se lembrar de uma mudança de pronome.

▶ Minha irmã está fazendo tratamento de câncer. Os amigos e parentes vivem pedindo detalhes. "Como ela está? O que os médicos disseram? Ela perdeu cabelo?" A intenção é boa, mas não quero contar nada além do que minha irmã se sente confortável em revelar – e, como ainda é muito cedo, ela prefere não revelar nada. Como posso explicar isso com gentileza?

VERDE: "Obrigada por perguntar. Pois é, ela está fazendo tratamento e se esforçando muito para melhorar, mas por enquanto não tenho nenhuma novidade. Vou dizer a ela que você perguntou."
AMARELO: "No momento ela está bem. Ela pediu que eu não contasse detalhes do tratamento médico, mas agradeço por perguntar."
VERMELHO: "Não posso contar nada no momento. Obrigada por respeitar a privacidade dela."

Posso imaginar a quantidade de "Como ela está?" que você tem ouvido ultimamente, então pense em si mesma como uma representante de limites da sua irmã. Primeiro converse com ela e pergunte como ela gostaria que você respondesse a algo como "A químio foi difícil?". Sua irmã quer que você mantenha um tom positivo e genérico, do tipo "Ela está bem", ou prefere que você seja mais específica e sincera sobre a situação atual? Quão confortável ela se sente em revelar, e a quem? (O limite Vermelho aqui é para qualquer pessoa que se sinta com mais direito a informações do que sua irmã esteja disposta a dar.)

- Recentemente passei por um trauma e meus amigos estão tentando me dar apoio. Mas assim que começo a falar, eles procuram demonstrar empatia contando uma história traumática da vida deles. Sei que estão tentando me animar, mas isso dá a impressão de que não estão dando muita importância à minha própria situação. Será que posso estabelecer um limite em relação a como meus amigos me escutam?

VERDE: (antes da conversa) "Neste momento eu realmente quero que você me escute. Não precisa dizer nada; só me deixe falar e tudo bem."
AMARELO: (no meio da conversa) "Ah, será que você poderia não contar sua história agora? É que eu acabo achando que você não me dá importância quando faz isso. Realmente preciso desabafar com alguém que se importe comigo."
VERMELHO: (no meio da conversa) "Parece que você não consegue ouvir sem inserir sua própria experiência, e isso não está me ajudando. Vamos conversar outra hora."

Se esse roteiro leva você a perceber que tem se intrometido no desabafo dos outros, não precisa se martirizar – mas permita-se repensar sua atitude daqui para a frente. Ainda que compartilhar uma história semelhante possa parecer uma atitude empática ("Olha, eu também já passei por isso!"), na verdade coloca você no centro da conversa, em vez de permitir que esteja totalmente presente para a pessoa amiga. O melhor modo de demonstrar empatia é ouvir com atenção, refletindo de volta o que você escuta, e depois perguntando como pode ajudar a pessoa.

- Sou uma mulher jovem, de aparência saudável, mas tenho esclerose múltipla. Quando estaciono numa vaga reservada ou uso meu andador, costumo ouvir perguntas e comentários invasivos feitos por estranhos, do tipo "Você não parece deficiente", ou "O que aconteceu com você?". Meu diagnóstico não é da conta deles. Então o que devo dizer?

VERDE: "Tenho necessidades especiais. E, só para que você saiba, algumas deficiências não são tão evidentes quanto outras. É melhor não tirar conclusões precipitadas."
AMARELO: "Sou portadora de deficiência, sim, e prefiro não entrar em detalhes sobre meu histórico médico."
VERMELHO: "Não vou explicar minha deficiência a você."

Talvez você tenha notado que nesse caso a instrução vem com o limite Verde, não com o Amarelo ou o Vermelho. Mas, como membro de um grupo que costuma ser marginalizado, nem sempre é responsabilidade sua instruir os outros. Sinta-se livre para dizer "Posso não parecer, mas sou" e deixe outra pessoa (um amigo, por exemplo) explicar em seu lugar que as pessoas com deficiência não têm uma "aparência" específica e que é grosseria questionar a experiência de vida de alguém.

▶ Meu marido é militar e já serviu várias vezes no exterior. Com frequência ele ouve (até mesmo de estranhos) perguntas do tipo "Você já precisou matar alguém?", ou "O que *realmente* aconteceu por lá?". Essas perguntas são muito invasivas, ainda mais porque ele já está lidando com o estresse pós-traumático. Ele nunca sabe o que dizer, e às vezes reage com raiva (compreensivelmente) e acaba se sentindo mal depois. O que ele deveria dizer nessas situações?

VERDE: "Por favor, não me peça para reviver o tempo que passei lá. Estou feliz em casa com minha família e estou me concentrando nisso."
AMARELO: "Sabe quantos veteranos voltam para casa com estresse pós-traumático? Muitos de nós. Talvez a maioria. Por favor, não faça esse tipo de pergunta."
VERMELHO: "Vou fingir que você não perguntou isso."

Já ouvi bombeiros, policiais, médicos e profissionais de saúde na linha de frente na pandemia – qualquer pessoa com uma profissão de risco – dizerem que frequentemente lhes pedem que contem histórias traumáticas, como se fosse entretenimento. Não é adequado tratar assim o trabalho tão corajoso e essencial feito por esses profissionais. Para quem sofre com esse tipo de situação, treinar respostas como as oferecidas aqui permite manter a cabeça fria diante de pessoas inconvenientes, ainda que a raiva e a frustração sejam compreensíveis.

ROTEIROS PARA ESTABELECER LIMITES QUANTO A INTERAÇÕES PÚBLICAS

Estabelecer limites em ambientes sociais variados, em geral para pessoas que você não conhece bem ou nunca mais verá, é diferente de estabelecer limites para amigos e familiares. Para as pessoas mais próximas, o limite se destina (em parte) a manter um relacionamento saudável com elas. Aqui você encontrará roteiros de limites que servem a um único propósito: manter você saudável e em segurança.

Pode ser que você considere até mesmo os limites Verdes um pouco mais incisivos do que em outros capítulos, mas isso é intencional. Nesses casos, você terá uma única oportunidade de estabelecer seu limite, e ferir os sentimentos de um desconhecido é um problema menor perto da preservação da sua saúde mental e da sua integridade física.

▶ Às vezes algumas pessoas – colegas de trabalho, conhecidos ou gente que encontro em eventos – me fazem perguntas pessoais que simplesmente não quero responder. (Exemplos: "Quanto você ganha fazendo isso?", ou "Quantos anos você tinha quando perdeu a virgindade?". Sim, isso aconteceu num evento de networking.) Nunca sei como responder de modo educado. Pode me dar alguma ideia?

VERDE: "Não vou responder, mas..." E acrescente alguma coisa não específica, do tipo "Depende do seu nível de experiência e de onde você trabalha", ou "De qualquer modo a virgindade é uma construção social".
AMARELO: "Uau. Não vou entrar nesse assunto."
VERMELHO: "Sabe, acho que isso não é da conta de ninguém."

Sempre me fazem perguntas profundamente pessoais, e em geral me viro bem com o limite Verde. Se perguntam por que eu e meu ex-marido nos divorciamos, por exemplo, eu digo: "Não vou responder. Relacionamentos são difíceis e às vezes a gente simplesmente não consegue levá-los adiante." A boa notícia é que é fácil manter esse limite, porque a decisão de responder é 100% sua.

POSSO FAZER UMA PERGUNTA PESSOAL?

Odeio essa frase *com todas as forças*, e, a julgar pelo que ouço da minha comunidade, você também deve odiar. Se você diz "sim" só para ser gentil, acaba se abrindo para uma pergunta à qual talvez não se sinta confortável em responder – mas agora existe certa pressão, pois você concordou em ouvi-la. (E se você diz "não", corre o risco de parecer babaca.) Eis o que eu digo sempre que me confrontam com isso: *"Pode perguntar, e vou avisar se não me sentir confortável em responder."* Claro que "pessoal" pode significar qualquer coisa, desde "Você fez parto natural?" até "Você tem a mesma altura que eu; onde você compra suas calças?". Por isso ouça a pessoa antes de decidir se vai responder ou não. Estabeleça de cara que uma resposta não é garantida. Lembre-se: as pessoas não têm a obrigação de adivinhar seus limites. Jamais censuro alguém por me perguntar alguma coisa, porque sei que é minha responsabilidade estabelecer e manter os limites certos para mim.

▶ Vou a um casamento e me disseram que as pessoas da família adoram abraçar. Eu não gosto de ser abraçada, especialmente por estranhos. Como posso evitar que a situação se torne incômoda?

VERDE: Aproxime-se das pessoas com a mão estendida com firmeza, para indicar que prefere um aperto de mãos.
AMARELO: Se alguém faz menção de dar um abraço, recue com as mãos levantadas e diga: "Ops, eu não sou muito de abraçar. É um prazer conhecer você."
VERMELHO: Afaste-se fisicamente e diga: "Por favor, não." Em seguida se apresente mantendo uma distância adequada.

Já vi esse tema ser discutido muitas vezes em comunidades neurodivergentes que sigo nas redes sociais, e sempre tenho isso em mente quando conheço gente nova. Você pode facilitar as coisas para a outra pessoa dizendo: "Prazer em conhecer você! Quer um abraço, um aperto de mão ou só um olá?" Se alguém acusar você de falta de educação por recusar contato físico, explique educadamente que grosseria é tocar uma pessoa contra na vontade dela.

▶ Meus pais e eu não nos falamos. Em ambientes sociais, quando o assunto "família" vem à tona, menciono que não temos contato. Geralmente me dizem que "a família é tudo", ou que quando meus pais morrerem vou me sentir muitíssimo mal pelo modo como os tratei. Não quero mentir sobre minha relação com eles, mas também não quero ouvir comentários inconvenientes a respeito disso. Me ajuda?

VERDE: "Que bom que você e seus familiares são chegados. Prefiro não falar sobre os meus."
AMARELO: "Com todo o respeito, discordo de você. Prosseguindo..."
VERMELHO: "Você não conhece minha família, e esse comentário não é bem-vindo."

Nessas respostas você não precisa contar nada sobre a história da sua família, mas eu tenho uma amiga que responde: "Ah. Então, apesar de ela ter me espancado durante toda a infância, você acha que vou me arrepender por não ter me esforçado mais?" Às vezes é válido causar esse tipo de impacto, mas nem sempre é eficaz e pode não ser gentil. Mesmo assim, depois de seu limite ter sido ultrapassado duas ou três vezes, pode ser satisfatório fazer uma declaração forte como essa.

▶ Eu trabalho numa loja e um cliente acabou de me perguntar se estou grávida. Não estou, e fiquei completamente sem graça na frente das pessoas que estavam na fila. O cliente pediu desculpas, mas eu não soube o que dizer.

Essa não é de fato uma situação de limites, porque o cliente não vai lhe fazer essa pergunta de novo e você provavelmente não vai vê-lo outra vez. Mas aqui vão algumas frases que você poderia ter dito na hora além de "Tudo bem". Porque, nesse caso, não é *nem um pouco* legal ouvir essa pergunta.

- "Vou fingir que você não me perguntou isso."
- "Uau, essa pergunta é inacreditável."
- "Não é legal fazer esse tipo de suposição."
- "Não estou, e espero que você nunca mais faça essa pergunta a ninguém."
- "Não, e você acaba de me deixar tremendamente desconfortável."
- "A não ser que você veja um bebê saindo por entre as pernas de alguém, nunca mais pergunte isso."

Seria de esperar que hoje em dia as pessoas soubessem que existem alguns comentários que jamais devem ser feitos. Não pergunte a uma mulher se ela está grávida. Não pergunte se alguém emagreceu. Não presuma o gênero de alguém em voz alta. Mas essas situações ainda acontecem, e quero que você tenha as palavras na ponta da língua para responder com clareza e gentileza. (Nesse caso, é particularmente gentil da sua parte fazer um comentário construtivo porque isso pode poupar outra pessoa de ouvir a mesma pergunta no futuro.)

▶ Às vezes, no dia a dia, ouço pessoas aleatórias dizendo algo levemente racista, homofóbico ou capacitista (em geral precedido por "Não estou sendo racista, mas..."). Sinto vontade de chamar a atenção para isso, mas não sei o que dizer sem deixar a pessoa constrangida ou com raiva.

VERDE: "Nossa. Só para você saber, essa é uma fala problemática. Acho que seria melhor se a gente conversasse sobre outra coisa." E mude de assunto.

AMARELO: "Não, não, pode parar – o que você disse não é legal, e é melhor nem continuar."

VERMELHO: (se a pessoa reagir mal) "Vou pedir licença agora, porque você acha que não há problema nenhum em dar opiniões racistas, e eu não quero continuar ouvindo isso."

Na melhor das hipóteses, se a pessoa demonstrar interesse em entender seu ponto de vista, sinta-se livre para explicar por que a fala é tão problemática. Se estiver claro que a pessoa não se importa com as implicações do que acabou de dizer, esclareça o seu limite: você não admitirá que comentários assim passem em branco e vai se afastar para não ser conivente com esse tipo de opinião.

INTERVENÇÃO DO ESPECTADOR

E se você (uma pessoa privilegiada) testemunhar o assédio de alguém com base em raça, cor, identidade de gênero, orientação sexual, religião, peso ou necessidades especiais? Cogite emprestar sua voz. Para ser realmente eficaz, você precisa agir (como discutimos no Capítulo 3). Aqui vão os "5Ds" da Right to Be, uma organização sem fins lucrativos que oferece Treinamentos de Intervenção do Espectador para ensinar as pessoas a interromper situações de assédio.[13]

- **Distraia:** Mude o rumo da conversa, dirigindo-se apenas à pessoa que está sendo assediada. Peça a ela alguma informação, coloque-se casualmente entre ela e a pessoa assediadora, finja conhecê-la ou derrame "sem querer" sua água no chão perto dela.
- **Delegue:** Peça a uma terceira pessoa (alguém que esteja com você, um estranho que também queira ajudar ou um funcionário do local) que continue distraindo as atenções enquanto você verifica se a pessoa assediada está bem.
- **Documente:** Se alguém já estiver ajudando a pessoa assediada e você sentir segurança para isso, tome nota, tire fotos, grave um vídeo da interação. Depois pergunte à pessoa que está sendo assediada o que ela gostaria que você fizesse com as evidências. Jamais poste ou compartilhe o material sem a permissão dela.
- **Deixe para depois:** Se você não puder agir no momento, ofereça ajuda à pessoa assediada depois do fato. Pergunte se você pode caminhar ou se sentar um pouco com ela; ofereça-se para

ficar se ela quiser denunciar o incidente; e afirme que o que você testemunhou não foi legal.

- **Dirija-se a quem assediou:** Se for adequado (se você e a pessoa assediada estão fisicamente em segurança, não acham que a situação vai piorar e a pessoa parece receber bem a ajuda), aborde a pessoa que assediou. Você pode dizer: "Pare com esse assédio", "Deixe-a em paz", ou "Isso é racismo e você precisa ir embora". Não prolongue a conversa e volte seu foco imediatamente para a pessoa prejudicada.

Essas dicas de intervenção do espectador podem se aplicar a uma variedade de circunstâncias, quer você testemunhe o assédio no trabalho, numa loja ou no ponto de ônibus. Para mais sugestões da Right to Be, visite o site righttobe.org (em inglês).

▶ Às vezes escuto alguém fazer um comentário machista, racista ou ofensivo de algum outro modo, disfarçado de humor. Quando reajo, a pessoa diz que é "só uma piada", como se fosse culpa minha ela ter dito algo ofensivo. Não quero que isso continue acontecendo sob o pretexto de fazer graça. O que posso dizer?

VERDE: "Ah, não entendi a piada. Que parte era para ser engraçada?"
AMARELO: "Não achei engraçado e acho que você sabe por quê."
VERMELHO: "Não é engraçado, é só machista. Com licença, por favor."

As pessoas adoram disfarçar as microagressões com humor, mas o impacto é prejudicial do mesmo jeito, independentemente da suposta intenção, e você tem razão em denunciar. Se a pessoa que falou estava realmente tentando fazer graça, dizer a ela "Na verdade não foi engraçado" costuma ser o suficiente para cortar logo a conversa.

ROTEIROS PARA ESTABELECER LIMITES QUANTO A ESTÁGIOS DA VIDA

Esse é o tipo mais comum de pergunta que recebi ao longo dos anos, e por isso esta seção é um pouco maior do que as outras. Parece que em *toda* fase da vida algum estranho, conhecido ou mesmo uma pessoa amada perguntará por que, quando ou como você vai agir. Com muita frequência as pessoas exigem saber detalhes profundamente pessoais sobre em que pé estamos na vida. Não devemos respostas a ninguém, em especial se estivermos tendo dificuldade com algumas dessas questões.

Aqui você verá muitas oportunidades para dar alguns toques nessas pessoas, se estiver num espaço suficientemente seguro para explicar direitinho por que a pergunta é inconveniente e ofensiva. Ou pode apenas se afastar, estabelecendo o limite de que não quer falar sobre o assunto.

▶ Meu namorado e eu acabamos de largar nosso emprego para viajar de van pelo país durante um ano. Economizamos o suficiente para isso dar certo e esperamos encontrar patrocinadores para estender ainda mais a viagem. Mas as pessoas da minha família têm *muitas* opiniões sobre isso, nenhuma positiva. Como posso pedir a elas (gentilmente) que não encham o saco?

VERDE: "Entendo que não faça sentido para vocês, mas estamos empolgados demais com essa nova fase. Não queremos nada além de apoio moral – ou pelo menos que guardem suas opiniões se não estiverem tão empolgados quanto a gente."
AMARELO: "Opa, pode ir parando, por favor. A gente não pediu nenhuma opinião e não quer ouvir esses comentários negativos pouco antes da viagem."
VERMELHO: "Que tal me mandar uma mensagem quando a gente puder conversar numa boa, sem que você reclame das escolhas que eu faço na minha vida? Até lá, prefiro não falar mais nada."

Esse é o exemplo perfeito de "Você não precisa entender minha decisão para respeitá-la". E, claro, não se aplica apenas a uma viagem de van; você não precisa aceitar críticas nem ficar se defendendo das opiniões da sua família sobre qualquer escolha que você faça, desde o emprego que aceita até com quem você se casa ou onde vai morar. Você não está pedindo dinheiro, conselho nem mesmo falso entusiasmo à sua família – seu limite muito razoável é simplesmente: "Não vou deixar você cortar o meu barato."

▶ Meu companheiro e eu estamos juntos há dois anos, e por causa de um trauma de um relacionamento anterior ele hesita quanto a se casar. Não estou com pressa e me sinto feliz cultivando minha relação com ele, mas a pressão de outras pessoas está piorando as coisas. Toda vez que alguém pergunta "Quando você vai fazer o pedido?" ele fica agitado e desconfortável, e eu fico sem graça. Me ajuda?

VERDE: "Ah, não gostamos dessa pergunta. Aviso se tivermos alguma novidade." E mude de assunto.
AMARELO: "Sinceramente, gostaríamos que vocês parassem de perguntar. Nenhum de nós gosta desse tipo de pressão."
VERMELHO: "Pela última vez: não pergunte isso de novo." E siga em frente como puder.

Se você tiver oportunidade de conversar em particular com familiares ou amigos, pode ser que queira revelar algum contexto, mas não deixe seu companheiro em maus lençóis. "Sei que vocês só querem minha felicidade, e garanto que estou feliz. Essa pressão constante só atrapalha e me deixa ansiosa só de pensar em encontrar vocês. Pelo bem da nossa relação, por favor, deem um tempo."

▶ Queremos ter filhos mais que tudo neste mundo, mas sofri dois abortos espontâneos e os tratamentos de fertilidade não ajudaram. A pergunta "Quando vocês vão ter filhos?" me dá vontade de chorar. Sei que as pessoas têm boa intenção, mas elas não entendem como essa pergunta pode ser difícil. Como posso responder sem cair no choro?

VERDE: "Se você soubesse como a gente reza por isso! Prefiro não comentar mais, obrigada." E mude de assunto. Ou: "Sei que sua intenção é boa, mas prefiro não falar sobre isso." E mude de assunto.

AMARELO: "Esse é um tema delicado. Por favor, não pergunte de novo." E mude de assunto. Ou: "A gente não se sente confortável falando sobre isso." E mude de assunto.

VERMELHO: "Quero que você saiba que essa pergunta pode ser incrivelmente dolorosa. Você não faz ideia do que as pessoas podem estar passando, e se soubesse não perguntaria. Não vamos mais falar sobre isso." Ou: "Essa é uma pergunta que você não deveria fazer a ninguém. Com licença, por favor."

Estou mostrando opções aqui porque talvez você não queira dar a entender qual é a sua situação, ou talvez não esteja preparada para as perguntas invasivas que podem vir em seguida ("Por quê? O que está acontecendo?"). Sinta-se livre para responder a qualquer pergunta posterior com "Como eu disse, no momento não estamos falando sobre isso".

▶ Minha esposa e eu decidimos que não queremos ter filhos. A gente se sente confortável dizendo isso às pessoas, mas elas sempre reagem com "Vocês vão lamentar essa escolha no futuro", ou "Vocês vão se arrepender, e aí já será tarde demais para fazer qualquer coisa a respeito". Isso é grosseria, não é? O que podemos dizer que não seja sarcástico demais?

VERDE: "Ah, agradeço, mas não estamos pedindo opiniões sobre isso." E mude de assunto.

AMARELO: "Opa, pode ir parando: não estamos pedindo sua opinião. A decisão é *nossa*."

VERMELHO: "Por favor, não." E peça licença e saia ou mude de assunto.

Dependendo da sua relação com a pessoa que questiona a escolha de não ter filhos, talvez você possa retrucar com bom humor: "Vou me lembrar disso quando estivermos no resort só para adultos no Havaí no mês que vem", ou "Quando você começar a reclamar do preço da faculdade a gente conversa de novo sobre isso". Eu não diria que isso é sarcástico, mas minha tolerância ao sarcasmo é maior do que a da maioria das pessoas.

- Estou grávida de oito meses e todo mundo vive me dando conselhos não solicitados sobre como cuidar do bebê. Estão me sufocando num momento que já é naturalmente tenso. As pessoas são bem-intencionadas, mas como posso dizer com jeitinho "Me deixe em paz"?

VERDE: "Ah, vou pedir que você pare por aí! Agradeço a intenção, mas no momento não estou procurando conselhos sobre o bebê."
AMARELO: "Ah, não! Nada de conselhos sobre o bebê nem histórias de parto, por favor. Não estou aceitando opiniões que não sejam da minha médica ou do meu companheiro."
VERMELHO: "Opa, pode ir parando. Não vou escutar sua história." Peça licença e se afaste.

Durante minha gravidez parecia que as pessoas só queriam contar histórias de partos horripilantes. Ninguém nunca dizia "Ah, minha amiga acabou de ter um bebê e tudo correu exatamente de acordo com os planos"; era sempre "Fique muito atenta a isso / Esteja preparada para aquilo / Saiba que existe esse risco". (POR QUÊ?!) Talvez você precise se repetir muitas vezes, mas vale a pena preservar sua saúde mental enquanto vive em paz sua própria experiência de parto.

- Minha esposa e eu abandonamos recentemente nossa religião e isso foi um escândalo gigantesco para nossos familiares, amigos e conhecidos em geral. Somos metralhados com perguntas do tipo "Por que vocês saíram?", ou "Em que vocês acreditam agora?". Sabemos qual é a resposta para a primeira pergunta, mas ela não é da conta de ninguém. E, sinceramente, ainda estamos pensando na segunda pergunta. Além disso, se respondermos a qualquer uma das duas, as pessoas vão considerar isso um convite para tentarem nos levar a mudar de ideia. Será que podemos simplesmente dizer "Isso não é da sua conta"?

VERDE: "Isso é entre nós (e Deus), e pedimos que vocês respeitem."
AMARELO: "Não queremos falar sobre isso nem que vocês fiquem questionando. Por favor, não puxem esse assunto de novo."
VERMELHO: "Se vocês continuarem tentando forçar sua crença sobre

nós, vamos ter que ir embora / desligar o telefone / parar de ler suas mensagens."

P.S.: Vocês também podem dizer: "Com todo o respeito, isso não é da sua conta." Não entendo por que as pessoas acham que fazer bullying, assediar ou condenar alguém é um modo eficaz de trazer a pessoa de volta para o rebanho. Tendo conversado com muitos amigos sobre suas crises de fé, sei que vocês provavelmente passaram por um inferno particular enquanto avaliavam essa decisão. Deem todos os passos necessários para se proteger das opiniões dos outros – até mesmo da família – enquanto avaliam o que essa fase significa para a fé que vocês têm.

▶ Estou passando por um divórcio e meus pais não escondem como estão chateados. Dizem que estou cometendo um erro gigantesco e que o divórcio vai arruinar a vida dos meus filhos. (Como se eu já não estivesse suficientemente estressada e preocupada.) Quero que eles parem de pegar no meu pé, porque não estão ajudando. Socorro.

VERDE: "Sei que vocês se preocupam comigo e com meus filhos, mas essa decisão é minha e peço seu apoio, não seu conselho."
AMARELO: "Essas opiniões não ajudam nem são bem-vindas. Se não podem simplesmente me apoiar neste momento difícil, vou parar de conversar com vocês sobre o divórcio."
VERMELHO: "Não vou discutir isso com vocês." E mude de assunto, desligue o telefone ou se afaste, de acordo com a necessidade.

Um alerta: talvez você precise estabelecer um limite em favor dos seus filhos também. Até mesmo os avós bem-intencionados que dizem coisas do tipo "Realmente esperamos que sua mãe e seu pai não se divorciem" podem acabar fazendo muito mal aos pequenos. Estabeleça qualquer limite que seja adequado para a sua família.

▶ A saúde da minha mãe está declinando rapidamente e eu sou a principal cuidadora dela. Meu marido e eu estamos conversando sobre os próximos passos, mas todo mundo tem alguma opinião sobre o que deveríamos (ou não deveríamos) fazer. Já estou passando por um momento bastante difícil e não preciso que pessoas de fora façam com que eu me sinta ainda pior quanto a isso.

VERDE: "Essa já é uma decisão difícil, sem respostas fáceis. Só estou aceitando conselhos do médico dela e do meu marido."
AMARELO: "Com todo o respeito, não dê opiniões que não sejam solicitadas sobre como cuidar da minha mãe, por favor."
VERMELHO: "Não vou ouvir suas opiniões sobre isso." E se afaste.

Este limite é o mínimo para preservar sua saúde durante um período tão estressante. Não se sinta mal ou culpada por estar protegendo seu espaço e sua energia neste momento. Automatize isso não discutindo a saúde ou os cuidados da sua mãe com pessoas fora de seu círculo mais próximo. Você pode responder às perguntas simplesmente assim: "Ela está bem, dentro do possível. Obrigada por perguntar. Vou dizer a ela que vi você."

PARA AMAR OS LIMITES QUE LIBERTAM VOCÊ

Depois de ter batido com a cabeça, passei três anos com sintomas pós-concussão. (Ainda vejo clarões em momentos de muito estresse, em viagens longas ou quando faço um esforço muito grande.) Eu não sabia nada sobre lesões na cabeça antes de sofrer uma, e já contei um bocado nas redes sociais sobre minha experiência, esperando ajudar pessoas a lidar melhor com lesões semelhantes ou com entes queridos que tenham sofrido concussão.

Assim que comecei a contar minha história, as pessoas sempre vinham com a mesma pergunta: "Como isso aconteceu?" Por um tempo contei a verdade: estava jogando *laser tag* com meu filho num centro de diversões e durante o jogo fui acertada na cabeça pela arma de outro jogador ou bati numa coluna de concreto – não sei bem o que aconteceu. Mas logo percebi que os comentários que as pessoas faziam estavam prejudicando minha saúde mental, por mais bem-intencionadas que elas fossem.

"Ah, então não foi tão ruim assim!" (Só que foi, porque já fazia três meses e eu ainda não podia viajar, fazer caminhadas ou falar em público.)

"Nossa, e você ainda está com sintomas?" (Estou, mas agora fico indagando se você acha que estou fingindo, exagerando ou sendo dramática.) "Imagine só o que pilotos de corrida ou jogadores de futebol americano não passam!" (É, os ferimentos deles são muito piores, e imagino que sofram mais que eu, mas ainda sinto dor constante, então será que podemos não fazer comparações?)

Esses comentários eram bem-intencionados, mas eu ainda estava processando o dano sofrido e o impacto dele na minha vida, e depois de uma sessão de terapia reconheci que precisava estabelecer algum limite. Assim, adotei uma estratégia "pré-Verde", dizendo às pessoas: "Sofri um acidente." Não estava estabelecendo um limite verdadeiro, pois não estava estipulando claramente o que eu contaria ou não, mas era meio caminho andado, já que isso me ajudava a contar como eu me sentia sem suscitar perguntas adicionais.

Nesses temas muito delicados você pode descobrir que uma resposta "pré-Verde" é uma ponte útil para estabelecer um limite de verdade, ao mesmo tempo que você controla melhor até onde podem ir suas interações. Por exemplo, você pode responder à pergunta "Como seu parente morreu?" com um limite pré-Verde do tipo "Foi súbito demais e todos ainda estamos em choque", ou "Tivemos sorte porque pudemos nos despedir, e ele partiu em paz". (É improvável que alguém seja sem noção a ponto de continuar insistindo: "Não, mas *de que* ele morreu?")

Ao treinar a ideia de "dose mínima, efeito máximo" (página 55) com relação aos limites, você pode ser capaz de gastar menos energia ainda com uma meia resposta bem pensada. Se ela funcionar e for menos estressante para você num momento difícil, essa estratégia terá todo o meu apoio.

CAPÍTULO 10

Presentes para seu Eu Futuro

Como autoestabelecer limites e respeitá-los

Em outubro de 2020 os Estados Unidos estavam se preparando para uma eleição complicada, a pandemia grassava e eu estava profundamente envolvida na luta por justiça social que dominava o noticiário. Estava penando para manter um relacionamento saudável com as redes sociais, já que parecia que o mundo inteiro era feito de pessoas discutindo, compartilhando desinformação, adoecendo e morrendo. Ia dormir toda noite ultrajada com alguma coisa, desabafando com meu marido sobre como a vida era injusta e desigual. Depois da terceira noite seguida me sentindo esmagada a ponto de chorar, ele interveio: "Querida, acho que você precisa sair do Twitter."

Contra-ataquei imediatamente: "Como vou saber o que está acontecendo? Eu tenho obrigação de me envolver." Ele respondeu com calma: "Até que ponto você precisa se atualizar às dez da noite?" Estava certo. Meu hábito de checar as redes sociais "uma última vez" antes de ir para cama estava me deixando ansiosa, furiosa e incomodada, o que abalava meu relacionamento com meu marido, minha saúde mental e meu sono. Imediatamente estabeleci um limite para mim mesma: "Nada de checar as redes sociais uma hora antes de dormir."

Os limites são programados, em parte, para ajudar você a criar, manter e preservar relacionamentos saudáveis. Às vezes o relacionamento que esse limite preserva é o que temos com nós mesmos. Os limites pessoais fazem parte de uma categoria própria por dois motivos. Primeiro, como não envolvem mais ninguém, o respeito a esses limites só depende de uma pessoa. Isso pode ser uma bênção e uma maldição. Sem dúvida, é mais fácil manter um limite saudável se você decidir que ele é do seu interesse, mas nem todo mundo reage do mesmo modo às próprias expectativas.

SUGESTÃO DE LEITURA: *THE FOUR TENDENCIES*, DE GRETCHEN RUBIN

Em seu livro *The Four Tendencies* (As quatro tendências), minha amiga Gretchen Rubin delineia uma estrutura fabulosa para determinar como as pessoas reagem às expectativas internas e externas.[14] Ela divide nossos instintos de resposta em quatro tipos: Cumpridor, Questionador, Obsequioso e Rebelde. Você pode se informar mais e responder gratuitamente a um questionário para descobrir sua tendência em quiz.gretchenrubin.com (em inglês), desbloqueando ideias e estratégias que funcionarão melhor para *você* ao estabelecer e manter limites pessoais.

- **Cumpridor:** Alguém que se identifica com o tipo Cumpridor reage notavelmente bem às expectativas internas e externas. Sou uma Cumpridora; assim, se você me disser para fazer alguma coisa (como começar um experimento de dieta de trinta dias), vou conseguir fazer isso com facilidade. E quando digo que vou fazer uma coisa (não olhar o Twitter antes de dormir, por exemplo), também consigo cumprir isso facilmente.
- **Questionador:** Se você se identifica com o tipo Questionador, reagirá bem às expectativas externas se elas fizerem sentido para você (isto é, se elas se alinharem com suas expectativas internas). Você faz um monte de perguntas e precisa que lhe convençam dos benefícios antes de se comprometer. Mas quando se compromete, vai em frente.
- **Obsequioso:** Se você se identifica com o tipo Obsequioso, não reage bem às expectativas internas. Você precisa realmente de uma cobrança externa para fazer com que as coisas aconteçam, mesmo quando são do seu interesse. (O Obsequioso é o tipo mais comum – o famoso "bonzinho".)
- **Rebelde:** Se você se identifica como Rebelde, não reage bem a expectativas externas *nem* internas. Se alguém lhe pede que faça ou manda fazer algo, você resiste. Você não aceita nem

mesmo uma autoimposição; resiste às próprias expectativas de modo tão vigoroso quanto resiste às impostas pelos outros.

Nenhuma tendência é melhor do que outra, mas conhecer a sua (e trabalhar com ela, não contra ela) pode ajudar você a encontrar a linguagem e a abordagem certas para solidificar novos hábitos, deixar de lado os ruins e autoestabelecer limites com eficácia.

Sabendo que todos nós reagimos a expectativas de maneiras diferentes, fica fácil ver que os limites autoestabelecidos podem ser um verdadeiro desafio para algumas pessoas, especialmente para aquelas que precisam de cobranças externas. Mas há outra razão para determinadas pessoas acharem esses limites especialmente difíceis, e isso tem a ver com o que acontece quando você os viola. Pense nisto: o que *realmente* acontece? Isso é fácil de visualizar quando você está estabelecendo um limite para outra pessoa. Se você estabelece o limite de não fumar dentro da sua casa e o tio Joe entra e acende um cigarro, a *consequência* é que você pede que ele apague o cigarro ou saia – e ele faz isso. Se, no entanto, você *estabeleceu* esse limite e num dia chuvoso o descumpre e fuma dentro de casa, ninguém obrigará *você* a sair. As consequências de violar os limites que estabelecemos para nós mesmos parecem menos importantes ou menos óbvias, especialmente quando a única pessoa que decide é você.

Talvez você tente criar uma consequência do tipo "Toda vez que eu fumar dentro de casa vou colocar uma nota de 20 no cofrinho". Só que você é mais inteligente do que isso, não é? Vai saber que essa penalidade não tem nenhuma relação com o comportamento que você está tentando regular – e isso faz com que a coisa pareça mais um castigo do que uma consequência. Ninguém gosta da ideia de se castigar. E, de novo, quem vai impor a consequência? É mais difícil mudarmos ou adaptarmos nosso comportamento quando as consequências parecem frágeis, negociáveis ou irrelevantes, especialmente quando a satisfação instantânea está à nossa frente.

Mas os limites pessoais são um assunto que sempre vem à tona por um motivo. Autoestabelecer limites é algo que pode ser feito num instante, não exige a cooperação de mais ninguém e pode tornar sua vida infinitamente mais feliz, saudável, calma e produtiva. Assim, vamos conceber algumas estratégias para estabelecer e manter esse tipo de limite.

PROCURE SEUS PONTOS FRACOS

O modo mais rápido de identificar a necessidade de um limite autoimposto é procurar seus pontos fracos. Quais são os momentos mais estressantes do seu dia? Em que situações você reage com mais hostilidade? Que circunstâncias provocam ou pioram sua ansiedade ou de algum modo lhe parecem prejudiciais? Às vezes as pessoas mais próximas podem "fazer o favor" de lhe mostrar esses pontos, como meu marido fez comigo naquela noite enquanto eu lia notícias ruins nas redes sociais. Coloquei "fazer o favor" entre aspas porque a princípio você pode sentir raiva diante de um comentário desse tipo. Considere que essa postura defensiva é outro anúncio de "LIMITES" piscando em neon, com uma seta apontando para você.

Comece a prestar atenção a esses momentos durante o seu dia. Aqui vão algumas perguntas que você pode fazer:

- Há alguma parte do meu dia que parece a mais estressante de todas?
- Há alguma coisa relacionada à tecnologia ou às redes sociais que me provoca mais ansiedade?
- Existe algum hábito que eu realmente desejo começar e que sei que me beneficiaria, mas fico adiando?
- Existe algum hábito que eu vivo repetindo e que sei que não me serve, mas não sei como parar?
- Existe algum objetivo que estou buscando e que poderia ser facilitado se eu estabelecesse um limite?

Neste capítulo vou identificar limites segundo duas categorias gerais: situações estressantes, e hábitos e objetivos. Você notará que a "tecnologia" exerce alguma influência em ambas as categorias, motivo pelo qual não a coloquei numa categoria própria. De fato, você encontrará um enorme número de sobreposições, mesmo entre as duas categorias que delineei; estabelecer um limite acerca de um hábito ou objetivo também costuma atenuar seus níveis de estresse, e vice-versa. Nas duas seções você também se lembrará dos limites que estabeleceu para outros (como garantir um tempo para si ou não beber se não quiser) que poderiam ser reforçados com um limite autoestabelecido.

SUGESTÃO DE LEITURA: *MICRO-HÁBITOS*, DE B.J. FOGG

Pense que autoestabelecer um limite é o primeiro passo para começar hábitos saudáveis ou eliminar os ruins. Nem toda mudança de hábito começa com um limite – às vezes simplesmente decidimos que queremos começar a correr ou a usar fio dental depois das refeições. No entanto, assim que identifica e estabelece um limite pessoal, como eu fiz com meu Twitter tarde da noite, você precisa de algum tipo de estratégia para mantê-lo. É aí que entra o livro *Micro-hábitos*, de B.J. Fogg, ph.D. e cientista comportamental de Stanford.[15] Você verá dicas tiradas do *Micro-hábitos* e dos vinte anos de pesquisa de Fogg (boa parte das quais eu mesma usei) espalhadas por este capítulo, inclusive a estratégia do "curto e simples" para automatizar limites pessoais; mudanças que você faz no seu entorno para manter seus esforços; e exercícios mentais que, num instante, levarão você do limite pessoal ao hábito saudável.

SITUAÇÕES ESTRESSANTES: Trata-se de limites autoestabelecidos para aliviar o estresse, evitar conflitos desnecessários e melhorar a saúde. Eles podem envolver seu jeito de se comunicar, de interagir com a tecnologia, de gastar seu dinheiro ou seu tempo, além de comportamentos que você adota em nome da sua saúde mental. Ainda que estabelecer limites relacionados a algumas situações estressantes possa envolver outras pessoas (e comunicar seu limite a elas também possa ser adequado), provavelmente você descobrirá que concentrar-se apenas no *próprio* comportamento pode ter um impacto poderoso nos seus níveis de estresse.

HÁBITOS E OBJETIVOS: Trata-se de limites autoestabelecidos com relação a comportamentos saudáveis que você deseja iniciar ou manter, ou a comportamentos que você sabe que não estão servindo mais ou estão atrapalhando seus objetivos. Entre os exemplos estão estabelecer limites quanto à sua rotina para ficar em forma, aos seus gastos, ao consumo de álcool ou às aspirações de carreira – limites que costumam estar ligados a objetivos maiores, como "Participar de uma corrida de 10 quilômetros", ou "Comprar uma casa no fim do ano".

Voltando ao meu hábito com o Twitter, se eu tivesse acabado de fazer a mim mesma a primeira pergunta "Há alguma parte do meu dia que parece a mais estressante de todas?" – eu diria que sim: a hora pouco antes de dormir estava sendo péssima. A próxima pergunta natural seria "Bom, o que estou fazendo de errado?", e a resposta teria saltado aos meus olhos. Felizmente, na noite seguinte fui para cama com um livro, não com meu celular, caí no sono me sentindo calma e em paz, e a noite foi perfeitamente agradável – a não ser pelo meu marido fazendo a dancinha do "Eu não disse?" (eu estava agradecida, então deixei que ele dançasse).

ENCONTRE O SEU LIMITE

Quando se trata de limites pessoais, a política do VPF se aplica aqui mais do que em qualquer outra situação. Você pode (e deve) estabelecer um limite do jeito que funcione para você, porque você é a única pessoa para quem ele precisa funcionar. Se você também se pega olhando notícias ruins nas redes sociais à noite, o limite certo talvez seja desinstalar o Twitter do seu telefone; manter o celular no quarto, mas ouvir uma meditação relaxante antes de dormir; ou tentar uma terapia que ajude a processar com mais eficácia o que você está lendo no noticiário. Eu descobri que o comportamento que mais me servia implicava ler as últimas notícias durante o dia e limitar essa leitura à noite. (Além disso, eu estava fazendo terapia uma vez por semana. Já mencionei como gosto de fazer terapia?)

A chave aqui é pensar criativamente, de modo a identificar o limite que funciona melhor para eliminar ou neutralizar seus pontos fracos, e em seguida estabelecer limites claros e gentis em relação ao que você fará ou não para sustentar essas necessidades. Não precisa ser uma solução que tenha dado certo para outra pessoa, se bem que esse é um ótimo ponto de partida (e fácil). Comece se comprometendo a explorar opções até descobrir aquela que funciona melhor para você.

AUTOMATIZE TAMBÉM OS LIMITES AUTOESTABELECIDOS

O melhor modo de automatizar esses limites é mantê-los o mais curtos e simples possível. Verifique se existe *alguma coisa* que você poderia fazer para reduzir o esforço de manter seu limite, aplicando um famoso princípio da pesquisa sobre hábitos que diz que quanto mais difícil ou complicada você tornar alguma coisa, menos probabilidade terá de fazê-la (e vice-versa). No meu caso com o Twitter, se o celular não estivesse no meu quarto eu não poderia pegá-lo distraidamente, de modo que esse era o caminho mais curto e mais simples para um limite. Se você decidir que só beberá vinho quando jantar fora, estabeleça o limite de que não haverá álcool em casa – jamais. Se acha difícil não acompanhar a vida de um amor do passado na internet, bloqueie essa pessoa em todas as redes sociais, de modo que você não se perca no labirinto do Instagram. Pegar o caminho mais simples ou mais curto ao pensar em autoestabelecer limites torna mais difícil desrespeitá-los, e assim você conseguirá mantê-los quase sem esforço algum.

REFORMULE SUAS CONSEQUÊNCIAS

Este talvez seja o aspecto mais importante dos limites autoestabelecidos, porque as consequências não são tão naturais ou tão facilmente impostas quando quem sai da linha é você. O que aconteceria se eu pegasse, *sim*, meu celular e ficasse olhando as notícias ruins no banheiro antes de ir para cama? À primeira vista a resposta seria: "Bom, nada." Eu poderia esconder isso do meu marido, meu celular não iria me castigar com um choque elétrico e, na verdade, eu poderia continuar violando meu próprio limite noite após noite sem nenhuma consequência. Certo?

Só que *existem* consequências. Você só precisa pensar mais no seu Eu Futuro e no modo como esses comportamentos afetam sua vida a curto e a longo prazos.

Se eu desrespeitar meu próprio limite (não vou olhar mais o celular à noite), continuarei passando as noites ansiosa, furiosa e frustrada. Posso começar a brigar com meu marido ou descontar nele todo o meu estresse. Sentirei mais dificuldade para dormir e terei um sono menos restaurador Por fim isso começaria a me prejudicar. A hora de dormir se tornaria um momento tenso e cheio de brigas na nossa casa e eu dormiria pouco e não descansaria direito, o que me deixaria mal-humorada e estressada pelo resto do dia. Se isso continuasse por tempo suficiente, eu acabaria chegando à beira de um abismo emocional e precisaria de um fim de semana inteiro de descanso, pedidos de desculpas e uma desintoxicação de redes sociais para me centrar de novo. (Isso já aconteceu.)

Estas são as consequências de violar meu próprio limite: deixarei meu Eu Futuro sem energia; prejudicarei minha saúde mental, meus relacionamentos e minha vida profissional; e me sentirei péssima por não conseguir manter um simples limite para mim mesma.

Quando pus a coisa nesses termos, ficou mais fácil conectar a violação de limite com as consequências muito verdadeiras, e foi muito mais difícil justificar uma olhadinha no telefone "só desta vez". Em cada um dos "roteiros" de limites que compartilho aqui, ajudarei você a evitar as consequências pensando no motivo de esses limites serem tão importantes para sua saúde e sua felicidade.

LIBERDADE!

Um lembrete: tenha em mente o maior benefício de todos. A capa deste livro diz: "Melhore seus relacionamentos e conquiste sua liberdade", e é disso que tratam os limites autoestabelecidos: liberdade! Liberdade em relação ao estresse, à ansiedade e à raiva, e liberdade para se sentir feliz, saudável, em paz e em equilíbrio. Autoestabelecer limites é mais um caminho para esse sentimento de liberdade – no meu caso, quebrei as correntes que me mantinham presa ao meu telefone num momento do dia que deveria ser pacífico. Se você já sentiu dificuldade ao tentar estabelecer um limite assim, pergunte: "De que eu preciso me libertar (ou o que eu preciso fazer com mais liberdade) e quais são os limites que posso estabelecer para me tornar e me manter livre?"

DICAS PARA COMEÇAR

Limites autoestabelecidos nem sempre parecem simples ou claros. Além disso, como iremos discutir, eles podem não parecer instintivamente gentis! O modo como você os avalia, elabora e impõe pode exigir algum treino. Se os limites saudáveis não lhe foram exemplificados de modo eficaz pelos seus pais, amigos ou pares românticos, talvez você tenha dificuldade de entender seus limites como um ato de cuidado pessoal. Como acontece com qualquer tipo de limite, isso exige *prática*; quanto mais fluente você se tornar na linguagem dos limites para os outros, mais fácil será identificar as oportunidades de estabelecer um limite para você.

RECONHEÇA OS OBSTÁCULOS. Existem diversos fatores que tornam mais desafiador autoestabelecer limites – principalmente estresse e outras questões de saúde mental. Quando estou num período de depressão, é difícil demais cumprir compromissos assumidos comigo mesma, ainda que eu queira. E em momentos de estresse intenso, a biologia do seu corpo pode levar a distrações e mecanismos de defesa para entorpecer a mente, como alimentos açucarados, álcool ou maratonas de vídeos no TikTok – que, você sabe, não são saudáveis, mas aos quais é difícil resistir. Condições neurodivergentes, como TDAH, autismo ou danos cerebrais adquiridos (como a minha concussão), também interferem na concentração, na gestão do tempo, na organização e em como você lida com as tentações, as recompensas e os limites pessoais. Um terapeuta pode lhe explicar as maneiras pelas quais esses fatores podem afetar seus comportamentos, encorajar você a se tratar com mais gentileza e compaixão, e ajudar a identificar os limites certos para seu contexto e seus objetivos particulares.

REPROGRAME SEU REBELDE INTERIOR. Pode ser que você comece a achar (especialmente vocês, Rebeldes da Teoria das Quatro Tendências) que os limites autoestabelecidos estão sendo muito restritivos ou punitivos em vez de empoderadores e libertadores, o que seria o desejado. Se você se sentir assim, relembre como reformulou as consequências de não respeitar seu limite. Não beber vinho na quarta-feira não é um castigo, é um ato de cuidado pessoal: um presente para seu Eu Futuro, para garantir que você tenha um fim de dia reparador e relaxante, uma boa noite de sono, e que acorde se sentindo leve, com energia e positividade. Na verdade, estabelecer esse limite *liberta* você das grandes limitações impostas por beber numa quarta à noite. Lembrar que os limites são um ato de resistência contra sistemas ou ritos sociais opressores também pode ajudar – se a mídia, a sociedade, a cultura e o marketing estão *empurrando* você na direção de um comportamento que não lhe faz bem, defender-se e dizer "não" é um ato radical (ouso dizer *rebelde*) de cuidado pessoal.

PEÇA AJUDA. Se você é do tipo Obsequioso, alguém que vive agradando aos outros, você conta demais com a cobrança externa para fazer com que a mudança aconteça – mas os limites pessoais são estabelecidos para você e por você, e mantê-los pode ser extremamente desafiador. Se você tem dificuldade para respeitar os próprios limites, aproveite essa tendência e peça algum apoio externo. Diga ao seu marido: "Não vou mexer no celular antes de dormir. Então, se você me vir fazendo isso, pode me dizer que vou me sentir muito melhor largando o aparelho." Compartilhe seu limite com amigos e familiares, fale sobre isso na terapia, de modo a ter alguém que torça pelo seu sucesso e a quem você possa prestar contas, ainda que o limite não tenha nada a ver com essas pessoas. Fale sobre isso nas redes sociais para se conectar com outras pessoas que compartilhem os mesmos objetivos. Além disso, você pode estabelecer limites de apoio para outras pessoas, pedindo aos amigos que não tragam vinho quando vierem jantar com você numa quarta-feira, por exemplo.

TENTE E TENTE OUTRA VEZ. Os traumas, especialmente os da infância, podem levar você a duvidar da própria capacidade e achar que não vale a pena respeitar os limites autoestabelecidos. Esses traumas podem desconectar você do próprio corpo de modo tão completo que você pode ter dificuldade para saber o que realmente quer ou de que precisa. Se for esse o caso, os limites podem questionar essas crenças e provar que você pode confiar na sua experiência e merece explorar e estabelecer regras saudáveis para a sua vida. Mesmo assim, pode ser difícil romper com os padrões de autossabotagem, portanto trate-se com gentileza. Se você autoestabelecer um limite e descobrir que tem dificuldade para mantê-lo, talvez seja útil falar com uma pessoa amiga ou um terapeuta, manter um diário ou participar de um grupo de apoio na internet. Essa é uma questão de prática, e você nem sempre estabelecerá o limite certo na primeira tentativa. Comprometa-se com o processo, use as ferramentas deste capítulo e trate-se gentilmente. Garanto que, se você chegou até aqui, já está fazendo um trabalho fantástico.

ROTEIROS PARA AUTOESTABELECER LIMITES EM SITUAÇÕES ESTRESSANTES

Estes roteiros não terão a designação de Verde, Amarelo e Vermelho, apenas vários exemplos de limites, as consequências caso sejam desrespeitados, e as liberdades que eles trarão. (Nota: o limite mais curto e simples será sempre indicado *primeiro*.)

Como você não vai interagir com ninguém nesses casos, não vejo motivo para subir o tom da sua linguagem – para ser sincera, isso, *sim*, pareceria um castigo! Então, se perceber que não está respeitando seu próprio limite, reveja seus pontos fracos, as consequências *e* liberdades associadas a esse limite, e faça os acertos necessários até encontrar o ajuste correto.

Aqui você encontrará diversas situações geralmente estressantes, exemplos de limites que você pode estabelecer, e as possíveis consequências e liberdades associadas a eles. Lembre-se de aplicar o princípio do VPF sempre que necessário.

- ▶ Toda noite me pego esparramada no sofá zapeando na Netflix. Acabo ficando acordada até muito tarde, deixando de fazer outras tarefas importantes ou as duas coisas ao mesmo tempo. De que tipo de limite preciso aqui?

LIMITE: Não vou ligar a TV depois do jantar, a não ser nos fins de semana.
LIMITE: Vou ajustar um alarme de modo que após uma hora a TV seja desligada.
LIMITE: Vou assistir a apenas um episódio de alguma série nas noites de segunda a sexta.
LIMITE: Vou programar a TV para ser desligada às nove da noite durante a semana.
LIBERDADE: Se eu respeitar esse limite:

- Não vou me criticar depois ("Sou preguiçosa demais, tudo o que eu fiz foi ficar vendo TV de novo").
- Vou ter mais tempo livre antes de dormir.
- Vou ter uma noite de sono melhor.
- Vou começar o dia com mais disposição e energia.

CONSEQUÊNCIA: Se eu não respeitar esse limite:

- Vou me atrasar pela manhã (ou não vou fazer tudo o que quero durante a noite).
- Vou para cama estressada.
- Não vou dormir muitas horas.
- Vou acordar cansada e de mau humor.

Aqui você pode experimentar várias táticas, mas o fundamental é ganhar espaço para fazer alguma coisa mais produtiva, relaxante ou divertida. Uma coisa que gosto de fazer é combinar uma recompensa com uma tarefa que venho empurrando com a barriga, de modo que outra opção é: "Só vou ligar a Netflix se estiver fazendo faxina ou dobrando a roupa lavada." Foi assim que assisti à primeira temporada de Casamento às Cegas – meu closet nunca ficou tão organizado e eu não senti nenhuma culpa por assistir ao reality show. (Posso ter ficado constrangida. Mas não culpada.) O benefício é que eu tenho visto bem menos TV, porque minha arrumação ou minha faxina raramente demoram mais de uma hora.

▶ Estou tentando estabelecer uma rotina matinal que me ajude a começar o dia com menos ansiedade, mas não consigo pôr isso em prática. O que poderia me ajudar?

LIMITE: Só vou pegar meu celular quando terminar minha rotina.
LIMITE: Vou acordar quinze minutos mais cedo todo dia, especificamente para fazer minha rotina.
LIMITE: Vou garantir que meu diário e uma caneta sempre amanheçam perto de mim, e que uma meditação matinal seja preparada na véspera.
LIMITE: Para facilitar minha rotina, não vou recorrer à função "soneca" de segunda a sexta.
LIBERDADE: Se eu respeitar esse limite:

- Estarei livre da ansiedade que surge quando o dia começa agitado.
- Estarei livre para cuidar de mim como eu quiser pela manhã.

CONSEQUÊNCIA: Se eu não respeitar esse limite:

- Vou começar o dia ansiosa e agitada demais.
- Vou sentir falta dos rituais que me fazem bem.
- Provavelmente vou ficar desapontada porque não fiz o que deveria.

Mesmo suspeitando que apenas o limite do celular já solucione o problema, o primeiro passo é indagar: "O que está impedindo minha rotina?" Talvez você precise estabelecer um limite de apoio para sua família, do tipo: "Por favor, não entrem no meu quarto antes das 6h45; até lá vou ficar escrevendo no meu diário." Mas se for necessário um limite autoestabelecido, descubra se são os aparelhos eletrônicos, sua tendência a dormir até mais tarde ou sua falta de organização que estão atrapalhando, e estabeleça um limite aí.

▶ As manhãs de segunda-feira são estressantes demais. Eu me sinto sobrecarregado com os e-mails não lidos, as mensagens do trabalho e uma sensação de "não vou dar conta de tudo" dentro da cabeça; sempre acabo passando uma hora olhando as redes sociais para evitar tudo isso. Você tem alguma dica para mim?

LIMITE: Durante a semana não vou olhar minhas redes sociais antes do meio-dia.

LIMITE: Vou passar os últimos dez minutos de toda sexta-feira preparando uma lista de coisas a fazer na segunda de manhã.

LIMITE: Vou chegar ao trabalho uma hora mais cedo às segundas-feiras para me instalar antes de todo mundo.

LIMITE: Vou reservar uma hora na minha agenda nas manhãs de segunda-feira para colocar os e-mails em dia.

LIBERDADE: Se eu respeitar esse limite:

- Estarei livre da ansiedade que acompanha as manhãs de segunda.
- Não vou me distrair olhando as redes sociais.
- Manterei o foco e, portanto, serei mais produtivo, o que me garantirá a liberdade de estabelecer e administrar minhas prioridades.

CONSEQUÊNCIA: Se eu não respeitar esse limite:

- Vou começar minha semana ansioso e irritadiço.
- Vou ficar com raiva de mim mesmo por não ter me preparado melhor.
- Vou me sentir menos produtivo no trabalho.
- Não vou poder reagir de modo tão eficaz às prioridades e talvez perceba que, com isso, meu desempenho no trabalho está declinando.

Qualquer um desses limites provavelmente ajudará você a começar melhor sua semana – e todos eles certamente ajudarão, se forem adotados em conjunto. Mesmo assim, comece com aquele que você achar que causará mais impacto. Assim que ele se tornar um hábito, será mais fácil adicionar outro limite, e você ganhará mais eficiência e liberdade.

▶ Eu gostaria de reduzir meu consumo de vinho – ultimamente chego em casa e já abro uma garrafa, como se fosse um hábito. Sinto que não tenho controle sobre isso, o que tornou minhas noites estressantes. Esse comportamento me leva a questionar minha relação com o álcool, e sei que a bebida interfere no meu sono, na minha motivação e na minha produtividade. Que tipo de limite devo estabelecer?

LIMITE: Não vou beber nada alcoólico durante trinta dias.

LIMITE: Não vou manter nenhuma bebida alcoólica em casa e só vou beber quando sair.

LIMITE: Só vou comprar uma garrafa de vinho por semana, e quando acabar, acabou.

LIMITE: Não vou beber no meio da semana, só aos sábados e domingos.

LIBERDADE: Se eu respeitar esse limite:

- Estarei livre dos muitos impactos negativos que o álcool está causando na minha vida (sono ruim, desmotivação, menos produtividade).
- Poderei explorar outras maneiras de curtir minha noite, relaxar, descontrair e socializar.
- Vou me libertar de um hábito que não me faz bem.
- Terei mais tempo à noite para atividades revigorantes e satisfatórias.

CONSEQUÊNCIA: Se eu não respeitar esse limite:

- Vou sentir cansaço e dor de cabeça durante toda a semana, o que prejudicará minha produtividade.
- O papel que o álcool representa na minha vida vai continuar sendo uma preocupação.
- Vou ficar com vergonha por causa do meu hábito. E talvez comece a esconder meu comportamento das pessoas próximas, o que prejudicará minha saúde mental.

O primeiro limite, de se abster de álcool durante trinta dias, é o mais eficaz, porque pesquisas sobre hábitos mostram que as regras do tipo "tudo ou nada" são as mais fáceis de seguir. Além disso, esse limite obrigará você a encontrar outros mecanismos de enfrentamento para o estresse, a ansiedade ou a solidão, e isso lhe dará oportunidade de descobrir métodos mais saudáveis de lidar com experiências adversas – como escrever um diário, caminhar ou tomar banho frio. (Este último é o meu predileto – tenho um podcast inteiro sobre como os banhos frios mudam instantaneamente meu humor, minha energia e minha saúde mental.)

Com qualquer um desses limites, procure o apoio de pessoas queridas, grupos na internet e/ou um terapeuta – você não precisa ser alcoólico para pedir ajuda para avaliar sua relação com a bebida. E não se esqueça de estabelecer limites de apoio para amigos e familiares, do tipo "Por favor, não me pressionem para beber", ou "Por favor, não tragam vinho quando vierem jantar aqui".

▶ Meu quarto vive desarrumado. A bagunça me estressa, especialmente antes de dormir, mas parece que nunca tenho uma hora para limpá-lo, e nos fins de semana quero sair e me divertir, não ficar cuidando da casa. Tem que existir algum truque para isso.

LIMITE: Vou passar dez minutos toda noite arrumando o quarto antes de dormir.

LIMITE: Vou treinar o princípio do "Um Toque" para tudo no meu quarto. (Veja na página a seguir.)

LIMITE: Vou passar uma hora limpando meu quarto no domingo à noite enquanto assisto à Netflix.

LIMITE: Vou arrumar uma gaveta ou uma prateleira do armário por semana até meu quarto estar totalmente organizado.

LIBERDADE: Se eu respeitar esse limite:

- Estarei livre do estresse de dormir num quarto bagunçado.
- Saberei onde estão meus pertences e se eles estão limpos ou não.
- Poderei me mover com facilidade no meu quarto.
- Não sentirei mais necessidade de parar tudo e fazer faxina.
- Acordarei de manhã em paz, num ambiente relaxante.

CONSEQUÊNCIA: Se eu não respeitar esse limite:

- Minhas noites serão estressantes e agitadas.
- Não saberei onde encontrar a roupa que quero vestir.
- Minhas coisas podem ficar sujas e amarrotadas ou se perder.
- Não vou sentir paz no meu próprio espaço.

Se arrumar aquele cantinho da bagunça onde você joga todas as suas coisas enquanto assiste a Inventando Anna *não for sua ideia de diversão (já disse que adoro misturar minhas tarefas com as recompensas?), comprometa-se com apenas alguns minutos a cada noite – esses poucos minutos vão se somando. Você pode aplicar o método de Marie Kondo de arrumar por categorias (por exemplo, primeiro os itens a serem dobrados e em seguida os itens a serem pendurados), escolher uma área específica (como a sua mesa de cabeceira ou o cantinho da bagunça) ou começar com um lado do quarto e ir até o outro. Escolha a opção que você achar que trará o melhor resultado.*

O PRINCÍPIO DO "UM TOQUE"

O princípio do "Um Toque" foi criado por Ann Gomez, uma consultora de produtividade e fundadora da empresa Clear Concept, de Toronto. O "Um Toque" foi projetado originalmente como uma ferramenta de organização empresarial para ajudar executivos a administrar melhor os e-mails, a papelada, as mensagens de texto e de áudio, mas também é muito eficaz quando aplicado à organização da casa. A regra é basicamente esta: assim que você toca em alguma coisa, ela *precisa* ir direto para o lugar ao qual pertence. Isso significa que quando você tira aquela camiseta da bolsa da academia, ela não pode ser jogada no cantinho da bagunça até mais tarde; você precisa dobrá-la, pendurá-la ou jogá-la no cesto de roupa suja. (Faça com que essa regra funcione para você – se estiver arrumando a sala e tiver dez brinquedos para levar ao quarto do seu filho, tudo bem empilhá-los e levar todos de uma vez só, mas você não pode deixar a pilha ali esperando até outro dia.) À primeira vista pode parecer um trabalho extra, porém essa prática poupará tempo a longo prazo e ajudará você a não acumular pilhas de coisas para guardá-las "um dia". Saiba mais sobre o princípio do "Um Toque" de Ann Gomez em clearconceptinc.ca (em inglês).

ROTEIROS PARA AUTOESTABELECER LIMITES QUANTO A HÁBITOS E OBJETIVOS

Nesta seção estabeleceremos alguns limites que visam ajudar seu Eu Futuro a alcançar tudo o que você deseja hoje. Aqui, concentrar-se nas consequências será extremamente importante e pode parecer mais desafiador que o normal, porque as consequências de não respeitar esses limites são percebidas no futuro, não no presente. Diante da tentação e da recompensa, pode ser fácil perder de vista o que *realmente* acontece (ou o que *vai* acontecer) quando você gasta o dinheiro, deixa de malhar ou aceita mais um projeto. Mantenha em mente o seu "porquê" e faça o que estiver ao seu alcance para automatizar o limite ou torná-lo o mais simples possível.

▶ Estou trabalhando arduamente para pagar minhas dívidas e gostaria de estabelecer alguns limites em relação a como estou gastando meu dinheiro, em particular na Target ou na Amazon, onde sempre acabo comprando mais coisas do que preciso. Pode me ajudar?

LIMITE: Só vou comprar coisas de casa e mantimentos para os próximos trinta dias.

LIMITE: Só vou visitar a Target ou a Amazon com uma lista detalhada em mãos e só vou comprar o que estiver na lista.

LIMITE: Vou revisar meu orçamento toda semana e permanecer dentro dele.

LIMITE: Vou informar meus gastos toda semana ao meu planejador financeiro.

LIBERDADE: Se eu respeitar esse limite:

- Estarei livre das dívidas mais rapidamente.
- Estarei livre da ansiedade e da preocupação causadas pelas dívidas.
- Estarei livre para um objetivo maior, como comprar um carro ou uma casa.
- Estarei livre para ter mais opções, porque minha avaliação de crédito será melhor.
- Estarei livre do estresse relacionado a gastos inesperados.

CONSEQUÊNCIA: Se eu não respeitar esse limite:

- Continuarei com dívidas por muito mais tempo.
- Minha casa vai ficar entulhada de coisas das quais não preciso.
- Vou sentir estresse e ansiedade toda vez que olhar um boleto ou a fatura do cartão de crédito.
- Não vou poder alcançar meus objetivos a longo prazo.

Automatize esse limite! Baixe um aplicativo do tipo YNAB ou Goodbudget (em inglês). Eles foram elaborados para um planejamento financeiro mais inteligente, não para acompanhar as despesas que já foram feitas. Os aplicativos também podem servir como uma cobrança externa, mandando alertas quando você estiver perto do seu limite em qualquer categoria de gastos.

▶ Acabei de me inscrever numa academia e quero frequentá-la de verdade, porque me sinto muito bem quando vou malhar. Mas acabo procurando motivos para faltar "só desta vez". Como posso cumprir a promessa que fiz a mim mesma?

LIMITE: Não vou faltar à academia por motivo nenhum durante trinta dias seguidos.

LIMITE: Vou à academia fazer só cinco minutos de exercício, cinco dias por semana.

LIMITE: Vou dormir e acordar 45 minutos mais cedo para começar a malhar de manhã.

LIMITE: Vou me inscrever numa aula regular na academia e não vou perder nenhuma.

LIBERDADE: Se eu respeitar esse limite:

- Estarei livre da culpa e da frustração que sinto quando não vou à academia.
- Vou poder exercitar meu corpo de um jeito que me faz bem.
- Vou me sentir incrível e com orgulho de mim por ter cumprido a tarefa.
- Vou curtir mais meu corpo.

CONSEQUÊNCIA: Se eu não respeitar esse limite:

- Continuarei sentindo culpa por não ir malhar.
- Continuarei sentindo pouca energia, cansaço e fraqueza.
- Vou ficar pensando que deveria ter ido à academia e me sentir mal por não ser capaz de honrar esse compromisso.
- Saberei que estou desperdiçando dinheiro com uma academia que não frequento.

Eu usei uma série de truques para criar o hábito de malhar, inclusive ir à academia de manhã cedinho, arrumar as roupas na noite anterior e me comprometer a vesti-las de manhã (e acabava me sentindo tão idiota parada em casa com roupas de ginástica às 5h30 da manhã que ia direto para a academia).

▶ Estou empreendendo com minha nova empresa e quero alcançar uma meta de vendas, mas estou à beira do esgotamento. Como quero muito alcançar minha meta, acabo aceitando mais clientes do que consigo atender, mas sei que isso é contraproducente. Como posso estabelecer um limite?

LIMITE: Não vou aceitar nenhum cliente novo este mês.

LIMITE: Nos próximos seis meses só vou aceitar dois clientes novos por mês.

LIMITE: Não vou me permitir marcar mais que quatro compromissos por dia.

LIMITE: Não vou trabalhar mais de oito horas por dia nem vou trabalhar aos domingos.

LIBERDADE: Se eu respeitar esse limite:

- Estarei livre para dedicar mais tempo a cada cliente.
- Terei mais tempo livre para recarregar as energias e descansar.
- Estarei livre do estresse de perder prazos ou trabalhar horas extras.
- Estarei livre para avaliar meus objetivos diante de uma carga de trabalho realista.
- Estarei livre para estruturar a empresa como eu quiser e ao mesmo tempo cuidar da minha saúde.

CONSEQUÊNCIA: Se eu não respeitar esse limite:

- Continuarei trabalhando demais.
- Vou me estressar por perder prazos e entregas.
- Vou encerrar cada dia sentindo que não fiz o suficiente.
- Vou sentir que não tenho sucesso porque não estou alcançando minhas metas nem cuidando de mim.
- Minha saúde física e mental vai se deteriorar a ponto de talvez impedir o sucesso da minha empresa.

Esse é um limite que você também deve estabelecer com seus futuros clientes. Depois de se comprometer a não aceitar mais nenhuma demanda este mês, você deve comunicar sua decisão com clareza e gentileza: "Minha agenda está totalmente ocupada pelo restante do mês. Será que poderíamos começar o novo trabalho em abril?" Aqui o limite autoestabelecido é o primeiro passo para reconhecer que você também precisa estabelecer um limite para seus clientes, pelo bem da parceria futura.

▶ Estou iniciando minha recuperação da dependência química e quero muito que o processo dê certo. Estabeleci bons limites para amigos e familiares, mas ainda não estabeleci nenhum limite para mim. Você tem alguma dica relacionada à reabilitação de um vício?

LIMITE: Não vou consumir bebida alcoólica nem usar drogas em nenhuma circunstância.
LIMITE: Vou comparecer às reuniões ou à terapia três vezes por semana durante um ano.
LIMITE: Não vou a eventos sociais com pessoas que eu não conheça.
LIMITE: Se eu não me sentir confortável socializando em determinado ambiente, sairei na mesma hora.
LIBERDADE: Se eu respeitar esse limite:

- Continuarei livre do álcool e das drogas!
- Estarei livre para enriquecer minha vida com atividades gratificantes e construtivas.
- Estarei livre para adotar hábitos saudáveis.
- Estarei livre para conhecer pessoas com as quais eu tenha afinidades, que me apoiem.
- Estarei livre para restaurar minha relação com familiares e amigos.
- Estarei livre para fazer terapia e curar feridas antigas.
- Estarei livre para conquistar um novo emprego, um novo relacionamento amoroso e construir uma vida nova.

CONSEQUÊNCIA: Se eu não respeitar esse limite:

- Voltarei a beber ou usar drogas, e toda a minha vida vai desmoronar de novo, mais rápido do que eu poderia imaginar.

O primeiro limite costuma ser esquecido, provavelmente porque é óbvio demais; no entanto, a não ser que você tenha feito explicitamente essa promessa, os outros limites não serão suficientes. Sim, este assunto é bastante pessoal para mim, e eu poderia escrever um capítulo inteiro sobre os limites que estabeleci para mim mesma quanto à minha recuperação, mas os que listei aqui são os que acho mais importantes e úteis. Quanto mais você puder segui-los, mais se distanciará do seu vício. Boa sorte.

PARA AMAR OS LIMITES QUE LIBERTAM VOCÊ

A relação entre hábitos e limites autoestabelecidos é um dos meus temas prediletos, porque as pesquisas sobre os hábitos podem ajudar a manter praticamente qualquer limite que você estabeleça para si. Quer você queira manter seu quarto mais arrumado, beber menos vinho ou frequentar mais a academia de ginástica, as ferramentas e técnicas da ciência dos hábitos podem oferecer estratégias para que os limites funcionem de verdade. Aqui vão três dicas extras sobre hábitos, que podem se aplicar a praticamente todos os limites autoestabelecidos:

- **COMPROMETA-SE A COMPARECER.** Os hábitos são construídos a partir da constância, e você desenvolve constância comparecendo de novo e de novo. Isso não tem a ver com a malhação propriamente dita, o número de camisas que você pendura no cabide ou o que você faz depois de desligar a Netflix; o ponto é que você foi à academia, entrou no quarto para arrumá-lo e desligou a TV. Se você continuar comparecendo, vai parecer muito mais natural e fácil fazer mais: continuar malhando, dobrar o restante da roupa lavada ou preparar seu almoço para o dia seguinte. Busque a constância.
- **NÃO DEPENDA DA MOTIVAÇÃO.** Quando estamos começando um novo hábito é fácil sentir motivação e entusiasmo. Mas ninguém se sente motivado o tempo todo, e quando a motivação falha você pode se sentir sem rumo – e retornar ao velho hábito de ler notícias ruins antes de dormir, beber vinho durante a semana ou recorrer

à função "soneca" pela manhã. A motivação não precede a ação; é o contrário. A chave é simplesmente fazer *alguma coisa* e acreditar que um corpo em movimento tende a permanecer em movimento. Por isso é tão importante "comparecer" – começar com a ação, comprometer-se com a constância e ver o hábito se firmar.

- **BUSQUE A PRÁTICA, NÃO A PERFEIÇÃO.** Você pode passar um ano inteiro mentalizando "Não vou aceitar um novo cliente antes de saber se vou dar conta" e em seguida se empolgar com um projeto e concordar em assumi-lo prontamente. A questão não é respeitar os limites com perfeição todas as vezes, mas respeitá-los de modo consciente. A busca da perfeição pode nos levar a uma mentalidade de "tudo ou nada" que diz: "Hoje fiz besteira, então dane-se todo o resto." Em vez disso você pode se corrigir e dizer ao cliente: "Na verdade, será que posso lhe dar uma resposta amanhã?", ou "Ontem me empolguei com seu projeto, mas primeiro vamos garantir que estejamos alinhados em termos de escopo e prazo antes de assinarmos o contrato". Tudo bem se você esquecer seu limite por um momento, ceder sob estresse ou agir sem pensar – apenas se comprometa de novo a considerar seu limite na próxima oportunidade, sem necessidade de se repreender.

Por fim, um limite autoestabelecido é tão eficaz quanto a liberdade que ele lhe proporciona. Assim, se você descobrir que determinado limite não está funcionando como você gostaria, dê meia-volta! Talvez você não precise passar dez minutos toda noite limpando seu quarto – na verdade, você precisa de dinheiro para um serviço de faxina a cada duas semanas para ajudar a manter um nível básico de arrumação. Mudar seus limites não é motivo de vergonha. Eles são um presente ao seu Eu Futuro, e se não é disso que seu Eu Futuro precisa, troque por algo melhor.

TERCEIRA PARTE

Os benefícios dos limites

CAPÍTULO 11

Presentes para o mundo

Como manter seus limites e os de todas as outras pessoas

No início de janeiro uma mulher chamada Cheryl me escreveu pedindo ajuda com um limite que deu errado. Nos feriados de fim de ano, seu filho Jason estabeleceu para ela um limite sobre como os dois passariam o Natal. Cheryl escreveu: "Nossa família costuma se reunir várias vezes em dezembro. Fazemos planos para a noite de Natal, abrimos os presentes juntos na manhã do dia 25, convidamos os parentes para o jantar e todo mundo volta no dia seguinte para o café da manhã e o almoço. Este ano meu filho e o companheiro decidiram que queriam passar a maior parte do período com o bebê deles, só os três." Ele disse a Cheryl que iriam na noite de Natal e a convidaram para a casa deles na manhã do dia 25, para abrir os presentes, mas avisou que planejavam passar o restante da semana sozinhos em casa.

Cheryl não recebeu isso bem. "Eu levei bastante para o lado pessoal", escreveu ela. "Senti que ele estava me negando o meu neto e falei com todas as letras que aquilo era egoísmo." Apesar da pressão da mãe, Jason manteve seu limite com muita calma, explicando que era importante que ele e seu companheiro criassem as próprias tradições de família agora que tinham um filho. Ele falou gentilmente que em breve conversariam de novo – e desligou o telefone. Cheryl contou: "Encerramos o telefonema com aquele assunto entalado na minha garganta e eu fiquei furiosa pelo resto da manhã."

Assim que você identifica a necessidade de um limite e encontra as palavras certas para estabelecê-lo, pode ser que a parte mais difícil ainda esteja por vir. Manter seu limite e lidar com a reação contrária, a raiva ou a manipulação que às vezes vêm em seguida podem desafiar a decisão de qualquer pessoa, especialmente se os limites forem uma prática nova para você. Aprender a manter o limite exige um conjunto próprio de roteiros. E, como Jason, talvez você precise aceitar que nem todo mundo vai aprovar ou entender sua decisão. Este capítulo vai preparar você para essas situações e fornecer as palavras e estratégias necessárias para você preservar de modo eficaz os limites que estabeleceu tão cuidadosamente.

LIDANDO COM REAÇÕES CONTRÁRIAS

Num mundo perfeito, você declararia seu limite e a outra pessoa confirmaria na mesma hora que o entende e o respeita. Isso acontece com bastante frequência, o que significa que você pode e deve esperar o melhor. Como mencionei no Capítulo 2, você deve presumir que a outra pessoa quer respeitar seus limites e que ela só precisa de mais informações sobre o que ela está fazendo e como precisa agir a partir de agora.

Há situações, porém, em que a pessoa reagirá mal ao seu limite, e quero que você se prepare. Isso não significa começar a conversa como quem entra numa batalha, agindo como antagonista e se colocando na defensiva. Nada disso é gentil e pode provocar exatamente a reação que você está tentando evitar. Esta seção é dedicada a mostrar a você como agir diante de respostas que podem ser manipuladoras ("Você está sendo sensível demais"), passivo-agressivas ("A gente só queria ajudar") ou simplesmente agressivas ("Como você é egoísta!").

A reação instantânea mais comum a um limite é se colocar na defensiva. Isso pode ser um disfarce para o embaraço, a culpa, o desapontamento, a mágoa ou o choque, como aconteceu com Cheryl, que não tinha ideia de que seu filho queria iniciar as próprias tradições de família no Natal.

Uma pessoa que reage defensivamente pode enxergar seu limite como uma crítica a ela, não como um limite saudável que você está estabelecendo para sua própria vida. Talvez Cheryl tenha ouvido "Não queremos passar o Natal com você" em vez de "Estamos empolgados para criar novas tradições de fim de ano com nosso filho". Ou talvez seu limite enfatize direta ou indiretamente como o comportamento da outra pessoa tem sido descuidado ou grosseiro, o que pode ser muito desconfortável, especialmente se houver mais alguém em volta (por exemplo, quando você chama a atenção de um colega de trabalho por causa de uma piada machista que ele acabou de contar na happy hour). Quando reagem na defensiva, as pessoas estão tentando distrair os outros ou combater o próprio desconforto ou sofrimento jogando a culpa de volta para você.

REFORMULAR PADRÕES COMEÇA POR VOCÊ

Muitas reações negativas se devem ao fato de a pessoa nunca ter testemunhado um limite saudável em ação. Se você jamais viu exemplos de limites estabelecidos por seus familiares, amigos ou colegas de trabalho, e se não lhe explicaram explicitamente que estabelecer limites é uma prática saudável, ouvir o limite de outra pessoa pode soar ofensivo. Cheryl admitiu isso quando conversamos sobre o pedido de Jason em relação ao Natal. Ela me disse: "Nunca pude estabelecer esse tipo de limite para nenhum dos lados da família quando meus filhos eram pequenos. E, francamente, fiquei ressentida por Jason ter feito isso." Além do mais, os mesmos fatores que nos levam a sentir culpa por estabelecer um limite (ver a página 46) tornam igualmente difícil aceitarmos um. Se fomos ensinados que estabelecer um limite e nos defendermos é sinal de arrogância, egoísmo ou falta de educação, é natural também julgarmos assim a pessoa que estabelece um limite para nós. A chave é ver por outro ângulo os limites que *nós* estabelecemos; é vê-los como atos de cuidado pessoal, o que torna muito mais fácil enxergar os limites dos outros assim também. Como muitas das minhas dicas até agora, uma boa terapia pode ajudar você a reformular seus padrões de pensamento.

Ainda que entrar na defensiva costume ser uma reação subconsciente, outras reações podem parecer mais deliberadas. Algumas pessoas podem tentar convencer você de que o seu limite é egoísta, despropositado ou grosseiro, como um meio de evitar a responsabilidade pelas próprias ações. Argumentarão que o problema não é o comportamento delas; que seu limite é desnecessário, dramático demais ou punitivo. Se a pessoa puder convencer você de que é *você* quem está fazendo pedidos pouco razoáveis, ela não terá de que se desculpar – e ainda pode levar você a acreditar que cometeu um erro ao pedir que ela respeitasse seus limites saudáveis.

Além disso, as pessoas ficam com raiva quando parece que você está tirando alguma coisa delas, ainda que jamais tivessem direito àquilo, para começo de conversa. Essas pessoas podem usar *todas* as táticas – vitimização, hostilidade, culpa, manipulação – porque se levarem você a se sentir suficientemente mal, talvez você abandone por completo esse limite inconveniente (para elas), e então a vida pode voltar a ser como era antes. Isso é comum quando você vem deixando uma pessoa ultrapassar seus limites por algum tempo e ela já se acostumou com isso.

Quando as pessoas reagem muito mal aos seus limites, isso significa que você está revogando um privilégio que elas jamais deveriam ter tido.

E, em muitos casos, o modo como alguém reage ao seu limite claro e gentil lhe dirá se o relacionamento pode ser salvo ou não.

Dito isso... não se apresse *demais* em fazer um julgamento. As primeiras reações nem sempre refletem quem as pessoas são de verdade, ou como elas continuarão a se comportar, desde que você se disponha a lhes fazer três pequenas cortesias.

AS CORTESIAS DO ESPAÇO, DA ELEGÂNCIA E DA CONVERSA

Se você determina um limite e ele não cai bem, não tire conclusões precipitadas. Muitas vezes as pessoas reagem mal no calor do momento. A melhor coisa a fazer diante de um limite mal recebido é oferecer três pequenas cortesias: espaço, elegância e conversa.

ESPAÇO: Dê à pessoa o espaço necessário para processar seu limite no tempo dela. Pressioná-la a entender ou ceder imediatamente não é produtivo, em especial se ela ficar magoada ou constrangida, sentindo-se culpada ou presa numa postura defensiva. Jason compartilhou seu limite com a mãe, explicou o desejo de começar sua própria tradição de família no Natal e se despediu gentilmente, dando a Cheryl tempo para processar seus sentimentos e ao mesmo tempo evitando que ela extravasasse ainda mais sua mágoa momentânea em cima dele, o que poderia prejudicar a relação dos dois. Isso é especialmente importante se você expressar seu limite no meio de muitas pessoas, como no trabalho ou numa reunião de família. Dê à pessoa a chance de manter a dignidade compartilhando seu limite e depois se afastando discretamente, para que ela tenha tempo de processar os sentimentos sem nenhuma pressão da sua parte.

ELEGÂNCIA: Reconheça que a reação inicial da pessoa ao seu limite pode não ser a definitiva. É natural alguém reagir automaticamente com mágoa, raiva ou frustração quando um limite é apresentado, mas se você der espaço, a pessoa pode chegar a um pensamento diferente por conta própria. Não a julgue com base numa reação momentânea nem se deixe influenciar pela raiva ou pela irritação dela. Demonstre simpatia se a reação inicial ao seu limite não for a ideal; espere com paciência o momento certo para falar de novo com a pessoa e tenha empatia pelo desapontamento, pela confusão ou pela mágoa que ela esteja sentindo. Lembre-se: os limites são uma prática para todo mundo, e você pode estabelecê-los e ao mesmo tempo reconhecer os sentimentos de quem os recebe.

CONVERSA: Se a pessoa que recebeu o seu limite retornar com uma atitude diferente, ofereça-se para conversar mais sobre isso, esforçando-se para aprofundar o relacionamento e aliviar a reação inicial. Isso não significa justificar ou explicar demais o seu limite; você o declarou e a pessoa já concordou (relutantemente ou não) em respeitá-lo. Agora, em nome da boa comunicação, sinta-se livre para conversar mais sobre o que esse limite significa para você e agradeça pela compreensão da outra pessoa. Jason poderia dizer à mãe que suas lembranças prediletas do Natal eram os momentos calmos que passava apenas com ela e o pai dele na infância, e que se sente ansioso para recriar essa experiência com sua própria família. Além disso, ele poderia tranquilizar a mãe dizendo que ela terá tempo suficiente para encontrar o neto nas festas de fim de ano.

Se você permite que a pessoa tenha tempo para processar o limite e ela retorna, pede desculpas e inicia uma conversa saudável sobre o assunto, você conseguiu o que desejava. Estabeleceu um limite saudável, preservou o relacionamento e talvez tenha até mesmo aprofundado sua conexão compartilhando suas necessidades de coração aberto e ouvindo a outra pessoa com elegância e empatia.

QUANDO NADA FUNCIONA

E se a pessoa continuar pressionando e manipulando você ou se recusando a respeitar totalmente o seu limite? Aqui vão algumas palavras mágicas capazes de mudar sua vida: a raiva, a vitimização e as táticas manipulativas não são problema seu. Lembre-se:

O modo como as outras pessoas reagem ao seu limite não é da sua conta.

Você identificou que um limite era necessário para se manter em segurança e saudável, e então o estabeleceu com o objetivo de melhorar sua relação com outra pessoa. Usou palavras claras e gentis. Lembrou-se de não sentir culpa, porque merece ter suas necessidades atendidas e está no seu direito de exigir que as pessoas tratem você bem. Além de tudo, deu à outra pessoa o espaço de que ela precisava e elegantemente permitiu que ela processasse seu limite no tempo dela. Se ela *ainda* se recusa a respeitar sua vontade, é hora de fazer valer seu limite impondo a consequência – e se afastar. *O seu trabalho está feito.*

O modo como as outras pessoas optam por receber suas palavras e reagir a elas é responsabilidade *delas*. É responsabilidade delas fazer uma autorreflexão e decidir se levarão ou não a coisa para o lado pessoal. É responsabilidade delas tratar você com empatia e boa vontade, não com raiva, vitimização ou mágoa. É responsabilidade delas decidir se seus limites são dignos de respeito, quer concordem com eles ou não.

Você não pode fazer esse trabalho no lugar de ninguém. Também não pode recuar do seu limite, porque isso iria prejudicar você *e* o seu relacionamento. Assim, o que resta? Assumir a responsabilidade por seus próprios limites; comunicá-los com linguagem clara e gentil; e entender que o modo como alguém opta por reagir a eles não é da sua conta nem é problema seu. Anote essas palavras num adesivo, na palma da sua mão ou grave na memória, porque você provavelmente vai precisar delas.

Se você estabelecer um limite e alguém reagir mal na hora, pode usar estas frases para expressar empatia sem recuar:

- "Sei que é difícil ouvir isso, mas estava me fazendo mal guardar esse incômodo só para mim. Então é melhor que eu fale, para o bem da nossa relação."
- "Isso é desconfortável para mim também, mas tenho me esforçado para me comunicar melhor e expressar minhas necessidades com mais clareza."
- "Dá para ver sua frustração, mas espero que você entenda que isso é o melhor para mim e respeite isso."
- "Sei que você ficou triste. Vou dar tempo para você processar isso. A gente se fala mais tarde."
- "Sei que você quer ajudar e agradeço por isso. O melhor modo de ajudar agora é apoiar minha decisão."
- "Lamento que você queira enxergar nossa conversa desse jeito."

Esta última é a minha predileta: você não está pedindo desculpas por ter estabelecido um limite, mas está triste porque a pessoa optou por enxergá-lo como um castigo ou uma maldade. (E isso certamente é mais gentil do que dizer "Só lamento".)

Um dia depois de Jason expor pela primeira vez seu limite quanto ao Natal, ele e Cheryl conversaram de novo – e ela me contou que essa conversa foi muito melhor. Ela me disse: "Fiquei remoendo o comentário que fiz sobre 'egoísmo' e me senti muito mal. Sabia que aquilo não tinha a ver comigo, e reconheci que não podia projetar nele meus sentimentos e minhas inseguranças. Foi uma verdadeira lição, e se eu não tivesse recebido os seus conselhos sobre limites, não teria enxergado a situação como realmente é."

Este é outro benefício de continuar praticando os limites de maneira saudável: você será muito melhor em preservar uma relação quando alguém estabelecer um limite *para você*.

PEDE E RECEBERÁS: ACEITANDO OS LIMITES COM ELEGÂNCIA

Talvez você imagine que, sendo a "Moça dos Limites", eu seja a interlocutora *perfeita* quando alguém tenta estabelecer um limite para mim, certo? Hum... nem sempre. Às vezes também fico na defensiva, levo as coisas para o lado pessoal e me comporto mal diante do limite estabelecido por outra pessoa. Pergunte à minha irmã.

Meu filho e eu temos visitado minha irmã, Kelly, em San Diego todo mês de fevereiro desde que ele tinha 2 anos. Hoje em dia temos essa rotina bem estabelecida: pegamos o avião numa sexta-feira ao meio-dia; vamos à praia no início da tarde de sábado para catar conchas, brincar nas ondas e construir castelos de areia; e voltamos na tarde de domingo. No entanto, no primeiro ano em que fizemos a visita, eu presumi que iríamos acordar cedo no sábado e partir imediatamente para a praia – minha irmã costuma acordar cedo no meio da semana para malhar antes do trabalho, e eu sabia que a mudança de fuso horário faria com que meu filho, que já é madrugador, estivesse de pé às cinco horas.

Porém, quando, chegamos para aquela primeira visita na sexta-feira, minha irmã me disse: "Tive uma semana muito longa no trabalho e estou exausta. Gostaria de dormir até mais tarde amanhã. Vamos à praia assim que eu me levantar?" Concordei, mas fiquei desapontada porque ela não quis aproveitar ao máximo nosso pouco tempo juntos. "De todo modo, ela não deve dormir até muito tarde", pensei.

ATÉ AS ONZE! Ou seja, *seis horas* depois de meu filho acordar exigindo salsicha de frango, mirtilo e praia.

Fiquei fumegando. Como assim, minha irmã não respeitava meu tempo, sabendo que eu estava acordada entretendo um menino de 2 anos sozinha? Além disso, éramos *hóspedes* dela, e ela deixou que nos virássemos sozinhos a manhã inteira. Não foi assim que nossa mãe nos criou. E, acima de tudo, eu estava magoada. Ela não queria passar o maior tempo possível com a gente? Só ficaríamos durante um fim de semana. Levei o sono dela para o lado pessoal – como se ela preferisse dormir a ficar com a gente.

Fiz basicamente o exato *oposto* do que quero que alguém faça quando estabeleço um limite. Isso é embaraçoso, eu sei. Mas é natural que as coisas desconfortáveis provoquem uma primeira reação defensiva, e pode ser que você perceba que tem dois pesos e duas medidas quando as pessoas estabelecem um limite para você. Talvez você sinta que:

- O *seu* limite faz todo o sentido, mas o *da outra pessoa* parece pouco razoável.
- O *seu* limite se concentra nas suas necessidades, mas o *da outra pessoa* parece uma crítica pessoal a você.
- O *seu* limite vai acabar melhorando o relacionamento, mas o *da outra pessoa* parece meio egoísta.
- O *seu* limite foi pensado cuidadosamente, mas o *da outra pessoa* parece repentino e impulsivo.

É normal e natural ter dois pesos e duas medidas quando ainda não se tem muita prática com os limites, mas aqui vão duas verdades. Primeira: quanto mais você estabelecer limites para as pessoas, mais elas se sentirão em condições de fazer o mesmo na vida delas. (Pois é, você provoca mudanças!) É provável que, à medida que praticar seus limites, você se pegue ouvindo mais limites também, o que é bom – significa que as relações em todas as áreas da sua vida estão chegando a um lugar mais sincero e saudável. Segunda verdade: quanto mais você conseguir identificar a necessidade de estabelecer, comunicar e manter seus próprios limites saudáveis, mais facilmente conseguirá reconhecer quando alguém estiver fazendo a mesma coisa. Isso significa que à medida que sua prática de limites se desenvolve, você consegue abandonar mais rapidamente uma postura defensiva, de mágoa ou raiva, para demonstrar mais empatia e boa vontade.

Mesmo frustrada, respeitei o pedido da minha irmã e a deixei dormir. Não agi de modo passivo-agressivo fazendo barulho para ela acordar mais cedo nem entrei no quarto dela às dez horas dizendo: "Já é tarde." No tempo e no espaço que tive para processar o que estava sentindo, reconheci que o "egoísmo" dela era provavelmente um limite. Eu sabia que o trabalho dela era estressante e que ela havia trabalhado até tarde em muitas noites naquela semana. Fizemos a visita num momento especialmente agitado para ela, mas ela insistiu em que fôssemos de qualquer modo porque realmente queria nos ver. Ela não estava dizendo que eu não era importante ou que não gostava da gente; estava dizendo: "Quero recarregar as energias e passar o fim de semana me sentindo revigorada. Se eu puder ter uma ótima noite de sono, vou estar totalmente disponível para vocês." (Ou pelo menos foi o que eu disse a mim mesma numa ida matinal a uma loja de departamentos para tentar manter meu filho entretido enquanto esperávamos.)

Como eu tinha muita prática com limites, foi mais fácil presumir que minha irmã não estava sendo egoísta ou insensível; estava apenas comunicando suas necessidades para otimizar o tempo que passaríamos juntas e, em última instância, para melhorar nosso relacionamento. Mas nem sempre é fácil discernir o que motivou outra pessoa a estabelecer um limite.

O LIMITE DOS OUTROS É DA CONTA DOS OUTROS

A verdade é que todos nós podemos ficar na defensiva, frustrados ou com raiva quando alguém estabelece um limite saudável para nós, e isso pode nos levar a criar histórias na nossa cabeça sobre o que aquele limite *realmente* significa. Aqui vão alguns exemplos:

O limite que a pessoa estabeleceu: "Não permito que fumem dentro da minha casa."
O motivo saudável por trás disso: Porque isso afeta minha saúde e minha respiração e deixa minha casa fedendo.
O que você pode ter entendido: Ela quer que eu pare de fumar à força e está fazendo de tudo para dificultar meu hábito.

O limite que a pessoa estabeleceu: "Não tenho condições de conversar esta noite."

O motivo saudável por trás disso: Porque tive um dia difícil e minha mente não vai conseguir processar direito esse assunto.
O que você pode ter entendido: Ele não queria que eu puxasse o assunto e agora está se recusando a conversar só de raiva.

O limite que a pessoa estabeleceu: "Amanhã eu gostaria de dormir o máximo possível."
O motivo saudável por trás disso: Porque estou morrendo de cansaço, e uma boa noite de sono vai me deixar revigorada e de bom humor pelo resto da sua visita.
O que você pode ter entendido: Eu vim de tão longe e ela prefere dormir a passar mais tempo comigo.

Se você ainda não tiver muita prática, preste atenção a essas reações bruscas quando alguém estabelece um limite para *você*. Seguindo a Regra de Ouro do Relacionamento, eu gosto de esperar o melhor dos outros: se algo me parece um limite, presumo que seja, *sim*, um limite saudável, por isso não vou levar para o lado pessoal e vou respeitá-lo pelo bem da relação. Em nove a cada dez vezes, presumir o melhor cenário leva a resultados mais positivos, relacionamentos mais fortes e conversas mais francas. Mas se você está lutando contra a ânsia de saber por que a pessoa precisa estabelecer um limite, repita comigo:

O motivo que levou a pessoa a me fazer esse pedido não é da minha conta.

Sua única responsabilidade é respeitar as necessidades dos outros, mantendo sua integridade e preservando o relacionamento. Minha recomendação é fazer isso, a não ser que – ou até que – os "limites" da pessoa exijam que você abra mão da própria integridade, dos seus valores, da sua saúde ou da sua segurança. Nem sempre é fácil avaliar isso, e pode ser que você acabe demonstrando mais respeito do que a situação merece, num esforço para cultivar a boa relação.

Eu mesma faço isso, até certo ponto. Mas existem, *sim*, alguns sinais de que a outra pessoa está evitando, castigando ou manipulando você com supostos "limites". Quando noto esses alertas vermelhos, começo a prestar mais atenção ao rumo que o relacionamento está tomando, especialmente se eu perceber padrões como estes:

- **A pessoa evita você sem dar explicação:** Uma coisa é dizer: "Preciso de um tempo para processar isso. Ligo para você na semana que vem." Outra é dar gelo sem qualquer aviso ou não responder quando você pede para conversar.
- **A pessoa impõe a você uma "regra" que não tem nada a ver com ela:** Se minha irmã tivesse dito "Provavelmente vou dormir até o meio-dia, mas, por favor, não vá a lugar nenhum até eu acordar", isso não teria sido um limite saudável. Ela só estaria determinando como eu deveria passar minha manhã.
- **A pessoa só impõe "limites" em retaliação aos seus:** Se a única situação em que a pessoa tenta estabelecer um "limite" para você é depois de você estabelecer os seus ou chamar a atenção para o mau comportamento dela, isso pode indicar que ela não quer assumir a responsabilidade ou prefere transferir a culpa para você.
- **A pessoa dissimula em vez de falar com clareza:** Se o "limite" da pessoa inclui falar mal de você pelas costas, fazer fofoca sobre sua vida ou ter qualquer outro comportamento ofensivo disfarçado de "carinho" ou "preocupação", isso é um alerta vermelho.
- **A pessoa responsabiliza você pelos sentimentos dela:** Se o "limite" da pessoa implica você fazer ou deixar de fazer alguma coisa para preservar a estabilidade emocional *dela*, esse é um comportamento controlador, não um limite saudável.

Como sempre, você só é responsável pelos próprios atos e pelo modo como escolhe reagir. Assim, seguem algumas dicas para manter um relacionamento saudável e preservar sua integridade diante de um limite que pode ser saudável ou não:

SIGA A REGRA DE OURO DO RELACIONAMENTO. Você se lembra do compromisso que firmou na página 159, de dizer o que quer dizer e *acreditar que a outra pessoa fará o mesmo*? Coloque isso em prática. Se alguém estabelecer um limite para você, presuma que é algo saudável e que a pessoa está dizendo a verdade, e aja de acordo com isso. "Você precisa dormir até mais tarde, não é? Obrigada por avisar. Não vou fazer barulho de manhã para você poder descansar bastante." Se no fim das contas a pessoa estava sendo sarcástica quando pediu que não fosse incomodada, provavelmente vai esperar que você fique com raiva ou diga algo sarcástico também. Ser cortês e gentil pode desconcertar alguém – no bom sentido! Talvez a pessoa diga: "Puxa, agradeço. Sabe, acho que não preciso acordar tão tarde assim. Vou ajustar o despertador para as dez horas, que tal?" De qualquer modo, é do seu interesse dar o benefício da dúvida à outra pessoa. Ao respeitar o limite dela, você demonstra seu comprometimento com a relação.

DIGA A SUA VERDADE TAMBÉM. Esta é a parte em que você também precisa pensar nas suas necessidades e dizer a sua verdade de modo claro e gentil. Se você realmente queria ir à praia logo cedo, diga: "Tudo bem, durma o quanto quiser. Mas talvez a gente vá à praia antes de você. Mande uma mensagem quando tiver acordado, assim a gente combina um ponto de encontro." Essa é uma estratégia muito melhor do que aparentar ressentimento e passar a manhã inteira de mau humor (acredite em mim).

REFORCE A REGRA DE OURO DO RELACIONAMENTO. Se mais tarde ficar claro que o pedido da pessoa *não era* um limite saudável, mas uma expressão de frustração e raiva, chame atenção para isso. "Ouvi dizer que você se chateou com alguma coisa. Seria melhor ter falado comigo ontem à noite, assim a gente teria conversado. Para mim é difícil respeitar suas necessidades se você não me diz quais são. Da próxima vez eu gostaria de ter uma conversa mais franca."

PROCURE PADRÕES. Se a outra pessoa demonstra repetidamente qualquer comportamento do tipo "alerta vermelho", essa pode ser uma boa hora para iniciar uma conversa franca. Descreva o que você vem observando, como você se sente com esse padrão e dê à pessoa a oportunidade de rever as próprias atitudes e fazer as mudanças necessárias.

ASSUMA A RESPONSABILIDADE. No fim das contas, você é responsável por seus sentimentos e comportamentos. Se a pessoa continua se comportando de um jeito que não lhe agrada, talvez seja hora de aceitar que ela não está disposta ou não é capaz de respeitar o relacionamento de vocês, e estabeleça seu limite quanto às futuras interações, para o seu próprio bem. Independentemente do que você escolher, certifique-se de que sua ação tem a ver com sua saúde, não com a perpetuação de um ciclo em que cada pessoa fica castigando ou controlando a outra e chamando isso de "limite".

TUDO BEM SE VOCÊ SE DESAPONTAR

Quando finalmente minha irmã acordou naquela manhã, eu continuava comprometida a respeitar seu pedido como um limite saudável, mas ao mesmo tempo contei como estava me sentindo. Não queria esconder meu desapontamento, mas também não queria que ela pensasse que eu estava tentando jogar a culpa em cima dela. Quando saiu do quarto, primeiro perguntei se ela havia dormido bem e se estava melhor. Ela exclamou: "Dormi! Foi a melhor noite de sono que tive na semana inteira. Obrigada por fazerem silêncio." Contei o que tínhamos feito naquela manhã e como meu filho estava empolgado para ir à praia. Em seguida falei: "A princípio, fiquei chateada porque não começamos o dia mais cedo, afinal só vamos ficar aqui até amanhã. Mas dá para ver que você precisava de descanso, e ainda vamos ter bastante tempo na praia." Ela sorriu e disse: "Sei que vocês acordaram há séculos, mas agora a tia Kelly está pronta para a diversão! Vou botar esse garoto para correr na praia e deixar a mamãe descansando, pra variar." Nesse momento fiquei *tão* feliz que não cedi à frustração ou ao desapontamento, não a acusei de ser egoísta nem explodi, ressentida. Acabamos passando a tarde inteira na praia e eu tive tempo para relaxar enquanto ela e meu filho saíam em busca da conchinha perfeita.

Quando alguém estabelece um limite para você, isso pode ser um balde de água fria. Você pode sentir mágoa ou tristeza e deve expressar isso. É possível reconhecer seus sentimentos e ao mesmo tempo demonstrar respeito pelo limite da pessoa, mas há um modo certo e um modo errado de fazer isso. Voltemos a Cheryl e às festas de fim de ano, e imagine que você é ela. Você convida seu filho, o companheiro dele e o bebê para três dias cheios de eventos natalinos. Mas seu filho diz que eles querem iniciar uma tradição só deles, de modo que não vão passar todo esse tempo com você. Como você poderia reagir?

Opção 1: "Ah, eu não esperava por isso. Estou realmente desapontada; presumi que você me deixaria passar mais tempo com meu neto. Mas acho que a manhã do dia 25 é melhor que nada."

Ainda que você *esteja* respeitando o limite dele, essa fala mais parece uma atribuição de culpa do que aceitação. Você começa com o desapontamento. Seu comentário de que "presumiu" é levemente passivo-agressivo, e você cede com relutância à proposta que ele fez de visitá-la na manhã de Natal. É, você está respeitando o limite dele. É, está expressando como realmente se sente. Mas esse não é o modo mais gentil de fazer isso, e seu filho provavelmente vai achar que você está tentando pressioná-lo a mudar os planos.

Opção 2: "Entendo, é o primeiro Natal de vocês juntos! Vou sentir falta de passar o dia inteiro com vocês, mas tê-los aqui vai tornar a manhã do dia 25 muito mais especial."

Nessa resposta você *primeiro* reconhece e respeita o limite. Não está pressionando seu filho a mudar de ideia, porque a primeira coisa que você diz é: "Entendi seu limite e o respeito." Em seguida exprime como se sente, ao mesmo tempo que assume a responsabilidade por seus sentimentos. Você não está jogando suas emoções no colo do seu filho, esperando que ele conserte a situação. Em vez disso está reconhecendo que o tempo que passam juntos é especial e se comprometendo a aproveitá-lo ao máximo. Quando age dessa maneira, você respeita mais diretamente o limite dele e o relacionamento de vocês.

Para expressar de modo saudável seus sentimentos *e* respeitar um limite:

Primeiro respeite o limite. Depois expresse seus sentimentos e assuma a responsabilidade por eles.

Foi exatamente isso que fiz quando minha irmã acordou: perguntei se ela havia dormido bem e como se sentia, expressei meus sentimentos de tristeza bastante verdadeiros porque não teríamos muito tempo juntas, depois assumi a responsabilidade pelos meus sentimentos, comprometendo-me a aproveitar ao máximo o que restava do dia.

ROTEIROS PARA REAGIR AOS LIMITES ESTABELECIDOS PELOS OUTROS

Agora vamos pegar alguns roteiros deste livro e virá-los do avesso, demonstrando como você poderia reagir se os limites estivessem sendo estabelecidos para *você*.

- Tivemos um bebê e vou voltar a trabalhar. Preciso que meu cônjuge (você) acorde mais cedo para dividir as responsabilidades de tudo o que deve ser feito de manhã. Como posso abordar isso? (Ver a página 174.)

  O LIMITE QUE A PESSOA ESTABELECEU: "Na semana que vem preciso que você cuide da neném das 6h às 6h30 enquanto eu me arrumo para o trabalho."

  SUA RESPOSTA: "Tudo bem, vou adiantar meu despertador em quinze minutos só para garantir. Esse período tem sido um pouco estressante para mim, então vou dizer no trabalho que preciso de uma rotina de reuniões mais leve enquanto me ajusto. Como você está se sentindo?"

  Primeiro garanta à pessoa que, para você, está tudo realmente bem. Depois diga como está se sentindo – melhor ainda se você perguntar como a pessoa se sente também. Bônus: continue administrando a situação com "Vamos conversar melhor no sábado para estabelecer um padrão de rotina, assim você pode acrescentar qualquer coisa que eu esteja esquecendo. Quero que sua primeira semana de volta ao trabalho seja o menos estressante possível."

- Meu companheiro (você) chega do trabalho e na mesma hora já começa a falar sobre as piores coisas que aconteceram naquele dia. O trabalho dele é estressante, eu sei, mas também acabei de chegar em casa e isso me estressa ainda mais, quando na verdade eu deveria estar relaxando. Me ajude. (Ver a página 180.)

O LIMITE QUE A PESSOA ESTABELECEU: "Estou uma pilha e não vou conseguir lidar com seus desabafos agora. Será que podemos passar esta noite sem falar de trabalho?"
SUA RESPOSTA: "Claro. Por que não aproveita para fazer algo relaxante? Eu estou realmente bufando e preciso me abrir com alguém, então vou ligar para o meu irmão. Mais tarde falo com você."

Belo trabalho em validar os sentimentos da outra pessoa – e compartilhar os seus. Se você realmente precisa conversar com alguém, procure outra companhia! Se ainda quiser compartilhar esse assunto com a pessoa amada, espere o dia seguinte e então diga: "Estou me sentindo melhor em relação ao trabalho, mesmo assim queria contar a você o que tem acontecido. Avise quando for uma boa hora."

- Meus sogros (entre eles, você) vivem se convidando para nossas férias de família. Estamos planejando nossa próxima viagem e eu gostaria de resolver logo isso. Como posso dizer com gentileza "Vocês não foram convidados"? (Ver a página 110.)

O LIMITE QUE A PESSOA ESTABELECEU: "Não, dessa vez vocês não podem ir com a gente. Queremos dar mais atenção às crianças e prometemos que iríamos só nós quatro."
SUA RESPOSTA: "Entendo perfeitamente. Com certeza vocês vão criar lembranças lindas juntos. Será que a gente pode fazer uma chamada de vídeo com as crianças antes de vocês irem?"

Aqui você está respeitando claramente o limite deles em relação às férias sem nenhuma pressão de planejar outra viagem ou visitá-los em outra ocasião – parabéns! Se ainda quiser planejar uma viagem com eles ou com as crianças, fale sobre isso em outra ocasião, mas dê a eles a chance de negar; por exemplo: "Se for muito difícil administrar as férias com tanta gente, por favor, diga, e paramos de pedir."

A mesma estratégia se aplica se você quiser fazer uma pergunta esclarecedora ao mesmo tempo que respeita o limite da outra pessoa; por exemplo, pedindo que ela conte mais sobre como está se sentindo, o que está passando ou como você pode melhorar a dinâmica daqui para a frente. Em primeiro lugar, você deve respeitar o limite, depois perguntar se a pessoa está disposta a falar mais de modo a melhorar a relação de vocês e o seu entendimento da situação. Aqui vai um exemplo tirado do Capítulo 9, sobre temas sensíveis:

- Tenho um problema de saúde crônico, e com isso vivo recebendo conselhos não solicitados sobre experimentar algum tratamento, alguma dieta ou me curar com "pensamentos positivos". As pessoas (entre elas, você) são bem-intencionadas, mas só me estressam ainda mais. Preciso ter respostas na ponta da língua para a próxima vez que isso acontecer. (Ver a página 256.)

O LIMITE QUE A PESSOA ESTABELECEU: "Agradeço, mas no momento não estou buscando alternativas além do tratamento da minha equipe médica."
SUA RESPOSTA: "Entendo – desculpe por ter dado um conselho não solicitado. Não vai acontecer de novo. Se futuramente você quiser, eu gostaria de saber como posso ajudar. Eu poderia trazer comida, fazer compras para você ou levar as crianças ao cinema no domingo. Ou só escutar. Se quiser alguma dessas coisas, estarei aqui."

Excelente trabalho, reconhecendo o erro e garantindo à pessoa que você entendeu o lado dela. Perguntar como você poderia ajudar é um ótimo gesto, melhor ainda se você oferecer algumas sugestões concretas.

Outra tática que demonstra consideração é simplesmente respeitar o limite na hora e guardar as perguntas para depois, quando a situação for mais propícia e a outra pessoa demonstrar mais abertura. Aceitar o limite e imediatamente mudar de assunto pode ser um alívio para quem o estabeleceu, deixando mais claro ainda que sua única intenção é colaborar. Se você sentir que a outra pessoa está na defensiva, abalada ou chateada, deixe a conversa para outra ocasião e se certifique de iniciá-la assim: "Eu gostaria de fazer algumas perguntas sobre o melhor modo de demonstrar meu apoio. Avise quando estiver disponível, por favor."

ABORDAGENS PREVENTIVAS

À medida que você ficar mais confortável estabelecendo limites, pode ir tomando a iniciativa e indagando preventivamente sobre a disponibilidade, o tempo ou as necessidades da outra pessoa, de modo que ela não precise estabelecer limites para você. Pode ser assim:

- "Tive um dia difícil no trabalho – você me ouviria desabafar por cinco minutos?"
- "Foi um fim de semana longo com as crianças – quer ficar sozinha por algum tempo esta noite?"
- "Eu adoraria entrevistar você para o meu próximo artigo. Vou precisar disso até sexta-feira, no máximo. Então me avise, por favor, se não tiver disponibilidade ou se não achar uma boa ideia."
- "Vou ficar uma semana com você enquanto visito a cidade, mas vou passar três noites na casa de uma amiga para que a gente tenha um pouco de espaço. Está bem assim?"
- "Vamos dar uma festa neste sábado. Se fizermos muito barulho, por favor ligue para mim neste número – vamos baixar o som depois das dez."
- "Prazer em conhecer você, finalmente! Posso lhe dar um abraço ou prefere um aperto de mãos?"

Minha irmã e eu ficamos especialmente boas nisso. Ela costuma me mandar uma mensagem dizendo: "Preciso desabafar. Você não precisa fazer nada, só me ouvir e de vez em quando concordar que essa situação é muito doida. Está com tempo?" Esse tipo de gentileza tende a parecer uma consequência natural da sua prática de limites, e o hábito de perguntar antes pode se estender rapidamente pelos seus círculos sociais – o que é um bônus!

Existe outra Regra de Ouro (certo, acho que é *A* Regra de Ouro) que também se aplica lindamente aqui:

Trate os outros como gostaria que tratassem você.

Se não souber como reagir ao limite de outra pessoa, pergunte a si mesmo: "Como eu gostaria que essa conversa acontecesse se a situação fosse inversa?" Você esperaria que a outra pessoa lhe desse o benefício da dúvida, respeitasse o seu limite e expressasse os próprios sentimentos sem se vitimizar ou pressionar você a mudar de ideia? Aposto que sim. Então respire fundo, pense nessas lições e aja com elegância.

PARA AMAR OS LIMITES QUE LIBERTAM VOCÊ

Recentemente fiz uma pesquisa sobre esse assunto na minha comunidade e perguntei: "Agora que você está estabelecendo e mantendo seus limites com mais facilidade, como isso mudou o modo como você reage ao limite de alguém?" Os resultados foram extremamente positivos e muito semelhantes:

- "Agora lido com isso de um jeito totalmente diferente! Ouço o que a pessoa diz e faço o que ela pede em vez de tentar impor minha vontade ou ficar na defensiva."
- "Agora que me sinto mais confiante para estabelecer meus limites, consigo reconhecê-los mais rapidamente quando são estabelecidos comigo, e me tornei muito melhor em respeitá-los."
- "Isso me ajudou a não levar os limites dos outros para o lado pessoal. Agora reconheço que os limites têm a ver com quem os estabelece e com as necessidades dessa pessoa, não comigo."
- "Não enxergo mais os limites como um sinal de egoísmo – nem os meus nem os dos outros."
- "Ouvir o limite de alguém faz com que eu valorize mais nossa relação, porque a pessoa está me dizendo exatamente do que precisa para se sentir apoiada e protegida."

- “Quando estabelecem um limite para mim, acho isso tranquilizador. Sei que a pessoa vai me dizer do que precisa e vai me avisar se eu, sem querer, passar do ponto.”
- “Passei a adorar quando alguém estabelece um limite para mim, porque isso fortalece a relação e mostra que a pessoa quer me manter na vida dela.”
- “Agora me pego tomando a iniciativa e perguntando: ‘Você precisa de um conselho, ou de um ombro amigo?’ Parei de dar conselhos não solicitados, o que reduz muito a necessidade de os outros estabelecerem limites para mim.”
- “Agora acho ótimo quando ouço alguém estabelecer um limite, mesmo que seja para mim!”

Sua prática de estabelecer e manter limites é como uma pedra jogada no lago: provoca ondulações positivas que se espalham para todas as áreas da sua vida. Ao estabelecer seus limites com uma linguagem clara e gentil, mantê-los e respeitar os dos outros, você fica mais confiante para identificar suas necessidades e pedir que os outros as respeitem. Isso melhora todos os seus relacionamentos e ajuda você a preservar sua energia, seu tempo e sua saúde. Sua prática de limites empodera os outros e mostra que *eles* podem estabelecer e manter os próprios limites, com o mesmo tipo de linguagem clara e gentil que ouviram você usar. Isso melhora os relacionamentos e a vida deles como um todo. Com isso, todo mundo à sua volta se torna melhor em proteger os limites ou, no mínimo, em reconhecê-los. Isso faz com que todos sejam mais rápidos em respeitar um pedido e tenham menos chance de levar as coisas para o lado pessoal ou ficar na defensiva. Agora *todos* estão estabelecendo regras saudáveis, respeitando as necessidades uns dos outros e desfrutando da liberdade que resulta de seu mais novo compromisso com os *limites.*

A Moça dos Limites está orgulhosa de você.

CAPÍTULO 12

A magia dos limites

Contei muitas histórias minhas neste livro e achei adequado terminar com mais uma. Quero contar algo que não foi empolgante ou incomum – na verdade, foi a coisa mais normal do mundo, e é aí que está a magia.

Nossa semana com meu filho começou na segunda-feira, depois da escola. Eu sabia que tinha pela frente uma semana de trabalho bastante cheia, por isso decidi ir para cama ainda mais cedo naquela noite. Meu marido e eu adoramos *Top chef* e eu estava empolgada para ver o que aconteceria na Guerra de Restaurantes, mas também queria malhar no dia seguinte bem cedo, por isso fui para cama logo depois que meu filho dormiu, às oito da noite. Você deveria experimentar isso de vez em quando: é *glorioso*.

Na terça-feira fui para a academia cedinho e comecei o dia me sentindo energizada. No fim daquela tarde uma amiga me mandou um e-mail perguntando se eu poderia divulgar o Kickstarter do seu novo projeto no meu perfil do Instagram. Respondi, muito empolgada, que fazia anos que ouvia falar daquele projeto, que estava doida para vê-lo sair do papel e, claro, disse que ajudaria. Expliquei que não divulgo angariações de fundos nas redes sociais, mas me ofereci para marcar uma live no Instagram com ela para promover o empreendimento e fiz uma contribuição pessoal. Marcamos a live para a semana seguinte, para que eu tivesse tempo de preparar tudo confortavelmente.

Na quarta-feira recebi um convite inesperado para fazer uma palestra no curso de Alimentação, Saúde e Tecnologia de uma universidade importante. (Era *Stanford*; falo mesmo.) Eu conhecia a professora do curso e fiquei lisonjeada porque ela queria que eu fizesse a apresentação, mas eu já estava com a agenda lotada no trabalho e não poderia preparar uma palestra e um PowerPoint a tempo. Disse a ela que adoraria aceitar, expliquei que meus compromissos profissionais estavam no limite e ofereci alternativas para poder encaixar a palestra na minha agenda. Combinamos que faríamos uma discussão livre, com os alunos mandando as perguntas com antecedência e sem necessidade de slides – um formato que eles já haviam usado com sucesso no curso. (Spoiler: tudo correu tão bem que eu mal resisti à tentação de acrescentar "professora em Stanford" na minha biografia no LinkedIn.)

Na quinta-feira minha manicure (com quem faço unha há anos) me mandou uma mensagem dizendo que estava com uma folga na agenda e perguntando se eu poderia ir meia hora mais cedo (eu tinha marcado para o meio-dia). Ela sabe que eu tenho um horário flexível, mas aquela meia hora estava reservada para o almoço, já que o restante do meu dia estava lotado com reuniões pelo Zoom. Respondi rapidamente que não podia, mas confirmei que estaria lá ao meio-dia já com o esmalte escolhido, para não perdermos tempo.

Naquele fim de semana meu filho teve sua primeira competição de escalada. Fomos torcer por ele, mas durante um intervalo eu saí para postar um conteúdo patrocinado no Instagram, que já estava programado. Uma hora depois recebi uma mensagem do patrocinador fazendo algumas perguntas sobre a audiência daquele conteúdo. Respondi imediatamente: "Neste fim de semana estou com minha família, mas podemos nos falar na segunda-feira." Ele me respondeu com um rápido "Tenha um bom fim de semana" e eu retornei ao evento, e lá esperamos quatro horas para assistir a quatro minutos de escalada – essa é a vida de uma mãe de atleta.

Na manhã de domingo meu ex-marido me mandou uma mensagem pedindo que conversássemos sobre uma questão específica do dia a dia do nosso filho na minha casa. Para ser sincera, eu não sabia se aquela conversa seria razoável; a gente não fica controlando o que acontece na casa do outro, e aquilo me parecia um pouco excessivo. Depois de pensar durante algumas horas, digitei de volta: "Quero ser uma boa mãe e ouvir suas preocupações, mas também quero lembrar que a gente não fica microgerenciando o que acontece na casa do outro. Por que você não manda suas ideias por e-mail? Prometo refletir a respeito." Isso me pareceu um meio-termo razoável.

Ainda no domingo, no fim da tarde, me peguei olhando distraidamente os e-mails e verificando as DMs no Instagram, o que já estava me estressando, então decidi largar o celular e curtir nossa última noite com meu filho. Terminamos a semana de modo fantástico com um passeio com nosso cachorro, Henry, uma pizza sem glúten com pepperoni extra e um filme de *Guerra nas estrelas*.

Na segunda-feira de manhã deixei meu filho na escola e voltei para casa para começar logo as atividades, sabendo que tinha a semana de "folga" dos meus deveres de mãe para ficar em dia com o trabalho, o sono, a escrita e, claro, a Guerra de Restaurantes.

A VIDA COM LIMITES

Conseguiu captar todos os limites que estabeleci no decorrer daquela semana muito normal? Aposto que sim – ou pelo menos a maioria deles. (Um bônus se você captou os limites para mim mesma!) Mas primeiro vamos ver como minha semana aconteceria *sem* esses limites:

- Fico até tarde assistindo a *Top chef* com meu marido e na manhã seguinte falto à academia porque estou cansada demais para me levantar cedo. Minha semana começa com o pé esquerdo e estou muito irritada por causa disso.
- Passo três dias ignorando o pedido da minha amiga porque não *quero* dizer "não", mas sei que se eu divulgar o Kickstarter dela, vou receber uma enxurrada de pedidos de outras pessoas. Ela me manda outro e-mail e eu sinto tanta culpa que no fim das contas acabo divulgando o Kickstarter, mas em segredo fico com raiva dela por ter me colocado nessa situação. E não acompanho as postagens para ver o que aconteceu, o que também me deixa péssima.
- Digo "sim" a Stanford ("Tudo o que você quiser eu providencio!") e me enrolo toda para acrescentar uma palestra com slides à minha semana já atolada, o que leva a mais esgotamento, menos sono e

muito mais irritação. A palestra é boa, mas eu sei que poderia ter sido melhor.

- Deixo de almoçar para me ajustar à agenda da minha manicure e passo o resto do dia com raiva dela, com raiva de mim mesma e faminta porque minha tarde está completamente lotada de compromissos. Por que faço isso comigo?
- Perco os dois melhores percursos de escalada do meu filho porque fico pesquisando as estatísticas do Instagram para responder às perguntas do meu patrocinador num sábado; afinal, talvez ele não queira trabalhar comigo de novo se eu não responder imediatamente. (Não paro para refletir se esse é o tipo de empresa com a qual *eu quero* trabalhar.) Me sinto uma mãe terrível e estou frustrada porque o trabalho sempre parece se infiltrar na minha vida pessoal.
- Fico remoendo o dia inteiro o pedido do meu ex. Como estou tão cansada e irritada, respondo com alguma frase arrogante, o que, é claro, o deixa confuso e chateado. Passo o resto da noite desabafando com qualquer pessoa que queira ouvir como estou cansada, esgotada e irritada nesta semana. A pizza chega fria.
- Fico acordada até tarde lendo e-mails, olhando o Instagram e assistindo à Netflix, e começo a semana faltando (de novo) à academia porque estou simplesmente exausta.

A pizza é só uma coincidência ou os limites melhoram *tudo*? Deixo que você tire as próprias conclusões. Não vou supor que você esteja passando por uma situação parecida, mas se isso lhe parecer familiar, fico feliz por você ter encontrado este livro e agora poder praticar melhor seus limites. Você não precisa viver assim! A esta altura, já sabe que alguns limites expressados com clareza e gentileza podem ajudar a preservar sua energia, seu tempo e sua saúde mental, além de reduzir ou eliminar todas essas fontes de frustração, raiva, mágoa e esgotamento.

Quer ver como pode ser o seu futuro? Eis como foi minha semana depois de eu ter aplicado, confiante, esses limites claros e gentis de um modo que atendeu à minha saúde, à minha felicidade e às minhas necessidades:

- Pude respeitar meus compromissos de saúde estabelecendo para mim mesma o limite de "ir para cama cedo", dormindo o suficiente para me manter saudável e começando a semana me sentindo bem-disposta e energizada.
- Apoiei o projeto da minha amiga sem comprometer minha integridade nem violar meus limites em relação às redes sociais, o que a ajudou a ter sucesso e reforçou nosso relacionamento.
- Consegui fazer uma palestra em STANFORD sem me exaurir nem deixar outros projetos de lado. Pelo modo como lidei com aquele pedido, a professora do curso agora sabe que eu sempre direi o que penso e cumprirei com o prometido, o que é bom para colaborações futuras.
- Cuidei de mim mesma almoçando em vez de me sentir forçada a atender a agenda de outra pessoa, o que me deu energia e foco para o restante do dia e reafirmou que sou digna de me priorizar.
- Marquei presença e pude ver meu filho competir em vez de ser arrastada para uma conversa de trabalho em pleno sábado. Todo esse limite demorou dez segundos para ser estabelecido, e eu nem pensei de novo nele até a manhã de segunda-feira – e o modo como esse patrocinador reagiu reafirmou que aquela era uma boa marca para firmar parceria.
- Lidei com meu ex-marido do modo mais saudável possível (para mim), estabelecendo para mim mesma o limite de só responder quando soubesse como me sentia em relação ao pedido dele. Mais tarde pude responder de um modo que parecia alinhado aos meus valores, considerando ainda o que era melhor para o meu filho.
- Reconheci que minha relação com o celular estava estragando o fim do meu dia e estabeleci para mim mesma o limite de deixá-lo de lado, o que me permitiu relaxar, curtir a noite e ir para cama cedo... de novo.

Você também pode ser assim! Você *vai* ser assim, se pegar todas as coisas que aprendeu sobre limites e começar a aplicá-las no mundo real. Não precisa fazer tudo de uma vez. Não precisa começar com perfeição. Nem precisa começar com os limites mais difíceis – mas parabéns para quem se jogar de cabeça agora mesmo. Você só precisa reconhecer a necessidade de um limite, respirar fundo e usar as palavras claras e gentis que estivemos treinando.

Ajudei milhares de pessoas a fazer exatamente isso ao longo dos anos e ouvi como a prática de limites mudou a vida delas de maneiras inesperadas. Quando você estabelece um limite com sucesso numa área da sua vida, isso lhe dá confiança para estabelecer limites em outras áreas também. Quando você vê os seus relacionamentos melhorarem, isso reafirma que os limites não são egoístas – são atos de gentileza, projetados com o amor que você sente pelas pessoas *e* por você. Quando você passa seus dias sentindo uma conexão mais íntima com quem você é e com suas necessidades, começa a acreditar que tem, *sim*, o direito de se colocar em primeiro plano. E quando você começa a se apresentar em todos os lugares com mais confiança, energia, habilidade e elegância... tudo na sua vida muda para melhor.

Porque *você* mudou sua vida para melhor usando limites.

Agradecimentos

Há dois anos acordei no meio da noite com uma proposta de livro totalmente formada na cabeça. Na manhã seguinte mandei uma mensagem para minha agente: "Escuta, tive uma ideia louca no meio da noite e pensei em mandá-la para você: quero escrever um livro sobre limites." Hoje preciso agradecer a um monte de pessoas.

À minha agente, Christy Fletcher. Você sempre esteve do meu lado. E seu apoio a este projeto, enquanto ele ia ganhando forma e crescendo, fez toda a diferença. Dizer "Muito obrigada" não é o bastante.

A Sarah Fuentes, Melissa Chinchillo e Yona Levin, da Fletcher & Co. Agradeço demais a todas vocês e estou empolgada com todos os projetos que temos pela frente.

À minha editora na Dial Press, Whitney Frick. Você entendeu com muita clareza a visão deste livro, e eu não o teria produzido sem sua motivação e seus conselhos. Escrevê-lo foi mais difícil do que eu imaginava, mas eu sabia que chegaríamos lá porque você me disse que chegaríamos. Foi um prazer e uma alegria, e agradeço às minhas estrelas da sorte por você ter me escolhido.

À minha editora associada na Dial Press, Rose Fox. Conheci você através de suas edições no texto e soube imediatamente que você me ajudaria. Você é uma pessoa incrível, dona de uma inteligência absurda – que bom tê-la na minha equipe!

À equipe da Dial Press: Avideh Bashirrad, Brianne Sperber, Debbie Aroff, Sarah Breivogel, Maria Braeckel, Loren Noveck, Debbie Glasserman, Chris Brand e Donna Cheng. É uma honra e uma alegria ser escritora desse selo. Obrigada por acreditarem em mim e por terem trabalhado tão arduamente para trazer este livro à vida de modo tão lindo.

A Andrea Magyar e Suzanne Dunbar, da Penguin Canada. Obrigada pelo apoio constante e pela fé em mim. Sinto um orgulho enorme de publicar este livro no Canadá com a ajuda de vocês.

A Victoria Hobbs, da A. M. Heath, e Susanna Abbott, da Ebury Press. Estou muito animada por ter iniciado esta nossa parceria. Obrigada por acreditarem em mim.

A Leslie Goldman. Adoro trabalhar com você. Você corrigiu minhas besteiras, injetou humor exatamente nos lugares certos e deu um polimento geral com elegância e precisão. Seja abençoada para sempre.

A Allyson Bird, Nora McInerny, Josh Jenkins, Olivia Myers e Romaissaa Benzizoune. Obrigada por me emprestarem seu talento e seu conhecimento para este livro. Estas páginas são mais fortes graças à colaboração de vocês, e sou grata por isso.

A Brené Brown. Você me inspira em todos os sentidos, e seu impacto na minha vida e no meu trabalho é imensurável. Obrigada por suas palavras e seus presentes.

A Gretchen Rubin. Você era uma das poucas pessoas que eu idolatrava há uma década – e agora somos amigas, razão pela qual me belisco de vez em quando. Obrigada por seu apoio, sua generosidade e sua gentileza.

A toda a minha equipe do Whole30. Obrigada por assumirem as rédeas do projeto e me darem o tempo e o espaço de que eu precisava para escrever este livro. Sou abençoada por trabalhar com um grupo tão talentoso, empenhado e apaixonado.

A Erica, especialmente. Você tem sido minha maior torcedora em todo esse processo, e criou o cenário perfeito para que pudéssemos realizar nosso potencial e nossos sonhos. Obrigada por estar comigo.

Ao meu marido, que com tanta generosidade me deixa contar qualquer história que eu queira, desde que seja para ajudar as pessoas. Tiramos a sorte grande, e estarei sempre no time dele.

À minha irmã, que riu comigo de tantas histórias compartilhadas e me ajudou a praticar meus limites por mais tempo do que qualquer outra pessoa. Eu te amo.

A Nate, que sempre será meu ex-namorado predileto.

A James. Você ainda tem um lugar especial no meu coração, ainda que eu seja péssima com mensagens de texto.

Ao meu filho. Tudo é para você, sempre.

A cada pessoa que compartilhou seus relatos sobre limites ou que me mandou perguntas pelas redes sociais e por e-mail: este livro é para vocês. Em toda a minha vida nunca tive uma ideia que não começasse com minha comunidade, e este livro só existe graças à sua generosidade, ao seu apoio e ao seu encorajamento. Serei eternamente grata e jamais deixarei de apoiar vocês de todas as maneiras que eu puder. Obrigada.

Notas / Referências

CAPÍTULO 1: UM CURSO INTENSIVO SOBRE LIMITES

1. BROWN, Brené. *A coragem para liderar: trabalho duro, conversas difíceis, corações plenos*. Rio de Janeiro: BestSeller, 2019.

CAPÍTULO 3: O VERDADEIRO EQUILÍBRIO ENTRE TRABALHO E VIDA PESSOAL

2. LUNA, Joshua A. "The Toxic Effects of Branding Your Workplace a 'Family'". *Harvard Business Review*, 27 de outubro de 2021. Disponível em: hbr.org/2021/10/the-toxic-effects-of-branding-your-workplace-a-family.

CAPÍTULO 6: AMOR, CASAMENTO, SEXO E LOUÇA

3. HESS, Cynthia; AHMED, Tanima; PHIL, M.; HAYES, Jeff. "Providing Unpaid Household and Care Work in the United States: Uncovering Inequality". *Institute for Women's Policy Research*, janeiro de 2020. Disponível em: iwpr.org/wp-content/uploads/2020/01/IWPR-Providing-Unpaid-Household-and-Care-Work-in-the-United-States-Uncovering-Inequality.pdf.
4. GATTUSO, Reina. "Why LGBTQ Couples Split Household Tasks More Equally". *BBC*, 10 de março de 2021. Disponível em: www.bbc.com/worklife/article/20210309-why-lgbtq-couples-split-household-tasks-more-equally.

5. RODSKY, Eve. *O método Fair Play para divisão de tarefas domésticas*. Rio de Janeiro: BestSeller, 2020.
6. ROSENBERG, Marshall B. *Comunicação não violenta: técnicas para aprimorar relacionamentos pessoais e profissionais*. São Paulo: Ágora, 2021.
7. FREDERICK, David A.; ST. JOHN, H. Kate; GARCIA, Justin R.; LLOYD, Elisabeth A. "Differences in Orgasm Frequency Among Gay, Lesbian, Bisexual, and Heterosexual Men and Women in a U.S. National Sample". *Archives of Sexual Behavior*, v. 47, n. 1, p. 273-288, 2018.
8. NAGOSKI, Emily. *A revolução do prazer: como a ciência pode levar você ao orgasmo*. Rio de Janeiro: Guarda-Chuva, 2018.

CAPÍTULO 8: TUDO EM PRATOS LIMPOS

9. HARRIS, Jennifer L.; FRAZIER III, Willie; KUMANYIKA, Shiriki; RAMIREZ, Amelie G. "Increasing Disparities in Unhealthy Food Advertising Targeted to Hispanic and Black Youth". *UConn Rudd Center for Food Policy and Health*, janeiro de 2019. Disponível em: uconnruddcenter.org/wp-content/uploads/sites/2909/2020/09/TargetedMarketingReport2019.pdf.
10. "Advertising Spending of the Distilled Spirits Industry in the United States in 2019, by Medium". *Statista*, 2 de novembro de 2021. Disponível em: statista.com/statistics/259642/advertising-spending-of-the-distilled-spirit-industry-in-the-us-by-medium. "Advertising Spending of Selected Beer Manufacturers in the United States in 2020". *Statista*, 8 de novembro de 2021. Disponível em: statista.com/statistics/264998/ad-spend-of-selected-beer-manufacturers-in-the-us.
11. ROBINSON, Eric; THOMAS, Jason; AVEYARD, Paul; HIGGS, Suzanne. "What Everyone Else Is Eating: A Systematic Review and Meta-Analysis of the Effect of Informational Eating Norms on Eating Behavior". *Journal of the Academy of Nutrition and Dietetics*, v. 114, n. 3, p. 414-429, 2014.
12. HAWKINS, Lily K.; FARROW, Claire; THOMAS, Jason M. "Do Perceived Norms of Social Media Users' Eating Habits and Preferences Predict Our Own Food Consumption and BMI?". *Appetite*, v. 149, p. 104611, 2020.

CAPÍTULO 9: O IMPACTO DAS PALAVRAS

13. "The 5Ds of Bystander Intervention". *Right to Be*. Disponível em: righttobe.org/guides/bystander-intervention-training.

CAPÍTULO 10: PRESENTES PARA SEU EU FUTURO

14. RUBIN, Gretchen. *The Four Tendencies: The Indispensable Personality Profiles That Reveal How to Make Your Life Better (And Other People's Lives Better, Too)*. Nova York: Harmony Books, 2017.
15. FOGG, BJ. *Micro-hábitos: pequenas mudanças que mudam tudo*. Rio de Janeiro: Harper Collins, 2020.

Sobre a autora

Melissa Urban é cofundadora e CEO do Whole30 e uma autoridade quando o assunto é ajudar pessoas a criar hábitos de saúde para toda a vida. É autora de seis best-sellers do *The New York Times* (entre eles *30 dias para mudar – Whole30*, que esteve em primeiro lugar na lista, também publicado pela Sextante) e já foi destaque no *Today*, no *Good Morning America*, no *The New York Times*, no *The Wall Street Journal* e na CNBC. Mora com o marido, o filho e um poodle chamado Henry em Salt Lake City, Utah.

melissau.com
Instagram: @melissau
Twitter: @melissa_urban
TikTok: @melissa_u

Para agendar palestras com Melissa Urban, por favor entre em contato com o Penguin Random House Speakers Bureau em speakers@penguin-randomhouse.com.

CONHEÇA ALGUNS DESTAQUES DE NOSSO CATÁLOGO

- Augusto Cury: Você é insubstituível (2,8 milhões de livros vendidos), Nunca desista de seus sonhos (2,7 milhões de livros vendidos) e O médico da emoção
- Dale Carnegie: Como fazer amigos e influenciar pessoas (16 milhões de livros vendidos) e Como evitar preocupações e começar a viver
- Brené Brown: A coragem de ser imperfeito – Como aceitar a própria vulnerabilidade e vencer a vergonha (600 mil livros vendidos)
- T. Harv Eker: Os segredos da mente milionária (2 milhões de livros vendidos)
- Gustavo Cerbasi: Casais inteligentes enriquecem juntos (1,2 milhão de livros vendidos) e Como organizar sua vida financeira
- Greg McKeown: Essencialismo – A disciplinada busca por menos (400 mil livros vendidos) e Sem esforço – Torne mais fácil o que é mais importante
- Haemin Sunim: As coisas que você só vê quando desacelera (450 mil livros vendidos) e Amor pelas coisas imperfeitas
- Ana Claudia Quintana Arantes: A morte é um dia que vale a pena viver (400 mil livros vendidos) e Pra vida toda valer a pena viver
- Ichiro Kishimi e Fumitake Koga: A coragem de não agradar – Como se libertar da opinião dos outros (200 mil livros vendidos)
- Simon Sinek: Comece pelo porquê (200 mil livros vendidos) e O jogo infinito
- Robert B. Cialdini: As armas da persuasão (350 mil livros vendidos)
- Eckhart Tolle: O poder do agora (1,2 milhão de livros vendidos)
- Edith Eva Eger: A bailarina de Auschwitz (600 mil livros vendidos)
- Cristina Núñez Pereira e Rafael R. Valcárcel: Emocionário – Um guia lúdico para lidar com as emoções (800 mil livros vendidos)
- Nizan Guanaes e Arthur Guerra: Você aguenta ser feliz? – Como cuidar da saúde mental e física para ter qualidade de vida
- Suhas Kshirsagar: Mude seus horários, mude sua vida – Como usar o relógio biológico para perder peso, reduzir o estresse e ter mais saúde e energia